MOA

GEORGE STEINER (n. 1929, Paris), scriitor și lingvist franco-anglo-american, este cunoscut marelui public în special ca eseist, critic literar și filozof. După ce a trecut pe la catedrele universităților din Innsbruck, Cambridge și Princeton, a ajuns, în 1974, profesor de engleză și literatură comparată la Universitatea din Geneva, unde a rămas până în 1994, când s-a pensionat, primind la retragerea sa din activitate titulatura de profesor emerit. De atunci, a susținut numeroase conferințe, în toată lumea, și a predat la Oxford și la Harvard.

Universalismul său cultural i-a determinat pe unii să-l compare cu Stefan Zweig, Michel de Montaigne și Erasmus din Rotterdam. Este membru al Academiei Britanice, iar în 1999 a obținut Premiul Truman Capote pentru întreaga activitate.

În eseuri, abordează subiecte din domeniile teoriei lingvistice, teoriei traducerii, filozofiei pedagogice, filozofiei politice etc.

Selecție de lucrări: *Tolstoy or Dostoevsky: An Essay in Contrast* (1960), *The Death of Tragedy* (1961; *Moartea tragediei*, Humanitas, 2008), *Anno Domini: Three Stories* (1964), *Language and Silence: Essays 1958–1966* (1967), *In Bluebeard's Castle: Some Notes Towards the Redefinition of Culture* (1971), *Extraterritorial: Papers on Literature and the Language Revolution* (1972), *After Babel* (1975; *După Babel*), *Heidegger* (1978), *The Portage to San Cristobal of A.H.* (1981; trad rom. în pregătire la Editura Humanitas), *Errata. An Examined life* (1997; *Erata. O autobiografie*, Humanitas, 2008), *Real Presences: Is There Anything in What We Say?* (1989), *Grammars of Creation* (2001), *Lessons of the Masters* (2003; *Maeștri și discipoli*), *My Unwritten Books* (2008).

GEORGE
STEINER

MOARTEA TRAGEDIEI

Traducere din engleză de
RODICA TINIȘ

HUMANITAS
BUCUREȘTI

Coperta
IONUȚ BROȘTIANU

Descrierea CIP a Bibliotecii Naționale a României
STEINER, GEORGE
Moartea tragediei / George Steiner; trad.: Rodica Tiniș. – București: Humanitas, 2008
Index
ISBN 978-973-50-1840-5

I. Tiniș, Rodica (trad.)

82.09-2"…/19"

GEORGE STEINER
THE DEATH OF TRAGEDY

EDITURA HUMANITAS
Piața Presei Libere 1, 013701 București, România
tel. 021/408 83 50, fax 021/408 83 51
www.humanitas.ro

Comenzi CARTE PRIN POȘTĂ: tel./fax: 021/311 23 30,
C.P.C.E. – CP 14, București
e-mail: cpp@humanitas.ro
www.librariilehumanitas.ro

Notă asupra traducerii

1. Spre deosebire de ediția americană, în care, cu unele excepții, citatele din alți autori decât cei de limbă engleză figurează în text în limba de origine, traducerea lor dându-se în note de subsol, ediția de față, care a optat pentru un text românesc cursiv, grupează versiunile originale ale tuturor acestor citate în anexa de la paginile 285–309. În această anexă au fost introduse și versiunile originale ale citatelor în versuri din autori englezi.

2. Când, pentru traducerea citatelor, s-a putut prelua o versiune românească deja publicată, acest lucru s-a menționat, dându-se toate informațiile bibliografice necesare.

3. Cu excepțiile consemnate, versiunile românești ale citatelor în versuri rimate reprezintă traduceri inedite ale lui Aurel Covaci.

4. În text, titlurile operelor citate apar în limba română. Titlurile originale sunt menționate în indicele de la sfârșitul cărții. Fac excepție operele autorilor elini, ruși și scandinavi, ale căror titluri figurează în indice doar în limba română.

5. Notele de subsol ale autorului sunt numerotate. Notele traducătoarei sunt marcate cu asterisc.

R.T.

Tatălui meu

Mulțumiri

Într-o versiune mai scurtă și mai schematică, lucrarea de față a fost prezentată pentru prima oară la unul dintre Seminarele Gauss ale Universității Princeton. Cei care au participat la aceste seminare știu cât de valoroase sunt, pentru conferențiari, intervențiile președintelui R.P. Blackmur și observațiile erudite ale profesorilor E.B.E. Borgerhoff și Edward Cone. Îmi exprim gratitudinea față de ei, adăugând mulțumiri deosebite lui Roger Sessions, care a oferit seminarului căldura și autoritatea prezenței sale.

Posibilitatea de a-mi dezvolta lucrarea, aducând-o la forma în care se prezintă ea astăzi, mi-a fost oferită de o bursă a Fundației Ford, pusă la dispoziția Consiliului pentru studii umaniste al Universității Princeton în scopul promovării cercetărilor de literatură comparată. Această bursă mi-a permis să renunț la o parte din obligațiile mele didactice și să-mi continui astfel lucrarea. Adresez cele mai calde mulțumiri profesorilor Whitney Oates și R. Schlatter, cărora le sunt cu atât mai recunoscător cu cât știu că lucrarea de față nu reprezintă exact ceea ce au avut în vedere docții ei susținători. Dar scriitorii sunt înclinați să se răzvrătească, chiar și împotriva generozității.

Datorez mulțumiri speciale domnului Robert Pick, redactor la Editura Alfred A. Knopf, Inc. Sfaturile pe care mi le-a dat și plăcerea cu care s-a ocupat de această carte mi-au fost de mare preț.

Acest eseu aparține însă, în primul rând, tatălui meu. El e cel care mi-a citit și m-a dus să văd, pentru prima dată, piesele discutate aici. Dacă pot să mă ocup de literatură în mai multe limbi este datorită faptului că, de la bun început, tatăl meu a refuzat să admită provincialismul în chestiuni spirituale. Mai presus de orice, prin exemplul propriei sale vieți, el m-a învățat că arta superioară nu e rezervată specialistului sau cărturarului de profesie, ea fiind cunoscută și iubită cu adevărat de către cei care trăiesc cu cea mai mare intensitate.

G.S.

Prefață la ediția Galaxy Book

A ți se oferi posibilitatea să scrii o prefață la o carte veche de douăzeci de ani este un privilegiu ambiguu. Ca scriitor, nu mai ești autorul din trecut. Și nici în calitate de cititor nu mai ești același. Acest lucru se verifică în două privințe. Azi nu citesc și nu încerc să interpretez textele citate în *Moartea tragediei* așa cum le-am citit și le-am interpretat înainte de 1960. Dar, schimbare încă și mai deconcertantă, nici chiar pe mine însumi nu mă mai citesc așa cum o făceam atunci. Inevitabil, această carte a căpătat o identitate proprie, ajungând să se situeze oarecum în afara a ceea ce îmi amintesc eu (inexact) a fi fost intenția și demersul ei de persuasiune. Ea a generat o anumită literatură de ordin secundar. Cititorii i-au aprobat sau i-au respins argumentația, au propus adăugiri și corecturi, au folosit una sau alta dintre secțiunile ei pentru propriile scopuri. Astăzi, aceste lecturi străine nu pot să nu interfereze, într-o oarecare măsură, cu lectura mea.

Dacă ar fi să rescriu *Moartea tragediei* (și aici e cazul să mărturisesc că, dintre criticii mei, favoritul este cel care a deplâns faptul că un titlu atât de frumos a fost irosit pentru o operă ca aceasta), aș încerca să realizez o schimbare de accent în discutarea a două aspecte importante. În plus, m-aș strădui să dezvolt o temă care, așa cum o văd acum, a existat în argumentația mea de la bun început, în mod implicit, dar pe care n-am avut curajul sau acuitatea s-o tratez explicit.

Cartea începe prin a sublinia unicitatea absolută a „tragediei înalte“, așa cum era ea jucată în Atena secolului al V-lea. În ciuda unor sugestive încercări ale antropologiei comparate de a stabili o legătură între tragedia greacă și unele forme mai arhaice și mai răspândite de practică rituală și mimetică, nu încape îndoială că piesele lui Eschil, Sofocle și Euripide sunt unice nu numai prin statura, ci și prin forma și tehnica lor. Nici chiar cele mai expresive dintre ritualurile fertilității și anotimpurilor, nici chiar cele mai complicate dintre dramele dansate din Asia de sud-est, nu se pot compara cu tragedia clasică greacă în ceea ce privește bogăția inepuizabilă a semnificațiilor, economia mijloacelor și autoritatea invenției. S-a susținut, plauzibil, că tragedia greacă, așa cum ni s-a transmis, a fost concepută de Eschil, că ea reprezintă unul dintre acele foarte rare cazuri în care o specie estetică majoră este creată de către un singur artist de geniu. Dar, chiar dacă acest lucru nu e valabil în sens strict, chiar dacă teatrul eschilian s-a născut dintr-un context multiplu – care oferea idiom epic, mitologie publică, lamentație lirică, precum și postulatul etico-politic al unor atitudini civice și personale obligatorii pe care-l găsim la Solon –, acest teatru constituie, totuși, un fenomen unic. Nici un alt *polis* elen, nici o altă cultură antică n-au produs ceva asemănător cu teatrul tragic atic al secolului al V-lea. Într-adevăr, acesta a fost întruchiparea unei concordanțe atât de specifice a energiilor filozofice și poetice, încât înflorirea lui n-a durat decât o perioadă foarte scurtă, de doar șaptezeci și cinci de ani, sau chiar mai puțin.

Cartea este lipsită de orice echivoc asupra acestui punct. Ceea ce ar fi trebuit să arăt mai clar este faptul că, în cadrul corpusului existent de piese tragice grecești, cele care reprezintă „tragedia" într-o formă absolută, care dau cuvântului „tragedie" rigoarea și greutatea pe care le urmăresc de-a lungul întregii mele argumentații, sunt foarte puține. Ceea ce identific drept „tragedie" în sens radical este reprezentarea dramatică sau, mai precis, verificarea dramatică a unei concepții despre realitate în care omul este considerat un musafir nedorit în această lume. Excluderea lui (germanul *Unheimlichkeit* trimite efectiv la starea celui care e „dat afară din casă") poate avea cauze diferite. Ea poate fi consecința reală sau metaforică a unei „căderi a omului" sau a unei pedepse originare. Sursa ei se poate afla într-o fatalitate a excesului sau a automutilării inseparabilă de natura umană. În cazurile extreme, excluderea omului dintr-o lume ce-i este ostilă sau pătrunderea lui funestă în această lume pot fi provocate de malignitatea și negația demonică din însăși alcătuirea lucrurilor (dușmănia zeilor). Dar tragedie absolută există numai acolo unde asertiunea sofocleană potrivit căreia „mai bine e să nu te naști" este considerată un adevăr esențial sau unde concluzia finală privind soarta omului e exprimată prin acel de cinci ori rostit „niciodată" al lui Lear.

Printre piesele care comunică această metafizică a disperării aș include *Cei șapte contra Tebei*, *Oedip rege*, *Antigona*, *Hipolit* și, mai ales, *Bacantele*. N-aș include însă drame care oferă o rezolvare pozitivă sau o compensație eroică, precum *Orestia* și *Oedip la Colonos* (deși epilogul acesteia din urmă face din ea o operă care se pretează la o dublă interpretare). Tragedia absolută, imaginea omului ca nedorit în viață, ca ființă pe care „zeii o ucid din joacă, așa cum băieții zburdalnici omoară muște"*, este aproape de nesuportat pentru rațiunea și sensibilitatea umană. Aceasta explică de ce ea a fost practicată riguros în atât de puține cazuri. Studiul meu ar fi trebuit să dea mai multă precizie acestei clasificări și să formuleze mai scrupulos deosebirea dintre implicațiile teologice ale tragediei absolute și cele ale tragediei „temperate".

La sfârșitul *Morții tragediei* am exprimat opinia că operele lui Beckett și ale „dramaturgilor absurdului" nu vor schimba concluzia că tragedia e moartă, că în genul „teatrului tragic înalt" nu se mai poate crea în mod firesc. Rămân la convingerea că așa este și că maeștrii dramei din secolul nostru sunt Claudel, Montherlant și Brecht (precum și Lorca, pe porțiuni

* Steiner parafrazează cuvintele lui Gloucester din *Regele Lear*, IV, 1: „Ca muștele pentru băieți zburdalnici, / așa suntem noi pentru zei; ei ne ucid din joacă."

scurte, lirice). Dar discuția s-ar fi cuvenit să fie mai amplă; și ar fi trebuit să încerc să arăt în ce fel poetica minimalistă a lui Beckett aparține, în ciuda caracterului ei intenționat sumbru și chiar nihilist, mai degrabă sferelor ironiei și farsei logice și semantice decât sferei tragediei. Este ca și cum cele mai bune piese ale lui Beckett, Ionesco și Pinter ar fi satire ale unor tragedii nescrise, așa cum *Zile fericite* este epilogul satiric al unui îndepărtat „Prometeu". Dacă în ultimul timp a existat un autor tragic în adevăratul sens al cuvântului, acesta este probabil Edward Bond. Dar atât *Bingo*, cât și variațiunile pe tema *Lear* sunt mai curând reflecții literare, aproape academice, despre natura și eclipsa formelor tragice decât invenții sau reinvenții autentice.

Cea de-a treia observație este cea mai importantă. Ideea rupturii radicale dintre tragedia autentică și „tragedia" shakespeariană este prezentă în această carte, dar ea nu e exprimată suficient de clar și nu este nicăieri subliniată insistent. Am spus că există foarte puțini scriitori care s-au încumetat să aducă pe scenă o viziune pregnant negativă și disperată a prezenței omului în lume. În grupul acestora se încadrează tragicii greci, Racine, Büchner și, în unele privințe, Strindberg. Același tip de viziune animă *Regele Lear* și *Timon din Atena*. În celelalte piese tragice de maturitate ale lui Shakespeare există contracurente puternice, aproape decisive, care oferă compensație, strălucire umană și o restabilire a ordinii în viața publică și comunitară. Danemarca sub domnia lui Fortinbras și Scoția sub cea a lui Malcolm vor fi locuri în care se va trăi categoric mai bine, la această ameliorare contribuind, în mod direct, și suferințele precedente. Deși răscolitoare, catastrofa din *Othello* este, în ultimă instanță, cât se poate de banală, banalitatea ei și caracterul ei pur contingent fiind amplificate, dar și subtil subminate, de grandoarea retoricii. După cum a observat Samuel Johnson, Shakespeare n-a avut o înclinație tragică înnăscută. Viziunea shakespeariană, tocmai pentru că e atât de cuprinzătoare, atât de receptivă la pluralitatea și simultaneitatea diferitelor niveluri ale experienței (chiar și în casa lui Atreu cineva sărbătorește o aniversare sau spune glume), este cea a tragicomediei. Numai *Regele Lear* și *Timon din Atena* – un text excentric și probabil trunchiat, ale cărui legături intime cu *Regele Lear* sunt evidente, dar greu de dovedit – fac cu adevărat excepție.

Astfel, într-o foarte mare măsură, fapt care nu mi-a fost clar atunci când am scris această carte, dramele lui Shakespeare nu reprezintă o renaștere sau o variantă umanistă a modelului tragic absolut. De fapt, ele repudiază acest model pe baza criteriilor tragicomice sau „realiste". Cel la care idealul tragic continuă să acționeze cu deplină forță este Racine. Această constatare ar putea duce, sau ar trebui să ducă, la judecăți și preferințe mai bine conturate decât cele pe care am îndrăznit să le formulez acum douăzeci de ani.

Va avea oare Berenice puterea să rămână în picioare, sub loviturile durerii, pe scena goală a lui Racine, sau va trebui să ceară un scaun, aducând astfel pe acea scenă întreaga contingență și întregul compromis al treburilor lumești? Admit că astăzi această întrebare, și convențiile scenice din care se naște, cristalizează pentru mine adevărul despre tragedia absolută, o tragedie care, prin integritate și prin economia mijloacelor, se ridică deasupra recuzitei teatrale și a orchestrației verbale de pe scena zgomotoasă și bogată până la risipă a lui Shakespeare. Ea nu are nevoie de furtuni cosmice sau de păduri peregrine* pentru a atinge străfundurile dezolării. E suficientă absența unui scaun.

În sfârșit, în problemele tratate de *Orestia*, de *Antigona*, de *Bacantele* (o piesă care vorbește explicit despre prețul pe care trebuie să-l plătească omul și cetatea lui când îndrăznesc să-și pună, prin artă, întrebări despre existența umană sau despre moralitatea divinului), de *Berenice* și de *Fedra* există o „maturitate" și o inevitabilitate care sunt numai rareori

---

* Vezi *Macbeth*, unde pădurea Birnam „pornește" spre Dunsinane.

prezente în formele mai bogate, dar hibride, ale lui Shakespeare. Privite în acest context, legăturile enigmatice, dar evidente dintre *Regele Lear*, *Oedip la Colonos* și subiectul antic din *Timon din Atena* n-ar fi întâmplătoare. S-ar putea ca Wittgenstein, într-o notă datată 1950, să fi făcut distincția esențială, și anume cea dintre „*schițele* produse și răspândite cu dărnicie de unul (Shakespeare) care poate, ca să spunem așa, să-și permită *totul*“ și operele produse de celălalt ideal de artă, care înseamnă reținere, abnegație și desăvârșire. Dar acesta e un subiect pentru o altă carte.

G.S.
Geneva, 1979

I

Abordăm un domeniu vast și dificil. Există însă, de la bun început, câteva puncte de reper care merită să fie luate în seamă.

Toți oamenii sunt conștienți de prezența tragediei în viață. Dar, ca specie a genului dramatic, tragedia nu este universală. Arta orientală cunoaște violența, durerea și lovitura dezastrului natural sau urzit de om; teatrul japonez este plin de ferocitate și de morți rituale. Însă acea reprezentare a suferinței lăuntrice și eroismului personal pe care noi o numim teatru tragic este caracteristică tradiției occidentale. Ea a devenit o componentă atât de însemnată a imaginii noastre despre conduita umană, *Orestia*, *Hamlet* și *Fedra* sunt atât de adânc întipărite în viața noastră spirituală, încât uităm cât de ciudată și de complexă este ideea de a re-trăi chinuri intime pe o scenă publică. Această idee și viziunea despre om pe care o implică sunt de origine greacă. Și, aproape până în momentul declinului lor, formele tragice sunt elene.

Tragedia este străină concepției iudaice despre lume. Cartea lui Iov e mereu citată ca exemplu de viziune tragică. Dar această poveste sumbră se situează la periferia iudaismului; și chiar și aici o mână ortodoxă a pus accentul pe justiție, respingând ideea tragediei:

> Și Dumnezeu a binecuvântat sfârșitul vieții lui Iov mai bogat decât începutul ei, și el a strâns paisprezece mii

> de oi, șase mii de cămile, o mie de perechi de boi și o mie de asine.*

Dumnezeu a îndreptat răul pricinuit robului Său; El l-a despăgubit pe Iov pentru chinurile lui. Dar acolo unde există compensație există dreptate, nu tragedie. Această nevoie de dreptate e mândria și povara tradiției iudaice. Iehova este drept, chiar și în mânia lui. Adesea balanța ce măsoară pedeapsa sau răsplata pare îngrozitor de strâmbă sau lucrarea Domnului pare insuportabil de înceată. Nu încape însă îndoială că, până la urmă, Dumnezeu este drept cu oamenii. Căile Lui sunt nu numai drepte, ci și raționale. Spiritul iudaic are convingerea fervență că ordinea universului și a lumii omului este accesibilă rațiunii. Căile Domnului nu sunt nici capricioase, nici absurde. Noi le putem înțelege pe deplin dacă le cercetăm cu clarviziunea obedienței. Marxismul este tipic iudaic în accentul pe care-l pune pe dreptate și rațiune, iar Marx a repudiat integral conceptul de tragedie. „Necesitatea", declară el, „este oarbă numai în măsura în care nu e înțeleasă".

Teatrul tragic se naște din aserțiunea contrară: necesitatea *este* oarbă, iar înfruntarea dintre ea și om, indiferent dacă are loc în Teba sau în Gaza, îl va face pe acesta să-și piardă vederea. Aserțiunea este greacă, iar sentimentul tragic al existenței clădit pe ea reprezintă contribuția cea mai însemnată a geniului elen la moștenirea noastră spirituală. Ne este imposibil să stabilim cu precizie unde sau cum a ajuns noțiunea de tragedie formală să pună stăpânire pe imaginația oamenilor. Dar *Iliada* este abecedarul artei tragice. În ea găsim expuse temele și imaginile în jurul cărora s-a cristalizat, de-a lungul a aproape trei mii de ani de poezie occidentală, sentimentul tragicului: scurtimea vieții eroice, vulnerabilitatea omului în fața pornirilor ucigașe și capriciilor inumanului, căderea Cetății. A se observa o deosebire crucială: căderea Ierihonului sau a Ierusalimului este dreaptă, în timp ce căde-

---

* Cartea lui Iov, 42:12, în Biblia, Editura Institutului Biblic și de Misiune al Bisericii Ortodoxe Române, București, 1988, p. 564.

rea Troiei este prima mare metaforă a tragediei. Când o cetate e distrusă pentru că l-a înfruntat pe Dumnezeu, distrugerea ei este un moment trecător în desfășurarea rațională a planului Său. Zidurile ei se vor ridica din nou, pe pământ sau în împărăția cerurilor, atunci când sufletele oamenilor vor cunoaște din nou harul divin. Arderea Troiei este definitivă, deoarece este provocată de ciocnirea înverșunată a urilor omenești și de hotărârea capricioasă și misterioasă a destinului.

Există, în *Iliada*, unele încercări de a se arunca lumina rațiunii asupra lumii de umbre care-l înconjoară pe om. Sorții i se dă un nume, iar stihiile sunt prezentate sub masca frivolă și încurajatoare a zeilor. Dar mitologia este doar o fabulă menită să ne ajute să ne îndurăm ursita. Războinicul homeric știe că nu poate nici să înțeleagă, nici să stăpânească acțiunea destinului. Patrocle este ucis, în timp ce netrebnicul Tersit se întoarce cu bine acasă. De vei cere dreptate sau o explicație, îți va răspunde doar marea răscolită, cu furia ei mută. În socotelile oamenilor cu zeii nu se folosește cântarul.

Ironia se accentuează. Sporirea cunoștințelor științifice și a puterii materiale a omului, în loc să-i schimbe sau să-i ușureze condiția tragică, îl lasă încă și mai vulnerabil. Această idee nu este explicită la Homer, dar este elocventă la alt mare poet tragic, Tucidide. Din nou, trebuie să remarcăm o deosebire esențială. Războaiele pomenite în Vechiul Testament sunt sângeroase și nimicitoare, dar nu tragice. Ele sunt drepte sau nedrepte. Oștirile israelite vor câștiga victoria dacă au respectat voința și porunca Domnului. Ele vor fi învinse dacă au călcat legământul cu divinitatea sau dacă regii lor au căzut în idolatrie. Episoadele Războiului Peloponesiac, dimpotrivă, sunt tragice. În spatele lor se află obscure fatalități și erori de apreciere. Prinși în mrejele unei retorici mincinoase și mânați de imperative politice care le rămân neclare, oamenii pleacă să se distrugă unii pe alții, stăpâniți de un fel de furie fără ură. Noi continuăm să purtăm războaie peloponesiace. Controlul pe care îl deținem asupra lumii materiale și științele noastre exacte s-au dezvoltat fantastic; dar tocmai aceste realizări se întorc împotriva noastră, făcând politica mai aleatorie și războaiele mai bestiale.

Viziunea iudaică atribuie dezastrul fie unei anumite greșeli morale, fie incapacității omului de a înțelege lucrurile. Poeții tragici greci susțin că forțele care ne călăuzesc sau ne distrug viețile acționează în afara domeniului rațiunii sau dreptății. Mai rău încă, în jurul nostru se află energii demonice care ne chinuie sufletul și îl cufundă în nebunie sau care ne otrăvesc voința, făcându-ne să comitem crime ireparabile împotriva noastră înșine și a celor pe care îi iubim. Ca să ne exprimăm în termenii planului tragic prezentat de Tucidide, corăbiile noastre trebuie să navigheze neabătut spre Sicilia, deși toți suntem mai mult sau mai puțin conștienți că ne îndreptăm spre pieire. Eteocle știe că va muri la cea de a șaptea poartă, dar merge totuși înainte:

> De grijă nouă zeii de mult nu ne mai poartă.
> Ofranda ce-o așteaptă e însăși moartea noastră.
> De ce-am mai pierde vremea osânda lingușind-o?*

Antigona este perfect conștientă de ceea ce o așteaptă; și, în adâncul inimii lui îndârjite, Oedip o știe și el. Dar ei se îndreaptă cu pași mari spre nenorocirile lor cumplite, mânați de forța unor adevăruri mai puternice decât cunoașterea. Pentru iudei, între cunoaștere și acțiune există o minunată continuitate; pentru greci, un abis plin de ironie. Legenda lui Oedip, în care sentimentul grec al absurdului tragic își găsește o expresie atât de teribilă, i-a servit lui Freud, acel mare poet evreu, drept emblemă a înțelegerii raționale și a mântuirii prin vindecare.

Nu vreau să spun că tragedia greacă n-ar cunoaște mântuirea. În *Eumenidele* și în *Oedip la Colonos* acțiunea tragică se încheie într-o atmosferă senină, de împăcare. De acest fapt s-a făcut mult caz. Dar, după părerea mea, el trebuie interpre-

---

* Eschil, *Cei șapte contra Tebei*, versurile 703–705, trad. Mihai Nasta (în manuscris).

tat cu extremă prudență. Ambele piese au un caracter excepțional: în ele există elemente de spectacol ritual ce comemorează aspecte deosebite ale sacralității Atenei. În plus, să nu uităm că pentru noi acompaniamentul muzical al tragediilor grecești este iremediabil pierdut; iar eu presupun că folosirea muzicii a putut da finalurilor acestor două piese o notă aparte, solemnă, situând ultimele momente la oarecare distanță de grozăviile prezentate anterior.

Subliniez acest lucru deoarece cred că orice concepție realistă asupra teatrului tragic trebuie să plece de la faptul catastrofei. Tragediile se termină prost. Personajul tragic e zdrobit de forțe care nu pot fi nici înțelese pe deplin, nici învinse prin prudență rațională. Acest lucru este și el de o importanță capitală. Acolo unde cauzele dezastrului sunt vremelnice, acolo unde conflictul poate fi rezolvat prin mijloace tehnice sau sociale, putem avea dramă serioasă, dar nu tragedie. O mai flexibilă lege a divorțului n-ar putea schimba soarta lui Agamemnon; psihiatria socială nu este o soluție pentru Oedip. Dar instaurarea unor relații economice mai sănătoase sau construirea unor instalații sanitare mai bune *pot* rezolva unele dintre gravele crize din dramele lui Ibsen. Această distincție trebuie bine reținută. Tragedia este ireparabilă. Ea nu poate duce la o compensație materială justă pentru suferințele din trecut. Iov primește înapoi un număr îndoit de asine; așa și trebuie, pentru că Dumnezeu l-a transformat în eroul unei parabole a dreptății. Oedip nu-și recapătă vederea sau sceptrul de rege al Tebei.

Teatrul tragic ne spune că sferele rațiunii, ordinii și justiției sunt teribil de limitate și că nici un progres al științei sau resurselor noastre tehnice nu le va conferi o importanță mai mare. În afara omului și în om se află *l'autre*, „alteritatea" lumii, celălalt. Numiți-l cum vreți: un Dumnezeu ascuns ori răuvoitor, soarta oarbă, chemările iadului sau furia animalică a sângelui nostru. El ne pândește la răscruce. Își bate joc de noi și ne distruge. În unele cazuri rare, după ce ne distruge, ne conduce spre o incomprehensibilă stare de pace.

Cele de mai sus, o știu, nu oferă o definiție a tragediei. Dar o bună definiție abstractă n-ar însemna nimic. Când spunem „piesă tragică", știm la ce ne referim; nu exact, însă destul de bine pentru a recunoaște o asemenea piesă. Există totuși un caz în care un poet tragic ne oferă un rezumat aproape explicit al viziunii tragice asupra vieții. *Bacantele* lui Euripide se situează deosebit de aproape de izvoarele străvechi, pierdute în negura vremii, ale sentimentului tragic. La sfârșitul piesei, Dionysos le hotărăște lui Cadmus, casei lui regale și întregii cetăți a Tebei o osândă crâncenă. Cadmus protestează: sentința este mult prea aspră. E cu totul disproporționată față de vina celor care nu l-au recunoscut sau l-au insultat pe zeu. Dionysos evită discuția. El repetă, iritat, că i s-a adus o gravă jignire; apoi afirmă că pieirea Tebei a fost predestinată. Inutil să ceri o explicație rațională sau îndurare. Lucrurile sunt așa cum sunt, crude și absurde. Pedeapsa întrece cu mult vina noastră.

Avem de-a face cu o viziune teribilă și categorică asupra existenței umane. Totuși, însăși dimensiunea exagerată a suferinței îi dă omului demnitate. Neputincios și zdrobit, biet cerșetor orb gonit din cetate, el capătă o nouă măreție. Omul este înnobilat de răutatea răzbunătoare sau de nedreptatea zeilor. Prin aceasta el nu devine nevinovat, dar e sfințit, ca și când ar fi trecut prin flacără. Astfel, în momentele finale ale marilor tragedii, indiferent dacă sunt grecești, shakespeariene sau neoclasice, există o fuziune a durerii și bucuriei, a vocilor care plâng căderea omului și a celor care cântă învierea spiritului său. Nici o altă formă poetică nu reușește să obțină acest efect misterios; el face din *Oedip*, *Regele Lear* și *Fedra* creații a căror noblețe n-a fost încă depășită.

Din Antichitate până în epoca lui Shakespeare și Racine, asemenea realizări păreau la îndemâna dramaturgului înzestrat. De atunci, în teatru, vocea tragică răsună difuz sau chiar a amuțit. Cele ce urmează încearcă să stabilească de ce s-a ajuns la această situație.

II

Cuvântul „tragedie“ a intrat în limba engleză în ultimii ani ai secolului al XIV-lea. Chaucer l-a definit în Precuvântarea la *Povestirea Călugărului*:

Ce-i tragedia? Tragedia este,
Așa cum scrie-n cronici, o poveste
Privind pe cei ce norociți au fost
Și au căzut mai apoi foarte prost
La greu aman și la cumplită moarte.*

Nu se face aici nici o referire la forma dramatică. Tragedia e o povestire despre viața unui personaj ilustru, de obicei din Antichitate, care, părăsit de noroc, ajunge la un sfârșit dezastruos. Aceasta este definiția medievală caracteristică. În epistola către Can Grande, Dante observă că tragedia și comedia se mișcă în direcții diametral opuse. Deoarece poemul său prezintă ascensiunea sufletului din lumea umbrelor spre lumina stelelor, de la cumplita îndoială la bucuria și certitudinea mântuirii, Dante l-a intitulat o *commedia*. Mișcarea tragediei reprezintă o continuă coborâre de la o stare de prosperitate la suferință și haos: *exitu est foetida et horribilis*. La Dante, ca și la Chaucer, nu găsim sugestia că noțiunea de tragedie ar fi legată, în vreun fel, de teatru. O interpretare greșită a unui pasaj din Titus Livius i-a făcut pe comentatorii medievali să presupună că piesele lui Seneca și Terențiu erau recitate de

* Geoffrey Chaucer, *Povestirile din Canterbury*, trad. Dan Dutescu, E.L.U., 1969, p. 172.

un singur narator, probabil de poetul însuşi. Într-adevăr, în 1315 şi prin 1387, nişte învăţaţi italieni au scris două tragedii în limba latină, în stilul lui Seneca, dar nici una nu era destinată reprezentării pe scenă. Astfel, noţiunea de tragedie a rămas disociată de cea de teatru. O observaţie făcută de Erasm în *Adagia* sugerează că până şi în secolul al XVI-lea clasiciştii se mai îndoiau că tragediile greceşti şi romane fuseseră scrise pentru a fi jucate pe scenă.

Definiţia lui Chaucer îşi trage forţa din observarea, în lumea contemporană lui, a răsturnărilor bruşte care aveau loc în destinele politice şi dinastice. Pentru ochiul medieval, cerul statului era plin de stele funeste, orbitoare în ascensiune, dar distrugătoare în căderea lor. Prăbuşirea personajelor ilustre (*casus virorum illustrium*) a dat politicii medievale caracterul ei festiv şi brutal. Abătându-se asupra oamenilor cu o frecvenţă crudă, certurile dintre prinţi afectau vieţile şi destinele membrilor întregii comunităţi. Dar ridicarea şi căderea celui de rang înalt întruchipau ideea de tragedie şi dintr-un alt motiv, mult mai profund: ele făceau explicită drama universală a căderii omului. Seniorii şi căpitanii piereau din cauza ambiţiei lor nemăsurate, a urii şi vicleniei adversarilor sau a neşansei. Dar chiar şi acolo unde moralistul putea pune nenorocirea pe seama unui anumit păcat sau a unei întâmplări nefericite, acţiona o lege mai generală. Din cauza păcatului originar, fiecare om era menit să sufere în propria lui experienţă, oricât de personală sau de umilă, ceva din tragedia morţii. Lamentaţia călugărului „ca-n tragedii"* începe cu Lucifer şi Adam, deoarece prologul condiţiei tragice a omului are loc în cer şi în grădina paradisului. De acolo şi-a început săgeata creaţiei zborul ei descendent. Tot într-o grădină e plasat, prin simetria planului divin, actul răsturnării fericite a sorţii. În grădina Ghetsimani săgeata îşi schimbă cursul, şi piesa istoriei, o

* *Povestirea călugărului* începe cu versurile: „Ca-n tragedii jeli-voi pacostea / Care-a pălit pe mulţi bărbaţi de seamă", ed. cit., p. 173.

moralitate, se transformă din tragedie într-o *commedia.* În fine, ca o replică precisă la prologul neascultării, apare promisiunea unui epilog celest, în care omului îi va fi redată o fericire încă și mai mare decât cea de la început. Astfel, relatarea destinelor tragice ale unor persoane ilustre nu este dacât o glosă și o evocare a acestei mari parabole a planului lui Dumnezeu.

Afirmarea teatrului englez în epoca Tudorilor și triumful lui în perioada elisabetană au redat noțiunii de tragedie sensul de spectacol dramatic. Imaginile din sfera tragicului care fuseseră elaborate de literatura medievală au fost preluate de limbajul teatrului. Când, în alegoria medievală, Fortuna îi părăsea pe oameni, aceasta se întâmpla printr-o învârtire rapidă a roții ei emblematice. Marlowe a păstrat această veche imagine în *Tragedia lui Eduard al II-lea*:

> Mârșavă soartă, văd că-n roata ta
> E-un punct spre care omul când aspiră,
> Se prăbușește; punctul l-am atins,
> Și, negăsind un loc să urc mai sus,
> De ce să sufăr și să-mi plâng declinul?

Mortimer își acceptă căderea cu un calm teribil. Doar cu câteva clipe înainte, el se descrisese ca fiind „copacul uriaș al lui Jupiter", față de care „alții sunt doar tufe". Gând trufaș, dar și prevestitor de nenorocire, căci în iconografia medievală copacii asociați cu imaginea omului transmiteau ideea primejdiei. Ei purtau un altoi din creanga de măr de pe care s-a luat fructul oprit, dar și o mică așchie din disperata consolare a crucii. Iar atunci când coroana le este devastată, când ard sau când se usucă din rădăcină, copacii ilustrează cel mai bine condiția umană. În *Iocasta**, tragedie de la începutul epocii elisabetane, roata și copacul sunt alăturate pentru a transmite viziunea fatalității:

* Scrisă de George Gascoigne și Francis Kinwelmarsh.

Cea care-nvârte a norocului roată,
Când își întoarnă chipul crunt spre cel
Pe care tot ea l-a-nălțat odată,
Revarsă mari necazuri peste el.
Sucindu-l în vârtej în chip și fel,
Zvârlindu-l din înalturi, pân' la urmă,
Îl lasă-n suferința care-l curmă.
Și-atunci, ca ramul rupt din rădăcină,
În van la vechiul rost vrea să revină.

După cum ne-o arată și *Tannhäuser* al lui Wagner, ramura uscată n-a încetat să-și exercite fascinația asupra imaginației poetice. Inspirându-se din două versuri scrise de Thomas Churchyard din acea foarte medievală colecție elisabetană de povestiri în versuri, *Oglindă pentru magistrați*, Marlowe i-a dat acestei imagini o splendidă expresie finală. În epilogul la *Tragica istorie a Doctorului Faust*, corul asociază copacul lui Apolo, laurul, cu vița-de-vie arsă din Psalmul 79 (80):

Tăiat e ramul ce putea să se înalțe drept
Și este ars al lui Apolo laur
Care-a crescut cândva în cărturaru-acesta.*

Poetul ne îndeamnă să luăm aminte la „căderea infernală" a lui Faust, deoarece ea ne pune în față o oglindă menită să-i avertizeze pe oamenii obișnuiți ce soartă îi poate aștepta. Personajul tragic este mai nobil și mai aproape de izvoarele întunecate ale vieții decât ființa umană de rând. Dar el este și tipic, căci altfel căderea lui n-ar fi exemplară. Iată o altă concepție medievală care și-a păstrat vitalitatea în teatrul elisabetan. Prin exemple „vechi și adevărate", călugărul lui Chaucer ne previne împotriva mândriei sau ambiției fără frâu. Tocmai aceasta este lumina în care autorii *Iocastei* au privit

* Vezi și *Tragica istorie a Doctorului Faust,* trad. Leon Levițchi, în Christopher Marlowe, *Teatru,* Editura Univers, București, 1988, p. 350.

mitul lui Oedip. Ei n-au văzut în el nici enigma inocenței prigonite pe nedrept, nici ecoul vreunui rit arhaic legat de crimă și ispășire, căci piesa lor prezenta doar conflictul dintre două personaje reprezentative:

> Creon e rege, chipul Tiraniei,
> Oedip fiind oglinda suferinței.

Oglinda nu se sparge odată cu sfârșitul perioadei medievale. O mai găsim încă în cuvintele lui Hamlet, care îi sfătuiește pe actori „să-i țină lumii oglinda în față"*.

Astfel, roata, ramura și oglinda s-au bucurat de o mare vitalitate timp de peste două secole după povestirile tragice ale lui Chaucer și Lydgate. Traduse în „lovitura de teatru" (*coup de théâtre*) sau în „doctrina realismului", aceste vechi imagini mai guvernează încă lumea dramei. Dar în teatrul elisabetan ideea de tragedie și-a pierdut sensul strict pe care îl avea în Evul Mediu. Cuvântul însuși a căpătat valori noi, unele generale, altele mai restrânse. După Renașterea timpurie, când speranțele au început să se spulbere – acea întunecare a spiritului care separă viziunea lui Marlowe despre om de cea a lui Pico della Mirandola –, sensul tragicului s-a lărgit. El a depășit sfera prăbușirii unui personaj măreț. În misterul lucrurilor părea să fi apărut o fisură tragică, un ireductibil sâmbure inuman. Însuși sensul vieții era umbrit de presimțirea tragediei. O vedem în concepția lui Calvin asupra condiției umane nu mai puțin decât în cea a lui Shakespeare.

Dar în același timp, cuvântul „tragedie" a căpătat și un înțeles special. Un poem sau un romanț putea și el să fie numit „tragic" în virtutea temei abordate, dar nu mai era considerat o „tragedie". Redescoperirea dramelor lui Seneca în anii 1560 a făcut ca termenul să fie asociat în mod clar cu o anumită formă de teatru. De acum încolo, „tragedia" este o piesă care

---

* *Hamlet*, III, 2, trad. Leon Levițchi și Dan Duțescu, în Shakespeare, *Opere complete*, vol. 5, Editura Univers, București, 1986, p. 375.

tratează subiecte tragice. Dar erau oare toate piesele de acest fel tragedii în adevăratul sens al cuvântului? Controversele privind definiția riguroasă a termenului au apărut de timpuriu și n-au încetat nicicând în istoria teatrului occidental. Încă din primii ani ai secolului al XVII-lea există prefigurări ale dificultăților care îi vor preocupa pe Racine, Ibsen și Wagner. Teoria începuse să-l hărțuiască pe dramaturg cu ceea ce Ibsen ar fi putut numi „revendicările idealului".

Putem stabili cu destulă precizie momentul în care aceste revendicări au fost discutate pentru prima dată. Odată cu *Seianus* (1605), Ben Jonson scrisese o tragedie savantă, construită după modelele retoricii senecane și satirei romane. Totuși, s-a simțit obligat să justifice unele libertăți pe care și le luase față de canoanele neoclasicismului riguros:

> ...dacă mi se va aduce imputarea că ceea ce public nu este un poem adevărat, potrivit regulilor stricte ale vremii, voi recunoaște acest lucru, așa cum voi recunoaște și lipsa unui cor adecvat, a cărui folosire și al cărui caracter sunt de așa natură și pun atâtea probleme, încât nici un dramaturg pe care-l cunosc de la antici încoace, ba, mai mult, nici chiar vreunul dintre cei care astăzi se laudă cu respectarea canoanelor, n-a reușit să se deprindă cu el. De altminteri, nu este trebuincios și nici cu putință în zilele noastre... să cauți să atingi vechea măreție și splendoare a poemelor dramatice; căci nu poți să faci aceasta și să fii, în același timp, pe placul publicului.

Șapte ani mai târziu, în prefața la *Diavolul alb*, John Webster se justifica în același fel. El admitea că nu scrisese „un adevărat poem dramatic", adică o piesă în strictă concordanță cu preceptele aristotelice. Dar adăuga, cu îndrăzneață ironie, că vina o purta publicul. Spectatorii din epoca elisabetană și din cea a lui Iacob I s-au dovedit nevrednici de „vechea măreție și splendoare" a tragediei.

Aceste declarații sunt generate de marele conflict de idealuri care a influențat istoria teatrului european începând de la sfârșitul secolului al XVI-lea până aproape în epoca lui Ibsen. Concepția neoclasică despre tragedie avea de partea ei precedentul antic, forța exemplului lui Seneca și o solidă teorie critică. Idealul de teatru romantic, popular, își trăgea forța pur și simplu din faptul că piesele dramaturgilor elisabetani se jucau și se bucurau de succes. Marele public gusta mai mult vigoarea și varietatea teatrului shakespearian decât forma nobilă a „adevăratului poem dramatic".

Neoclasicismul s-a născut odată cu poeții erudiți și cu criticii Renașterii italiene. Originea lui poate fi căutată într-o imperfectă înțelegere a lui Aristotel și Horațiu, dar forma uzuală în care s-a manifestat i-a fost dată de arta lui Seneca. Concepția neoclasică a găsit doi teoreticieni de geniu, Scaliger și Castelvetro. Interpretarea pe care acesta din urmă a dat-o *Poeticii* lui Aristotel, în *Poetica lui Aristotel tradusă în limba italiană*, s-a dovedit a fi unul dintre textele decisive pentru dezvoltarea gustului occidental. El a enunțat precepte și idealuri care i-au preocupat pe critici și pe dramaturgi din timpul lui Jonson până în epoca lui Claudel și T.S. Eliot. Ajunse în Anglia, principalele lui idei au găsit o exprimare memorabilă la Sidney, în lucrarea *Apărarea poeziei*. Stilul lui Sidney conferă o noblețe seducătoare disciplinei rigide a teoriei neoaristotelice. „Scena", ne spune el, „trebuie să prezinte întotdeauna doar un singur loc, iar timpul în care se presupune că se petrece acțiunea trebuie să fie – atât conform preceptului lui Aristotel, cât și potrivit bunului-simț – de doar o singură zi". A se observa că Sidney face apel la autoritate și la bun-simț. Neoclasicismul insistă întotdeauna asupra ambelor. Unitatea de timp și unitatea de loc nu sunt însă decât instrumente menite să contribuie la atingerea scopului principal: unitatea de acțiune. Aceasta constituie centrul vital al idealului clasic. Acțiunea tragică trebuie să se desfășoare cu absolută coerență și economie. Nu trebuie să existe nici cea mai mică urmă de emoție de prisos, nici o accentuare a limbajului sau gesturilor care să nu servească obținerii efectului final. Drama neoclasică, atunci când își atinge scopul, este extrem de riguros construită. Ea e o artă a privațiunii: o structură austeră, sobră și totuși ceremonioasă a limbajului și gestului, care conduce la momentele solemne ale morții eroice. Toate celelalte convenții decurg din acest principiu al unității. Sensul tragic și sensul comic al vieții trebuie să fie separate cu strictețe; adevăratul poet „nu va pune să cânte piculina în timpul funeraliilor". În plus, tragedia este augustiniană: puțini sunt cei aleși să-i cunoască harul sever. Sau, după cum spune Sidney, nu trebuie „să-mpingi clovnul de la spate să joace un rol în piese maiestuoase".

Dar chiar în momentul în care scria el, clovnii își afirmau drepturile pe scena tragică. Ei își execută salturile comice pe drumul lui Faust spre damnațiune. Ei îi deschid răzbunării porțile în *Macbeth* și fac schimb de înțelepciune cu Hamlet. De-a lungul funeraliilor rațiunii lui Lear se aude piculina bufonului. Sidney ridiculizează tipul de dramă populară „în care ai de-o parte Asia și de cealaltă Africa și atât de multe alte subregate, încât actorul, când intră, trebuie întotdeauna să înceapă prin a spune unde se află". Totuși, chiar înainte de a fi apărut *Apărarea poeziei,* Faust zburase prin văzduh

Tras, într-un car de flăcări, de vânjoase
Grumazuri de dragoni în juguri prinse.

Iar sub el se întindea geografia plină de licențe a teatrului elisabetan, cu trecerile ei instantanee din Roma în Egipt și cu marea care scălda țărmurile Boemiei. Sidney susține că este absurd ca o piesă a cărei reprezentație durează doar câteva ore să pretindă că ilustrează evenimente petrecute de-a lungul mai multor ani. Așa ceva nu se putea găsi în „exemplele vechi", iar „actorii din Italia", care erau păzitorii stilului neoclasic, n-ar fi permis o asemenea abatere. Dar personajele lui Shakespeare îmbătrânesc de la un act la altul, iar în *Poveste de iarnă* se scurg vreo șaisprezece ani între discordia de la început și armonia finală.

Dramaturgii elisabetani au încălcat toate preceptele neoclasicismului. Ei au renunțat la cele trei unități, s-au dispensat de cor și au îmbinat acțiunile tragice cu cele comice, tratându-le cu aceeași forță. Scena lui Shakespeare și a contemporanilor săi era *el gran teatro del mundo*. Nici un sentiment, nici un element din creuzetul experienței nu-i erau străine. Dramaturgii epocii elisabetane și cei ai epocii lui Iacob I l-au jefuit pe Seneca. Au luat de la el retorica, fantomele, moralitatea sentențioasă, flerul pentru oroare și răzbunare sângeroasă; dar n-au luat și practicile austere, artificiale, ale teatrului neoclasic. Tragediei grecești sau, mai degrabă, versiunii inferioare, latine, a geniului ei, Shakespeare i-a opus o formă tragică de o concepție nouă, tratată într-un stil care rivalizează în splendoare cu cel al modelelor antice.

În ciuda masivelor cercetări erudite, istoria acestei forme rămâne obscură. Marlowe, Kyd și Shakespeare s-au îndepărtat de modelele neoclasice din motive practice. Un dramaturg nu-și putea câștiga existența scriind piese după preceptele lui Castelvetro. Publicul prefera categoric fantezia bogată și forfota tragicomediei sau pieselor istorice. Îl delectau clovnii, interludiile comice și acțiunea fizică acrobatică sau brutală. Spectatorul elisabetan avea nervi tari și cerea să-i fie puși la încercare. În lumea din jurul lui, sângele era înfierbântat și el voia să vadă același lucru pe scenă. Poeții „eruditi", de pildă Ben Jonson și Chapman, au încercat în van să-și educe publicul pentru plăceri mai alese. Dar chiar dacă nu ținem cont de realitățile teatrului popular, putem observa că geniul l-a condus pe Shakespeare spre formele de artă dramatică „deschise", nu spre cele „închise". În timp ce viziunea lui Dante curbează toate razele de lumină spre un centru de control, lumea lui Shakespeare este orientată în afară. El a folosit formele dramatice cu un minunat pragmatism, adaptându-le necesităților care se iveau. Realul și fantasticul, tragicul și comicul, noblețea și josnicia erau prezente în egală măsură în concepția lui asupra vieții. De aceea el a avut nevoie de un teatru mai variat și mai flexibil decât cel al tragediei clasice.

Dar forma unor piese ca *Doctor Faust, Richard al II-lea, Regele Lear* sau *Măsură pentru măsură* este mai mult decât expresia înclinației personale a dramaturgilor elisabetani. Ea e rezultatul acțiunii unor energii vechi și complexe. Mergând în profunzime, dincolo de faptul dezvoltării versului alb dramatic, dincolo de spiritul senecan al violenței maiestuoase, găsim o importantă moștenire de forme medievale și populare. Acesta este solul bogat din care literatura de la sfârșitul secolului al XVI-lea își trage o mare parte din seva ei. În disprețul suveran al lui Shakespeare pentru limitarea în spațiu și timp, recunoaștem spiritul ciclurilor de mistere, în care decorul era lumea cerului, pământului și iadului, iar scala timpului cuprindea întreaga istorie a omului. Clovnii, nebunii înțelepți și vrăjitoarele din teatrul elisabetan aduc cu ei o rezonanță medievală. În urma cortegiului funerar senecan vin piculinele dansurilor carnavalești. Și nu putem înțelege piesele istorice ale lui Shakespeare sau comediile lui „sumbre“, dacă nu deslușim în ele moștenirea de gesturi rituale și simbolice a cărei sursă este bogăția imaginativă a Evului Mediu. Nu ne este clar cum s-a transmis această moștenire și cum s-a îmbinat ea cu libertatea puternic afirmată a temperamentului elisabetan, dar îi simțim prezența modelatoare până și în teatrul epocii lui Iacob I. Când, în cursul secolului al XVII-lea, noua imagine, rațională, a lumii a uzurpat locul vechii tradiții, teatrul englez a intrat într-un lung declin.

Privit retrospectiv, contrastul dintre creațiile dramaturgilor elisabetani și pretențiile formulate de criticii neoclasici este izbitor. Piesele lui Marlowe, Shakespeare, Middleton, Tourneur, Webster și Ford sunt categoric superioare celor de inspirație neoclasică. Dar această deosebire ține, în parte, de optică. Experiența noastră privind teatrul e atât de mult condiționată de forma deschisă, shakespeariană, încât ne este greu chiar și numai să ne imaginăm validitatea unei tradiții de altă natură. Clasiciștii elisabetani nu erau însă absurzi. Concepția lor nu se baza doar pe autoritatea gramaticilor italieni și pe exemplul cam strident al tragediei latine, ci exprima o înțelegere tot mai profundă a miracolului dramei grecești. Această înțelegere era fragmentară. Existau puține traduceri din Eschil, iar piesele lui Euripide erau cunoscute mai ales în versiunile lui Seneca. În plus, savanții Renașterii n-au înțeles că Aristotel a făcut critică aplicată, judecățile lui fiind valabile mai mult pentru Sofocle decât pentru întregul teatru grec (de exemplu, în *Eumenidele* nu există unitate de timp). Totuși, idealurile lui Sidney și ambițiile lui Ben Jonson transmit convingerea că imaginația tragică datorează multă recunoștință precedentului elen. Această convingere a pus adesea stăpânire pe sensibilitatea poeților occidentali. Drama poetică, de la Milton la Goethe, de la Hölderlin la Cocteau, reprezintă, în bună parte, încercări de reînviere a idealului grecesc. Faptul că Shakespeare n-a căzut pradă fascinației geniului elen este un mare și misterios noroc. Evidenta lui necunoaștere a realizărilor majore ale clasicilor antici ar putea explica dezinvoltura sa maiestuoasă. Ne este greu să ne imaginăm cum ar fi arătat *Hamlet* dacă în prealabil Shakespeare ar fi citit *Orestia*, și nu putem fi decât fericiți că finalul *Regelui Lear* nu trădează cunoașterea modului în care s-au rezolvat lucrurile la Colonos.

Clasiciștii englezi n-au fost primii exponenți ai noii orientări. Preceptele neoaristotelice și exemplul lui Seneca inspiraseră deja un mare număr de drame italiene și franceze. Astăzi, numai specialistul în istoria teatrului mai citește piesele lui Trissino și Giraldo Cintio sau *Regele Torrismondo* a lui Tasso. Ignorați sunt și Jodelle și Garnier. În lumina operei lui Racine, tragedia franceză a secolului al XVI-lea pare un preludiu arhaic. Dar și această imagine se datorează, în mare parte, perspectivei moderne. În operele acestor doi tragediografi francezi există o muzică puternică, pe care n-o vom mai auzi nici chiar în momentele de înaltă inspirație ale stilului clasic. Să luăm, spre ilustrare, invocația către moarte din *Cleopatra captivă* (1552) a lui Jodelle:

O, dulce, dulce moarte, unică vindecare
A spiritelor strânse-n ciudată închisoare,
De ce îngădui dreptu-ți să-ți fie încălcat?
O, dulce, dulce moarte, au te-am jignit vreodat'?
De ce nu te apropii, Parcă întârziată?
De ce-n captivitate tu lași această gloată,
Ce-n veci de libertate nu se va bucura,
Cât spiritul nu-l scoate din carne lancea ta?

Vocea se ridică deasupra tânguirii corului, exprimând, într-o formă bogat ornamentată, o durere profundă. Versurile cad ca brocartul, dar de sub rigiditatea lor auzim amenințarea destrămătoare a morții: „o, dulce, dulce moarte“ *(ô douce & douce mort)*. Acea „Parcă întârziată“ (*Parque trop tardive)* pare o figură alegorică oprită în plin zbor; e greu de crezut că ochiul lui Valéry nu s-a oprit asupra ei.

Piesa lui Garnier *Antoniu,* scrisă ceva mai târziu, dramatizează același moment. Refuzând sfatul lui Charmian de a încerca să-i înduplece pe cuceritori, Cleopatra se pregătește pentru ceremonia morții:

Ce mârșavă purtare! O, zei, ce infamie!
Amica lui Antoniu la ceas de măreție,
Eu, supraviețuindu-i, azi să mă mulțumesc
Tristu-i mormânt cu plânsu-mi amarnic să-l cinstesc?
Să spună peste veacuri putea-vor seminții,
Că doar pentru imperiu pe-Antoniu îl iubii,
Sau pentru marea-i slavă, lăsându-l pentru altul,
Asupra lui năpasta când și-a urnit asaltul.
Precum acele păsări ce din străine țări
Cu aripi călătoare vin spre-ale noastre zări,
Trăind, cât au căldură și hrană, printre noi,
Și zborul spre aiurea luându-și iar apoi.

Cuvintele ne conving prin absența retoricii. Cleopatra se numește pe sine „amica" lui Antoniu. În secolul al XVI-lea, conotațiile erotice ale cuvântului *amie* erau mai puternice decât sunt astăzi; dar în aceste clipe grele, de calm și de cruzime, forța prieteniei este tot atât de importantă ca și cea a iubirii. Comparația pe care o face e lipsită de orice ostentație: ea nu vrea să fie frivolă ca păsările. Însă, în același timp, accelerarea ritmului și cadența acelor „aripi călătoare" *(ailes passageres)* ne îndeamnă să ne gândim la zborul sufletului spre moarte. Uliul regal de pe coroana Egiptului își va deschide aripile. Nu găsim aici valorile prezente la Corneille sau Racine. Personajele sunt înfățișate într-un mod care marchează o tranziție de la alegorie la teatru. Ele par să trăiască la suprafața limbajului, acțiunea reprezentând mai degrabă o succesiune de ornamentații decât o evoluție într-o direcție clară. Dar în aceste tragedii există o angajare emoțională care, deși mai naivă, e mai umană decât cea din operele neoclasicismului matur.

La patru ani după moartea lui Sidney, Contesa de Pembroke a tradus *Antoniu*, din care Samuel Daniel s-a inspirat în *Cleopatra* lui. O altă tragedie a lui Garnier, *Cornelia*, care prezenta căderea lui Pompei, a fost tradusă de Thomas Kyd. Acestea erau drame de salon, scrise pentru plăcerea unui public restrâns, dar ele au inițiat o tradiție a tragediei ceremonioase care s-a extins până în perioada romantică. Fulke Greville și-a distrus una dintre tragediile politice în timpul rebeliunii lui Essex. Cele două tragedii care supraviețuiesc, *Mustafa* și *Alaham*, au solemnitatea înflorită și complicată specifică arhitecturii barocului ajuns la apogeu. Ele anunță piesele maure ale lui Dryden și operele unui aristocrat mult mai talentat – tragediile venețiene și *Sardanapal* ale lui Byron.

De altfel, preceptele neoclasice și-au găsit expresia, cel puțin parțial, și în teatrul epocilor elisabetană și a lui Iacob I. Chapman și Ben Jonson au încercat să îmbine cele două concepții dramatice rivale, cea cultă și cea populară, căci ei au fost, în același timp, scriitori erudiți și oameni de teatru ai timpului lor. Dintre toţi elisabetanii, Chapman se apropie cel mai mult de Seneca. Viziunea lui asupra vieţii a fost stoică, iar stilul lui a avut, în mod necăutat, o notă sumbră şi o structură complicată. Şi-a însuşit fără rezerve poziţia neoaristotelică potrivit căreia teatrul are o funcţie morală, susţinând că tragedia autentică trebuie să conţină „învăţături folositoare, care să îndemne, într-o formă aleasă şi sentenţioasă, la căutarea virtuţii şi la îndepărtarea de contrariul ei". Asemenea ultimilor istorici romani, a intuit că marile probleme de stat îşi au rădăcina în pofte şi ambiţii personale. *Bussy d'Ambois* şi *Tragedia lui Chabot, amiral al Franţei* sunt două dintre puţinele drame politice însemnate din literatura engleză. În convingerea lui Chapman că violenţa naşte violenţă şi că forţa răului nu trebuie subestimată, există ceva din mâhnirea lucidă a lui Tacit. Totuşi, Chapman s-a străduit să aibă succes şi pe scena populară, dând astfel publicului raţia cuvenită de brutalitate fizică, vrăjitorie şi intrigă amoroasă. Fantomele lui sunt dintre cele mai sângeroase din teatrul elisabetan, iar crimele, deosebit de frecvente. Tensiunea provocată de ciocnirea celor două idealuri dramatice s-a dovedit însă prea mare. În piesele lui Chapman nu există un plan unitar. Prin desişurile retoricii apar brusc luminişuri în care severitatea viziunii sale politice se exprimă din plin. Dar nu se păstrează nici o proporţie: e ca şi când am trece peste un auster prag paladian, pentru a ne pomeni, pe neaşteptate, într-un interior baroc.

Latinitatea lui Chapman este cea a declinului Romei. Clasicismul lui Ben Jonson aparţine amiezii Romei, el fiind cel mai autentic clasic din literatura engleză. Alţi scriitori au luat de la suprafaţa poeziei latine; Jonson s-a inspirat din miezul ei. Observaţia fină şi ironică, realismul plin de culoare, urbanitatea şi energia exprimării arată cât de înrudită este structura lui intelectuală cu cea a lui Horaţiu. Dacă Jonson şi-ar fi înzestrat tragediile cu virtuţile prezente în *Volpone* şi *Femeia tăcută,* ar fi lăsat o operă clasică în spirit, dar de o forţă putând rivaliza cu cea a lui Shakespeare. El însă a preferat să-şi etaleze învăţătura clasică şi să-şi afirme rangul social. *Seianus* şi *Conspiraţia lui Catilina* trebuiau să demonstreze că era capabil să folosească cu măiestrie erudiţia şi convenţiile formale ale stilului neoclasic. Ambele piese vădesc intuirea perfectă a componentei criminale a politicii romane şi în fiecare din ele există pasaje a căror perfecţiune desfide orice analiză, tocmai pentru că Jonson şi-a stăpânit stilul cu deosebită naturaleţe. Trebuie să ne adresăm lui *Coriolan* al lui Shakespeare pentru a găsi ceva ce să întreacă inteligenţa nervoasă şi tensiunea reţinută a dialogului dintre Cezar şi Catilina:

Cezar: Ei, lucruri mari în lume
Nu s-au înfăptuit,
Decât prin silnicii şi-nşelăciune.
Iar cel ce ştie de conştiinţă...
Catilina: E un neghiob pios.
Cezar: Rob unei superstiţii, moare câine.
Acuma, noapte bună. Ştii ce crede Crassus
Şi ce cred eu. Fă-ţi aripi mari cât velele,
Văzduhul ca să-l tai făr' să laşi urme.
Cât nu-i balaur, şarpele înghite
Şi lilieci... Înghite tu un consul,
Ce stă veghind. Dar iute, Sergius.

Tragediile lui Jonson, ca şi cele ale lui Chapman, suferă însă din cauza caracterului lor neunitar. Încercând să împace convenţiile neoclasice cu cele, foarte diferite, ale dramei istorice elisabetane, ele ajung să fie greoaie. *Volpone* este mult mai „clasică" decât oricare dintre tragediile romane. Aici găsim muşcătura crudă a satirei romane şi o perfectă disciplină a proporţiilor. Sentimentele sunt ferm delimitate, iar personajele apar în acea lumină directă, oarecum aplatizantă, pe care o întâlnim şi în comediile romane. Nici o altă piesă elisabetană nu este mai departe de Shakespeare. Ea se încadrează, alături de poeziile lirice ale lui Matthew Prior şi Robert Graves, în acel mic colţ al literaturii engleze care este autentic latin.

Nici Chapman, nici Jonson n-au realizat idealul „adevăratului poem dramatic". Înseamnă oare că literatura engleză n-a dat nici o tragedie de tip clasic care să poată fi opusă lumii lui Shakespeare? Poate că numai una. Prefața ei cuprinde o expunere riguroasă a concepției neoclasice:

> Tragedia, așa cum era compusă în Antichitate, a fost întotdeauna considerată cel mai grav, mai moral și mai plin de învățăminte dintre toate poemele: fapt pentru care Aristotel a spus că, stârnind ea mila și frica sau groaza, poate purifica spiritul de acestea sau de alte asemenea simțăminte... Arăt asta pentru a apăra Tragedia, pe care în ziua de azi mulți n-o prețuiesc, ba chiar o batjocoresc, punând-o alături de interludii obișnuite; ceea ce se întâmplă din cauza greșelii poeților de a amesteca lucruri comice cu tristețea și gravitatea tragică; sau de a introduce personaje banale și vulgare... aduse pe scenă fără discernământ, pentru a da publicului o josnică satisfacție... singurii chemați să judece sunt cei care îi cunosc pe Eschil, Sofocle și Euripide, cei trei poeți tragici neegalați încă de nimeni, care oferă cel mai bun exemplu pentru toți cei ce năzuiesc să scrie Tragedie.

„Neegalați încă de nimeni" – cuvintele au fost scrise la șaizeci și trei de ani de la publicarea *Regelui Lear*. Ideea pe care o conțin și tragedia căreia îi servesc drept prefață reprezintă marea replică dată, în literatura engleză, lui Shakespeare și tuturor formelor „deschise" de teatru tragic.

Samson Luptătorul este greu de analizat tocmai pentru că ilustrează aproape perfect valoarea principiilor de la care pleacă. Prin forța și prin intenția ei, această operă constituie un caz special, ea neputând fi comparată, în mod întemeiat, cu nici o altă creație a teatrului englez. Organizarea piesei este aproape statică, amintind maniera lui Eschil din *Prometeu înlănțuit*; totuși, ea e străbătută de un flux puternic, care duce la punctul culminant. Ca orice tragedie creștină, noțiune ea însăși paradoxală, *Samson Luptătorul* este, în parte, o *commedia*. Realitatea morții lui Samson e drastică și irefutabilă; dar ea nu poartă sensul major sau final al piesei, căci aceasta, ca și *Oedip la Colonos,* se termină pe o notă de transfigurare solemnă, chiar de bucurie. Acțiunea evoluează de la neagra orbire a ochilor și a spiritului la orbirea provocată de prea multă lumină.

În *Samson Luptătorul,* Milton a acceptat pretențiile idealului neoclasic și le-a satisfăcut pe deplin. A scris o tragedie într-o limbă modernă; nici măcar nu s-a inspirat din mitologia greacă; a respectat cu strictețe cele trei unități; și a folosit corul. În același timp, a creat o piesă de teatru magnifică. Această aserțiune ar trebui să fie considerată un truism. Jucat pe scenă, *Samson Luptătorul* te vrăjește; chiar și o simplă lectură inteligentă transmite formidabila intensitate a piesei. Numai o ureche insensibilă la dramă ar putea să nu simtă, puternice ca niște lovituri de bici, durerea și tensiunea provocate de atacurile succesive la care e supusă integritatea rănită a lui Samson. Și puține lucruri scrise înainte de Strindberg pot egala redarea antagonismului sexual deschis care izbucnește, ca o flacără, între Samson și Dalila, „adevărat șarpe, trădat de mușcătura lui".

Mai mult poate decât arheologia și erudiția clasică, *Samson Luptătorul* ne permite să întrevedem imaginea totală, acum pierdută, a teatrului grec. Limbajul lui Milton pare să antreneze, în mișcarea lui, forțele muzicii și ale dansului. În anumite pasaje, fuziunea este tot atât de completă cum trebuie să fi fost în pasajele lirice corale din tragediile lui Eschil:

Dar ce făptură-a mării sau a gliei
Se-arată acum? Femeie pare-a fi.
Gătită vesel, cu podoabe multe,
Lin legănându-se se-apropie de noi,
Ca o corabie din Tarsus, mândră,
Plutind spre Insulele din Javan
Sau înspre Gadier,

În toată strălucirea-i, cu-ntreg cordajul strâns,
Cu pânza plină, flamuri fâlfâind,
În alintarea vântului ce suflă jucăuș...

În nici un teatru, de la cel al lui Dionysos, nu răsunase o asemenea muzică.

Prefața la *Samson Luptătorul* a trasat linii de bătaie care străbat, de la un capăt la altul, istoria teatrului occidental. După secolul al XVII-lea, tragediograful s-a aflat în fața unui permanent conflict de idealuri. Trebuia oare să adopte convențiile extrase de neoclasicism din operele lui Eschil, Sofocle și Euripide, sau să se adreseze tradiției shakespeariene a teatrului deschis? Această problemă a unor modalități rivale era, ea însăși, dificilă; dar la baza ei se afla o dilemă încă și mai importantă. Avea oare scriitorul modern forța de a crea o tragedie care să nu fie iremediabil umbrită de realizările teatrelor grec și elisabetan? Putea un om așterne cuvântul „tragedie“ pe o pagină albă fără să audă în spatele lui imensa prezență a *Orestiei*, a lui *Oedip*, a lui *Hamlet* și a *Regelui Lear*?

S-ar putea susține, așa cum au făcut Lessing și romanticii, că, formulată rigid, distincția dintre viziunea tragică sofocleană și cea shakespeariană este falsă. S-ar putea afirma că ceea ce este viu nu trebuie să se încovoaie sub povara a ceea ce e mort. Dar faptele sunt incontestabile: până în epoca lui Ibsen, Cehov și Strindberg, problema tragediei a fost cea a dublei moșteniri, clasică și elisabetană. Ochii poeților noi erau fixați asupra acestor culmi, ambițiile lor personale fiind stăvilite de simplul fapt al comparației. Ibsen urma să fie primul în opera căruia și-a găsit împlinirea un ideal al formei tragice care nu deriva nici din exemplul Antichității, nici din cel al lui Shakespeare. Dar pentru ca acest lucru să se poată întâmpla, centrul de greutate al limbajului expresiv a trebuit să treacă de la vers la proză. Aceste mari probleme ale măreției trecutului și nereușitei prezentului au fost dezbătute pentru prima dată la sfârșitul secolului al XVII-lea. De acolo trebuie să înceapă orice investigație privind condiția teatrului modern.

A fost o perioadă remarcabilă prin acuitatea percepțiilor ei critice. Chiar și înainte de *Samson Luptătorul,* criticii și-au dat seama că teatrul era sfâșiat de idealuri contrare. În *Scurt tratat despre teatrul englez,* Richard Flecknoe a trasat linia de demarcație dintre Shakespeare și Ben Jonson, îndemnând: comparați-i și „veți vedea deosebirea dintre Natură și Artă". Această formulare a fost o cutie a Pandorei din care a roit confuzia, „natura" și „arta" imprimând, în țesătura criticii, un desen aiuritor. Uneori se pune semnul egalității între artă și convențiile clasice și între natură și formele deschise, mixte, ale teatrului shakespearian. Alteori, și mai des, critici rivali proclamă că viziunea lor asupra teatrului permite exprimarea liberă a fanteziei naturale cu ajutorul artei ascunse. Nici o școală nu abandonează cu totul vreunul dintre acești termeni.

Cel care ne-a oferit cea mai subtilă meditație asupra acestor chestiuni a fost Thomas Rymer. Forța acestui critic a constat în îngustimea deliberată a gustului său. Rymer a privit lucrurile în profunzime, problemele ridicate de el fiind cele ale căror soluții au fost căutate de-a lungul a două secole de teatru european. Chiar și în analiza critică a lui Shakespeare, unde Rymer este cel mai neinspirat, există, în oarecare măsură, o onestitate memorabilă. În comparație cu criticile sale, atacul lui Voltaire este necinstit. În *Tragediile veacului trecut,* Rymer încearcă să demonstreze că diferitele convenții ale teatrului clasic nu sunt limitări artificiale, ci mai degrabă expresii ale modului firesc în care operează rațiunea. Formele tragediei grecești codifică adevărul experienței și judecății comune. Excesul de incidente din *Regele Lear* sau alternanța de suferință și bufonerie din *Macbeth* sunt reprobabile nu pentru că încalcă preceptele lui Aristotel, ci pentru că ele contrazic forma firească a comportamentului uman. Eschil, Sofocle și Euripide au avut norocul de a fi moștenit și geniul de a fi modelat un gen de teatru ale cărui convenții erau satisfăcătoare în formalismul lor bine proporționat, rămânând, în același timp, în concordanță cu bunul-simț.

Deși expusă cu claritate, teoria lui Rymer este, de fapt, bazată pe echivocuri. El a pornit de la opinia foarte răspândită că teatrul grec este o artă deliberată, în timp ce piesele lui Shakespeare sunt efuziuni spontane ale unui talent natural („ciripitul liber al păsării-n pădure“*). Acesteia i-a adăugat ideea că tragediile clasice sunt realiste, în timp ce dramele elisabetane reprezintă creații ale unei fantezii neînfrânate. A se remarca folosirea contradictorie a termenilor critici: acum arta e cea care exprimă un realism rațional, în timp ce natura trece în domeniul defăimat al fantasticului. Sub această inversare a unor valori critice tradiționale, găsim sugestiile unei estetici subtile și complicate. Pentru Rymer, tragedia greacă este, în același timp, formală și realistă. Ea ne pare naturală deoarece imită viața atunci când aceasta se află într-o stare de extremă ordine. „Regulile“ sau convențiile ei tehnice sunt mijloacele prin care se realizează această imitație; ordinea acțiunii din viața reală nu poate fi reflectată decât prin ordine în artă. Lipsit de acest cadru coerent, naturalismul lui Shakespeare duce de fapt la licențe extravagante și la situații improbabile (scena în care Gloucester crede că sare de pe stânca de la Dover). Drama elisabetană e înclinată spre realism, dar imaginea vieții pe care o prezintă este mult mai puțin reală decât cea oferită de tragediile lui Sofocle. Pe scurt: adevăratul realism este rodul unei stilizări intense. Aceștia nu sunt termenii folosiți de Rymer; și ne îndoim că vreun altul în afară de Racine a sesizat pe deplin paradoxul pe baza căruia au fost construite teoriile neoclasice. Dar noțiunile contrare din dialectica lui Rymer – artă/natură, bun-simț/imaginație, rațiune/fantezie – urmau să exercite o mare influență. Ele vor obseda teoria teatrului din epoca lui Dryden până în cea a lui Shaw și Brecht.

Unul dintre meritele lui Rymer este că nu a evitat să discute dificultățile inerente concepției neoclasice. Plecând de la premisa că tragedia ateniană trebuie să fie idealul conducător al practicii moderne, el s-a întrebat cum puteau fi introduse

* John Milton, *L'Allegro* (*Voiosul*), versul 134.

într-un teatru creștin sau laic miturile și credințele esențiale ale artei grecești:

> Unii vor râde auzindu-mă vorbind despre sacrificii, oracole și zeițe: vechi superstiții, vor spune ei; inofensive, dar mai mult decât ridicole pe scena noastră. Aceștia n-au remarcat cu câtă artă i-a tratat Vergiliu pe zeii lui Homer și nici cu cât discernământ sunt folosite puterile cerești într-un poem creștin de Tasso sau Cowley. Elementele similare din Sofocle și Euripide ar putea și ele să fie îmbunătățite de tragicii moderni, imaginându-se ceva potrivit credinței și obiceiurilor noastre.

Întrebarea este mai pătrunzătoare decât răspunsul dat de Rymer. Din nou, Racine a fost cel care, abordând problema cu mult curaj, a ajuns să vadă în convențiile puse la baza tragediei neoclasice niște mituri golite de credință reală.

Rymer se află pe un teren mai solid când susține că idealul sofoclean implică folosirea corului: „Corul a fost sursa și forma inițială a tragediei; și rămâne, fără îndoială, partea ei cea mai necesară". El trimite aici la distincția esențială dintre teatrul închis și cel deschis. Prezența învăluitoare a corului este indispensabilă pentru anumite modalități de desfășurare a acțiunii tragice; ea face însă ca alte modalități, de exemplu cele ale dramei shakespeariene, să devină imposibile. Problema corului se va pune mereu în teatrul european. Ea a constituit o preocupare pentru Racine, Schiller și Yeats; și e prezentă în teatrul lui Claudel și T.S. Eliot. Rymer observă, de asemenea, cu pătrundere, că intervenția corului poate deschide calea spre drama muzicală. Elementul liric ar putea submina forța vitală a cuvântului rostit. Drama corală poate fi popasul de la jumătatea drumului ce duce la operă. Robert Howard, contemporan al lui Rymer, considera pericolul apariției acesteia ca fiind iminent: „Iată Opera... adio lui Apolo și Muzelor!" Este un strigăt profetic, pe care îl vom auzi din nou în epoca lui Wagner și Richard Strauss.

Limbajul critic al lui Rymer și al contemporanilor săi nu mai este folosit de noi; dar controversele în care s-au angajat ne mai preocupă și azi. Începând din secolul al XVII-lea, istoria teatrului este inseparabil legată de cea a teoriei critice. Multe dintre cele mai vestite drame moderne au fost scrise pentru a răsturna o teorie veche sau pentru a dovedi valabilitatea uneia noi. Nici o altă formă literară n-a fost atât de copleșită de conflicte privind definiția și scopul ei. Teatrul atenian și cel elisabetan n-au cunoscut dezbaterile teoretice. *Poetica* a fost concepută ulterior, iar Shakespeare n-a lăsat nici un manual de stilistică. În secolul al XVII-lea, această inocență și libertatea aferentă a vieții imaginative s-au pierdut pentru totdeauna. De aici înainte, dramaturgii devin critici și teoreticieni. Corneille își supune piesele unor analize critice severe; Victor Hugo și Shaw își prefațează operele cu declarații programatice și cu manifeste. Dramaturgii cei mai importanți tind să fie cei care își formulează țelurile cu cea mai mare claritate. Dryden, Schiller, Ibsen, Pirandello, Brecht lucrează în cadrul sau împotriva unor forme teoretice explicite. Asupra întregului teatru modern apasă povara gândirii critice. Adesea aceasta s-a dovedit prea grea pentru edificiul artistic de dedesubt. De la sfârșitul secolului al XVII-lea încoace, au apărut multe piese mai fascinante prin teoria pe care o reprezintă decât prin arta lor. Diderot, de exemplu, a fost un dramaturg de mâna a treia, dar locul lui în istoria teatrului este de mare interes. Această disociere dintre valoarea operei artistice și cea a operei critice a unui autor își are începutul la Dryden. El devine astfel primul dintre moderni.

Situația lui Dryden a fost ingrată. El s-a simțit chemat să refacă acea tradiție națională a teatrului care fusese întreruptă de interludiul cromwellian. În același timp însă, a fost obligat să ia în considerare noile mode și noua sensibilitate introduse de Restaurație, care adusese cu sine un puternic impuls neoclasic. Idei precum cele ale lui Rymer se bucurau de mare autoritate. Cum putea, atunci, Dryden să preia și să ducă mai departe moștenirea lui Shakespeare și a dramaturgilor din epoca lui Iacob I? Teatrul englez nu trebuia oare să privească spre Franța, de unde curtea lui Carol al II-lea împrumutase o atât de mare parte din stilul și culoarea ei? Dryden, care poseda un gust lipsit de prejudecăți și o inteligență critică de prim rang, era conștient de aceste tendințe opuse. El știa că în spatele lui se afla copleșitoarea moștenire contradictorie a lui Sofocle și Shakespeare. Cui să i se adreseze în încercarea sa de a reinstitui un teatru național? Căutând să ajungă la o soluție de compromis, Dryden a elaborat un întreg aparat critic, care îi precedă sau îi însoțește piesele. El este primul dramaturg-critic.

Încercarea lui de a împăca idealurile antice cu cele elisabetane a dus la formularea unei teorii complexe a teatrului. Această teorie a fost însă instabilă, echilibrul judecății lui Dryden modificându-se considerabil în perioada dintre *Eseu despre poezia dramatică* (1668) și prefața la *Troilus și Cresida* (1679). Punctul de plecare al lui Dryden a fost și el ambiguu. Predispoziția propriului temperament și exemplele date de Tasso și Corneille îl făceau să încline spre respectarea neoclasică a celor trei unități. În același timp însă, era profund sensibil la geniul lui Shakespeare și se simțea atras de bogăția și de forfota teatrului elisabetan. A crezut că în Ben Jonson a găsit o *via media*. Spre deosebire de Rymer și de Milton, Dryden era gata să admită amestecul elementelor tragice cu cele comice: „O gravitate continuă apasă prea mult spiritul; noi trebuie să-l înviorăm uneori, așa cum într-o călătorie facem popasuri, ca să putem merge mai departe cu mai multă ușurință." Dar tipul de dramă care a rezultat din acest compromis, piesa eroică, nu l-a urmat nici pe Corneille, nici pe Jonson. Ea este, de fapt, o continuare a tragicomediilor romantice ale lui Beaumont și Fletcher, trădând și influența măștilor dramatice de la curtea Stuarților și a regilor Carol I și Carol al II-lea.

Totuși, Dryden a fost categoric nemulțumit de opera sa. În prefața la *Totul pentru iubire* (1678), el pare hotărât să restabilească tradiția shakespeariană. Drama neoclasică impune limite „prea înguste pentru tragedia engleză; care cere să fie construită la o scară mai mare... În stilul meu, am încercat să-l imit pe divinul Shakespeare". Dar numai un an mai târziu, și-a schimbat din nou poziția critică. O mare parte a eseului care prefațează versiunea drydeniană a lui *Troilus și Cresida* este o glosă asupra *Poeticii*, în conformitate cu canoanele stricte ale lui Boileau și Rymer. În ciuda acestui fapt, în argumentarea lui găsim cuvinte de apreciere pentru cea mai neclasică figură, Caliban. Eseul încearcă din răsputeri să demonstreze că drama shakespeariană este în perfect acord cu preceptele lui Aristotel și că între „regulile" aristotelice și redarea corectă a naturii există o concordanță necesară. Instabilitatea inerentă unei astfel de poziții critice a afectat și versificația folosită de Dryden. El a oscilat între încrederea în naturalețea versului alb shakespearian și aderarea la distihul rimat al teatrului neoclasic francez. Uneori argumentele lui duc la o totală confuzie. Astfel, a declarat că distihul eroic este „cel mai natural, deoarece este cel mai nobil tip de vers modern".

Aceste îndoieli teoretice și idealuri opuse se reflectă în piesele lui Dryden. El a scris pentru scenă timp de aproximativ treizeci de ani, compunând, singur sau în colaborare, douăzeci și șapte de piese. Cele mai bune sunt comediile – în special *Căsătorie la modă* –, căci Dryden a fost înzestrat cu multe dintre virtuțile unui mare scriitor comic. A avut o ureche deosebit de sensibilă la nuanțele sociale ale limbii și a știut bine care este distanța dintre o conduită normală și una excentrică – distanță ce constituie terenul clasic al comediei. Maniera lui de a reda hărțuielile tipice relațiilor erotice e viguroasă, dar plină de tact. *Căsătorie la modă* are ritmul și inteligența rece a comediei de calitate. În comparație cu aceasta, piesele lui Sheridan par grosolane. Dryden a eșuat însă în tratarea temelor politice și tragice. Piesele lui eroice rezistă cel mai bine dacă sunt citite în cheie parodică, fiind mari edificii de retorică și de gesturi sclipitoare construite pe un vid emoțional. Chiar și acolo unde suntem impresionați, ca în anumite scene din *Aureng-Zebe*, plăcerea este pur tehnică: ne uimește capacitatea lui Dryden de a susține, în distihuri rimate, lungi desfășurări de pasiune și de furie. Nici tragediile „pure" de mai târziu nu ne satisfac. Cele mai bune sunt, de fapt, prelucrări ale pieselor altora. Acest aspect este decisiv. Istoria marilor drame este plină de plagiat făcut cu inspirație. Elisabetanii, în special, și-au însușit fără rezerve tot ceea ce le-a plăcut. Dar materialul luat, l-au luat ca învingători, nu ca datornici. L-au dominat și l-au transformat pe măsura lor, cu intenția mândră de a-și întrece înaintașii. La Dryden, lucrurile nu stau așa. Când „adaptează" *Antoniu și Cleopatra*, *Troilus și Cresida* și *Furtuna*, el o face fiind pe deplin conștient de valoarea originalului și presupunând că opera mai veche trăiește în amintirea publicului său. Versiunea lui funcționează doar ca o critică sau ca o variațiune pe o temă dată. Pe scurt, la el găsim pastișe, nu reinvenții. După secolul al XVII-lea, arta pastișei va juca un rol din ce în ce mai important în istoria teatrului. Lipsiți de inventivitate, poeții încep să toarne sosuri noi peste mâncăruri vechi. La Dryden ne aflăm încă la o distanță uriașă de produse lamentabile precum *Din jale se-ntrupează Electra* a lui O'Neill sau *Mașina infernală* a lui Cocteau, dar suntem pe drumul care duce acolo.

Cele de mai sus nu scad din virtuțile pe care le are *Totul pentru iubire*. Nici o altă piesă englezească de după Shakespeare nu folosește versul alb într-un mod atât de reușit. Dryden a fost un mare maestru al acestui instrument:

Un singur domn să aibă lumea-i timpul,
Să știe cui să-i deie ascultare.
Noi doi omagiul ei l-am împărțit,
Și fiecare globul l-a călcat, pe partea lui,
Până ce l-a făcut să se afunde.
Doar el să-l calce-acum; de partea mea-s sătul.

Mi-e torța stinsă; lumea-mi stă în față
Ca un deșert la apropierea nopții.

Dar dincolo de noblețea gravă a acestor versuri, auzim muzica mai bogată, mai strâns împletită, a cuvintelor rostite de Antoniu al lui Shakespeare. De altfel, în perioada care îi desparte pe acești doi autori a avut loc o sensibilă diminuare a conținutului emoțional al limbii. Efectul este cel al unei reușite transcrieri pentru pian a unei partituri pentru o orchestră completă. Dryden și-a numit piesa „o tragedie imitând stilul lui Shakespeare". Chiar dacă se referea mai ales la faptul că a folosit anumite convenții elisabetane, implicația este fatală. Imitând, nu poți crea un teatru cu adevărat mare.

Dryden a privit realitatea prin prisma ciocnirii dramatice și a dialecticii. Într-un poem precum *Ciuta și pantera*, „auzim" duelul ideilor exact ca și la Ibsen. Dacă Dryden n-a reușit să dea piese pe măsura talentului său, faptul se explică prin aceea că el a scris într-o epocă în care însăși posibilitatea teatrului serios stătea sub semnul întrebării. Trecutul atenian și cel elisabetan aruncau o umbră prelungă asupra viitorului imaginației dramatice. Dryden a fost primul dintre numeroșii dramaturgi care au simțit că între ei și actul invenției teatrale se afla o barieră psihologică. Măreția realizărilor din trecut părea imposibil de depășit. Saintsbury are dreptate când consideră că Dryden n-a atins niciodată acea „desăvârșire absolută, care face ca lectura tuturor marilor tragedii, grecești sau englezești, să fie un fel de capitol de viață încheiat".

Dar, la rândul nostru, putem întreba: oare din secolul al XVII-lea încoace a reușit vreun dramaturg tragic să atingă o asemenea desăvârșire?

III

În *Eseu despre poezia dramatică*, Dryden a remarcat că „în traducere, nici o piesă franceză n-a avut și nu poate să aibă succes pe scena engleză". El se referea la tragedia neoclasică franceză, iar observația lui rămâne valabilă și astăzi. Totuși, faptul în sine este uimitor, el punând una dintre cele mai dificile probleme din istoria literaturii. Pentru un francez cult este un adevăr evident că Corneille și Racine sunt unii dintre poeții de seamă ai lumii. Un critic de o atât de mare finețe ca Brunetière poate spune că un studiu al teatrului trebuie să includă secolul al XVII-lea spaniol și teatrul elisabetan; dar un studiu al tragediei n-are nevoie să se ocupe decât de greci și de clasicii francezi. Versul alexandrin în care și-au scris piesele Corneille și Racine a dat limbii franceze ceva din scheletul ei puternic și totuși delicat, iar vieții publice franceze, o mare parte din cadența ei retorică. Romanticii au încercat să-i dea jos pe Corneille și Racine de pe piedestalul de unde domină peisajul intern francez. Dar au eșuat; recitite acum, strigătele de luptă ale lui Victor Hugo și epigramele lui Gautier sună ca invectivele pe care școlarii speriați le mâzgălesc pe monumente. Comparându-l pe Racine cu Shakespeare, André Gide, care n-a fost nicidecum șovin, a inversat aprecierea pe care o făcuse Stendhal în perioada lui romantică. El consideră că autorul *Fedrei* trebuie să fie preferat autorului lui *Hamlet*, deoarece este un poet de o mai mare intensitate dramatică. Prin aceasta, Gide voia să spună că în drama elisabetană există adesea mai multă poezie decât acțiune. La Racine, nu găsim absolut nimic neesențial pentru realizarea intenției tragice.

Dar această opinie n-are putere de circulație. În afara Franței, Corneille și Racine sunt gustați, în general, doar de anumiți poeți și erudiți. *Cidul*, *Horațiu*, *Fedra* sau *Atalia* sunt jucate din când în când, dar mai mult ca piese de muzeu decât ca teatru viu. Oare în ce literatură străină clasicismul francez a acționat ca forță modelatoare? Nici un alt grup de opere de o importanță similară și de o mare splendoare intrinsecă n-a avut un câmp de acțiune atât de limitat. Cauza nu poate fi doar calitatea slabă a traducerilor. Marile opere literare trec încontinuu frontierele, chiar și sub forma parodiei sau a interpretării greșite. *Orestia*, *Hamlet* și *Faust* sunt bunuri universale, deși poezia lor esențială este intraductibilă. Elementele de intrigă, personajele și subiectul par să păstreze suficientă forță pentru a avea succes în limbi străine, inclusiv în traduceri inferioare originalului. Chiar și într-o versiune în proză, în limbaj modern, *Antigona* sau *Macbeth* ne subjugă imaginația. Fără îndoială, absența acțiunii fizice din tragedia clasică franceză face ca întreaga povară a sensului să fie purtată de limbă. Dar acest lucru este valabil și pentru o mare parte a tragediei grecești. Este greu de crezut că în versul francez ar exista o inerentă rezistență la traducere. E adevărat că poezia bună nu poate fi redată decât aproximativ când e transpusă în altă limbă. Dar Stefan George și Rilke au arătat cât de frumos pot fi traduse în germană, o limbă cu o sintaxă total diferită, unele dintre poeziile franceze cele mai caracteristice. Sau să ne gândim la recenta penetrare în engleză a stilului exotic, fluid, al acelui mult supraestimat poet, St. John Perse.

În *Introducere în poezia franceză*, Thierry Maulnier susține că poezia franceză se situează mai departe decât oricare alta de elementele universale ale folclorului și limbajului popular. Ea folosește un material șlefuit de tradiția literară, materia ei predominantă fiind poezia scrisă înainte. Astfel, poezia franceză e o artă care se adresează artei. Limbajul se menține cu rigurozitate pur și abstract, la baza lui neaflându-se nimic din solul bogat al mitului și al sentimentelor arhaice care face ca *Oedip*, *Regele Lear* sau *Faust* să aibă rezonanță dincolo de granițele lor geografice și temporale.

Dar chiar dacă admitem că practica poetică franceză se remarcă printr-o austeritate deosebită, cum se explică faptul că reprezentarea pieselor lui Corneille și Racine este atât de rar convingătoare când nu are loc pe scena Comediei Franceze? *Cinna* și *Ifigenia* necesită o extremă stilizare, dar aceasta e cerută și de reprezentarea pieselor lui Sofocle sau a operelor lui Mozart. Dryden considera că piesele lui Corneille sunt prea retorice. Publicul londonez voia să vadă acțiune pe scenă. Dar există numeroase exemple de drame „statice" care și-au păstrat neatinsă puterea de fascinație. În *Britannicus*, de exemplu, nu găsim mai puțină acțiune decât în piesele lui Euripide ori mai multă retorică decât în cele ale lui Schiller.

Cauzele sunt mai profunde. Literatura franceză a modelat în mare măsură sensibilitatea occidentală. *Eseurile* lui Montaigne, *Confesiunile* lui Rousseau și *Madame Bovary* se află în sângele nostru, al tuturor. Toți suntem, într-o anumită măsură, descendenți ai lui Voltaire. Dar operele pe care francezii le consideră supreme rămân un bun mai degrabă național decât universal.

Acestui fapt i se dau numeroase explicații. Se susține că arta lui Corneille și Racine e legată, mai mult decât cea a altor dramaturgi, de un anumit mediu politic și social. Numai în Franța au supraviețuit unele dintre condițiile necesare înțelegerii acestei arte. Generalul de Gaulle vorbește limba din *Horațiu*; iar când le oferă adversarilor săi o „pace a celor bravi", face un gest familiar omului de stat al lui Racine. În nici o altă cultură vestică aceste forme ale retoricii n-au rezistat. În afara incintei Comediei Franceze, atmosfera tragediei neoclasice pare teribil de învechită. Dar de ce nu i s-ar aplica oare și lui Shakespeare o observație similară? Este greu de susținut că lumea elisabetanilor ar fi mai vie în prezent decât cea a lui Ludovic al XIV-lea. Problema e mai complicată. Tocmai momentele de mare tensiune din piesele lui Corneille și Racine sunt cele care sună cel mai prost în traducere. De exemplu, nici cea mai sensibilă traducere nu poate face nimic cu faimoasa injoncţiune din *Horaţiu*: *qu'il mourût*. Limba franceză şi stilul de viaţă francez, care e strâns legat de limbă, includ o anumită pompă şi grandilocvenţă pe care alte culturi nu le cunosc. Solemnitatea franceză devine, în engleză, stil pompos, iar în germană, limbaj bombastic.

La Racine lucrurile stau oarecum diferit. Aici efectele supreme se obţin prin „diluarea" deliberată a tuturor elementelor superflue. Tocmai pentru că scena este atât de goală, faptul că Fedra se aşază pe un scaun exprimă o tulburare atât de intensă. Dar, în teatru, tocmai elementele superflue – excesul de emoţie, recuzita scenică, umorul, gesturile melodramatice – sunt cele care se transmit cel mai uşor. Strălucitoarele fraze sforăitoare ale lui Rostand au încântat spectatori pentru care Racine rămâne inaccesibil.

Dar chiar şi această dificultate – care, fără îndoială, explică în bună parte izolarea dramei clasice franceze – a fost depăşită în unele cazuri similare. Sobrietatea tragediei greceşti sau calmul de suprafaţă din *Torquato Tasso* al lui Goethe n-au devenit bariere pentru spectatori educaţi în tradiţii dramatice mai robuste. De ce un public dispus să accepte convenţia imobilităţii din *Trei surori* ar găsi iritantă lipsa de zgomot şi furie din *Fedra* sau *Berenice*? Poate că neoclasicismul francez s-a apropiat prea mult de idealurile sale. Poate că îl neglijăm pe Racine pentru că ne putem adresa direct lui Euripide.

Spunem „Corneille şi Racine" deoarece aşa ne învaţă cronologia şi manualele şcolare, dar greşim. N-ar trebui să unim cu o acoladă doi poeţi care se deosebeau categoric în ceea ce priveşte viziunea asupra vieţii şi concepţiile asupra teatrului. Critica are o slăbiciune pentru alăturări clare: Lope de Vega – Calderón, Goethe – Schiller. Dar alăturarea presupune existenţa unor analogii acolo unde, de fapt, există deosebiri nete. Motivele pentru care Racine e greu accesibil nu se aplică şi lui Corneille. Cei doi scriitori se deosebesc prin sensibilitate şi prin tehnica dramatică. Trebuie să învăţăm să-i privim separat.

Corneille a aparținut teatrului, a fost *un homme de théâtre,* ceea ce Racine categoric n-a fost. Dramaturg înnăscut, el n-a privit artificiile și problemele mărunte ale scenei ca pe un afront la adresa demnității poetice. A fost un provincial al cărui *terroir* a rămas Rouenul și care a adus pe scena pariziană savoarea demodată a simplității. Alături de spada rapidă și flexibilă a lui Racine, Corneille pare un baston masiv. De altfel, piesele lui nu și-au avut originea într-o viziune formală sau teoretică, ele reprezentând un amestec de tradiții teatrale erudite, profesioniste și populare. Una dintre aceste tradiții a fost cea senecană, preluată din ultimele decenii ale secolului al XVI-lea (Corneille își face debutul în provincie, în jurul anului 1625). Elementul senecan a persistat în teatrul francez: rezonanța metalică și cruzimea ceremonioasă a teatrului lui Seneca trăiește din nou în piesele lui Montherlant. Acest element a fost în concordanță și cu rolul jucat de Spania în imaginația franceză a secolului al XVII-lea. Când Corneille a venit la Paris, Spania și manierele spaniole erau la modă. Paradoxal, războiul franco-spaniol a dat tonului castilian un prestigiu încă și mai mare decât cel de până atunci. De altminteri, această fascinație n-a încetat niciodată. *Cidul* este doar un exemplu timpuriu dintr-un șir de opere strălucite în care mai figurează *Don Juan, Hernani, Ruy Blas, Pantoful de satin* al lui Claudel și *Maestrul Ordinului Santiago* al lui Montherlant. Tradiției senecane și obiceiului de a căuta inspirație în drama spaniolă Corneille le-a adăugat experiența proprie privind teatrul provincial. Nu încape îndoială că el a cunoscut activitatea trupelor de teatru care cutreierau Franța, dând reprezentații în bâlciuri și cu ocazii festive. Acestea au păstrat deosebit de vii unele forme de teatru preliterar, care își aveau originea în farsa medievală și în improvizațiile *commediei dell'arte.* Cel care urma să scrie *Mincinosul* și *Rodogune* a învățat de la acest teatru acțiunea sprintenă și replica promptă.

Aceste elemente trebuie să fie cuplate cu faptul că la Paris exista un teatru înfloritor. Astăzi, numai specialiștii se mai uită la una sau alta dintre cele șase sute de piese atribuite lui Alexandre Hardy. Dar Hardy n-a fost un simplu scrib. El a întruchipat acea componentă a barocului care s-a manifestat printr-o revărsare de energie pură, plină de veselie. Gama speciilor pe care le-a abordat e perfect prezentată de repertoriul actorilor din *Hamlet*: „tragedie, comedie, dramă istorică, pastorală, comedie pastorală, pastorală istorică, tragedie istorică, pastorală istorico-tragicomică, piese încorsetate sau poeme fără canoane“*. La el predomină stilul romanțului baroc, majoritatea pieselor lui fiind alcătuite din imbrogliouri stridente și bazându-se fără jenă pe folosirea recuzitei pentru obținerea unor efecte scenice fantastice, mitologice. Dar Hardy a creat o anumită poezie a acțiunii și, în piesele lui cele mai bune, poate fi comparat cu Calderón sau cu mai rafinații Beaumont și Fletcher.

Sosirea lui Corneille la Paris în momentul în care steaua lui Hardy începea să pălească marchează o cotitură în istoria teatrului european. Corneille ar fi putut lua hotărârea de a continua să scrie în maniera exuberanților săi predecesori, o manieră apropiată de înclinația naturală a talentului său, și nu să-și pună arta în serviciul neoclasicismului. Putem susține, plauzibil, că dacă ar fi făcut așa, teatrul francez ar fi căpătat o orientare mai bogată și mai universală. În creația lui Hardy identificăm acel tip de dramă în care tragicul și comicul, elementul realist și cel fantastic, poeticul și prozaicul pot coexista. Neoclasicismul francez își refuză această dualitate și această deschidere. El a câștigat o minunată economie a formei și puritate a limbajului, dar vitalitatea lui a avut mult de suferit. Pe de altă parte, rădăcinile neoclasicismului au fost atât politice, cât și literare. Lumea lui Hardy este cea a feudalismului în declin. Ea reflectă veselia rebelă, donquijotescă a aristocraților care, în timpul Frondei, au aruncat o ultimă provocare puterii centralizate a statului modern. Viziunea

* *Hamlet*, II, 2, ed. cit., p. 364.

dramei neoclasice este cea plăsmuită de Richelieu și impusă de Mazarin: în artă, ca și în viață, trebuie să existe ordine.

În teatrul lui Corneille, tradiția non-clasică este aproape întotdeauna prezentă sub pojghița pieselor. Prima lui tragedie, *Medeea*, se termină în stil baroc: Medeea pleacă în zbor în carul ei tras de dragoni, iar Iason se sinucide pe scenă. După *Cidul*, Corneille nu și-a mai luat asemenea libertăți. Dar chiar și în anii lui de maturitate artistică, el a experimentat forme de teatru mai deschise și mai „impure“ decât cele ale doctrinei clasice oficiale. *Don Sancho de Aragón* este caracteristică pentru înclinația firească a lui Corneille. În parte tragicomedie, în parte pastorală eroică, ea nu se aseamănă cu nici o altă piesă din repertoriul clasic (nu găsim nimic similar înainte de *Prințul Friedrich de Homburg* al lui Kleist). În operele sale târzii, Corneille se reîntoarce tot mai des la complicatele intrigi ale dramei baroce. Se poate spune, într-adevăr, că el și-a scris operele cele mai mari, șirul de tragedii grave, de la *Cidul* la *Polieuct*, împotriva propriei sale firi.

Nimic din toate acestea nu e valabil pentru Racine. Dacă exceptăm una dintre piesele lui de început, nu găsim la el decât foarte puține urme ale tradiției senecane. El nu și-a căutat inspirația nici în Spania, nici la Hardy sau în teatrul baroc. În geniul său, idealul ordinii clasice era înnăscut.

Ceea ce l-a silit pe Corneille să devină un maestru al formei clasice a fost vestita „ceartă“ privind *Cidul*. În sine, această cabală literară nu are nici o importanță. Criticii vor fi întotdeauna geloși pe poeți și vor găsi explicații savante pentru acrimonia lor. Dar, hăituit, Corneille s-a abătut de la direcția firească a talentului său dramatic, îndreptându-se spre idealuri mai exigente. În cele mai frumoase piese corneliene există o tensiune certă: înclinația spre intrigi complicate și soluții tragicomice pare să exercite o presiune asupra barierelor limitatoare ale tragediei neoclasice.

Corneille a fost un artist prea mândru pentru a-și pierde timpul căutând să respingă criticile chițibușare aduse *Cidului* de către neoaristotelieni. Recurgând la o manevră ce-i era caracteristică – cea a lui Anteu, care atinge pământul pentru a recâștiga puteri –, el s-a retras la Rouen. Acolo a conceput o piesă de o perfectă unitate și puritate de acțiune. *Horațiu* este o replică strălucită dată criticilor academici ai lui Corneille. Dar importanța ei rezidă mai ales în faptul că i-a permis poetului să identifice tema care urma să-i domine viața creatoare: cea a Romei. În caracterul lui și în educația pe care a primit-o, exista puternica trăsătură latină a umanismului postrenascentist. În plus, Corneille și-a dat seama că istoria romană putea fi folosită pentru a ilustra condițiile politice predominante din ultimii ani de viață ai lui Ludovic al XIII-lea și de la începutul autocrației lui Ludovic al XIV-lea. Ca și Machiavelli și Montesquieu, el a făcut din Roma un duplicat explicit al istoriei contemporane. Într-un elogiu adresat lui Mazarin în 1644, Corneille a construit un edificiu retoric complicat, bazat pe analogiile dintre Franța și Roma. În Franța regală, el a văzut moștenitoarea directă a virtuților Romei imperiale și papale:

> Tu ești, o, mare Cardinal, de oameni mai presus,
> Și pentru Franța darul trimis de Cel-de-Sus,
> Tu ești, o spun, eroul, roman adevărat,
> Al cărui braț ea, Roma, mi l-a împrumutat.

Corneille, trebuie s-o recunoaștem, și-a reprezentat Roma cu o intensitate imaginativă care ni-l amintește pe Dante.

Tema Romei a dominat teatrul cornelian de la *Horațiu* la *Surena*. Aceste piese sunt principalele tragedii politice din literatura vestică. Shakespeare ne-a oferit tragedii cu un fundal politic puternic conturat, dar, după părerea mea, el nu înțelege pe deplin natura tragică a puterii politice. Criticii moderni au descoperit în opera lui idei politice complexe, iar în piese precum *Măsură pentru măsură* și *Coriolan* au urmărit cu atenție efectul oprimant al politicii asupra vieții oamenilor. Dar în cele mai multe drame shakespeariene concepția asupra politicii nu este prea departe de gândirea medievală, iar tratarea acțiunii politice este subordonată tratării personajelor dramatice individuale. Astfel, regii shakespearieni își proiectează pe canavaua mare a afacerilor publice conflictele și ambițiile lor particulare. Faptele lui Henric al V-lea sunt zbenguieli tinerești și treziri ale unui individ mărite la scara unui război național. Ceea ce importă este evoluția psihologică a prințului Hal, care ajunge să fie un rege matur. În exercitarea puterii regale, el caută să-și domine doar propriul eu. *Richard al II-lea* este un fel de mister al patimilor, o meditație asupra viciilor temperamentului poetic când este expus seducțiilor puterii materiale. Viziunea piesei este alegorică, și poate tocmai din acest motiv în acțiunea ei s-au putut vedea referiri la politica elisabetană. Conflictul este redat în întregime prin intermediul ciocnirii personale dintre rege și Bolingbroke. Este un turnir feudal de dimensiuni mai mari. Richard al III-lea își proiectează umbra sinistră asupra vieții politice. Dar intriga piesei se referă doar la pofte și dușmănii personale. Ea are importanță politică numai pentru că indivizii în cauză sunt de sânge regesc. Războiul Rozelor este văzut în întregime prin prisma antagonismului dintre dinastii; Shakespeare nu face aluzie la un conflict de anvergură mai mare, economic sau politic.

Corneille, dimpotrivă, a avut o concepție modernă asupra vieții politice, înțelegând natura ei autonomă. Și a descoperit un adevăr esențial: politica este o traducere a retoricii în acțiune. Ca și Pascal, Corneille a fost obsedat de rolul distructiv al retoricii în afacerile politice. Vorbind, personajele dramelor corneliene ajung să-și insufle sentimente de ură ireconciliabile. Declarația formală (tirada) împinge mintea pe povârnișul unei îndârjiri excesive. Cuvintele ne duc mai departe spre confruntări ideologice de unde nu mai există cale de întoarcere. Aceasta este tragedia fundamentală a politicii. Sloganuri, clișee, abstracțiuni retorice, antiteze false („Reichul de o mie de ani", „capitulare necondiționată", „lupta de clasă") ajung să subjuge spiritul. Comportamentul politic nu mai este spontan sau dictat de realitate. El îngheață în jurul unui sâmbure de retorică moartă. În loc să facă din politică ceva imprecis și provizoriu, în maniera lui Montaigne (care a știut că principiile sunt durabile numai când nu sunt categorice), limba îi închide pe politicieni în orbirea certitudinii sau în iluzia dreptății. Funcționarea minții este redusă sau anulată de povara elocvenței ei. În loc de a deveni stăpânii limbii, devenim sclavii ei. Iată blestemul politicii. Corneille a știut exact cum are loc acest proces. Nici un dramaturg nu-l egalează în redarea „atmosferei", complicației și vitalității canceroase a conflictului politic. Numai Tacit poate rivaliza cu Corneille în arta de a arăta cum oamenii sunt încastrați în materia constrictoare a circumstanțelor politice, materie care le încețoșează mintea.

În această artă, el s-a dovedit un maestru încă de la prima încercare, în Actul V din *Horațiu*. Din punct de vedere dramatic, întregul act este inutil (principalul conflict a fost rezolvat, iar uciderea lui Camille este o cruzime gratuită). Dar el demonstrează cum retorica politică îl poate face pe om să-și piardă rațiunea. Horațiu a devenit un fel de colos public. Limbajul lui este sonor și gol, ca sunetul trâmbițelor. În fiecare clipă, el invocă abstracțiuni eroice pentru a justifica distrugerea vieții. Când se oferă să se omoare pentru a-și ispăși crima, el dă sinuciderii demnitatea patriotismului:

> Îngăduie, o, rege, cu brațu-mi vitejesc
> Eu gloriei, nu sorei, acum să mă jertfesc.

Juxtapunerea noțiunii abstracte (glorie) și a realității vieții umane (soră) este profund corneliană.

A urmat *Cinna*, o piesă care este în primul rând o analiză a strategiei absolutismului. Napoleon o admira pentru fidelitatea ei față de adevărul politic: în ea, a auzit nota imperială. În *Horațiu*, Roma este arhaică; în *Cinna*, augustană. Schimbarea epocii istorice este importantă. De aici înainte, Corneille a dramatizat incidente din perioada războaielor civile și de la sfârșitul imperiului; și a introdus în repertoriul imaginației o nouă geografie: Siria în *Rodogune*, regatul Lombardiei în *Pertarit*, Parția în *Surena*. Drama corneliană are o înclinație firească spre intrigă obscură și dezastru violent. Istoria imperiului în declin, desfășurată în peisaje bizare, i-a oferit lui Corneille exact tipul de intrigă de care avea nevoie.

Critica (cu strălucita excepție a lui Brasillach) a ignorat ultimele piese ale lui Corneille. Totuși, epoca noastră, în care retorica politică a făcut atâtea ravagii, ar trebui să recunoască forța viziunii corneliene. *Pompei*, *Nicomed*, *Sertoriu* și *Surena* sunt realizări de seamă. Nu există drame politice mai pătrunzătoare sau mai viguroase.

Tema tratată în *Pompei* se identifică cu originile tragediei franceze. Ea fusese deja dramatizată de Garnier, Chaulmer, Jodelle și Benserade. Corneille a ales o abordare cât se poate de dificilă: Pompei este ucis chiar la început și nu apare deloc pe scenă. Dar prezența lui domină fiecare moment al piesei (exact așa cum umbra lui Hannibal se proiectează asupra întregii acțiuni din *Nicomed*). „Cât privește stilul", scrie Corneille, „el este mai nobil decât în oricare alta dintre compozițiile mele poetice, iar versul este, incontestabil, cel mai solemn (*pompeux*) pe care l-am scris vreodată." Asocierea cuvintelor *Pompée* și *pompeux* este mai mult decât un joc de cuvinte joycean. Noțiunea de pompă este compromisă în limbajul modern. Dar la Corneille termenul exprimă însușiri valoroase: retorică înaltă, sonoritate și ținută ceremonioasă. De aici rezultă o concepție despre dramă care se apropie mai mult de cea a oratoriilor lui Händel decât de cea a teatrului modern. Dar e firesc să fie așa, pentru că ea aparține unei lumi în care pompa, indiferent dacă se manifesta la curtea regală a Franței sau în elocvența religioasă a lui Bossuet, era o virtute.

Tragismul acțiunii din *Pompei* este generat de modul în care personajele se situează pe poziții abstracte, cramponându-se de ele până la distrugere. Voința lor este dominată și coruptă de retorica politică. În *Cinna*, August se laudă în cuvinte vestite: „Al meu și-al universului stăpân sunt" (*Je suis maître de moi comme de l'univers*). De fapt, el este sclavul stilului eroic. În *Pompei*, ni se arată cum eleganța exterioară și logica aparentă a limbajului bombastic pot ascunde sau glorifica chiar și cele mai superficiale și mai criminale proiecte politice.

Piesa este construită în jurul unei serii de discursuri și de ciocniri retorice formale. Ca și ariile fixe din opera secolului al XVIII-lea, aceste tirade lungi și ceremonioase sunt modalitatea principală a acțiunii dramatice. Evenimentele nu sunt jucate; ele sunt povestite. Astfel, idealul neoclasic al bunei-cuviințe – faptele oribile sau sângeroase nu trebuie să fie prezentate pe scenă – își pune amprenta pe întreaga dramă. Fără îndoială, există situații și teme pentru care un teatru de limbaj, nu de acțiune, este nepotrivit (în piesele mai baroce ale lui Corneille, povestirea necontenită a unor evenimente îngrozitoare devine comică). Dar tipul de teatru în care exprimarea verbală este dominantă se potrivește perfect tragediei politice. Trebuie să învățăm să ascultăm aceste piese așa cum ascultăm muzica; să fim mai degrabă auditoriu decât public spectator.

Scena cu care începe piesa este superbă. Ptolemeu și consilierii lui discută despre primirea pe care trebuie să i-o facă învinsului și fugarului Pompei. Nota dominantă sună cu o insistență crudă, metalică:

dreptul sabiei,
Justificând pe Cezar, l-osândi pe Pompei.

„Dreptul sabiei" împotriva imperativelor umanității. Photin susține că Pompei trebuie omorât, dar adaugă că părerea lui nu e animată de ură personală: „Căderea, nu persoana lui, mă face să-l condamn" (*J'en veux à sa disgrace, et non à sa personne*). Partea rea a politicii constă tocmai în această separare a persoanei umane de cauza abstractă sau de necesitatea strategică. Photin declară: „Justiția nu este o virtute de Stat" (*La justice n'est pas une vertu d'État*). Și la Corneille, aproape întotdeauna, cuvântul este scris cu majusculă. „Rațiunea de stat" cântărește mai mult decât viața individului. Termenul are un echivalent german, *Staatsraison,* dar nu și un corespondent exact în gramatica mai sceptică și mai provizorie a politicii engleze. Ptolemeu cedează sfaturilor criminale și invocă unul dintre clișeele frecvent folosite de politicieni pentru a-și justifica crimele, „cursul istoriei": „Și să cedăm torentului ce mână lucrurile toate" (*Et cédons au torrent qui roule toutes choses*). Când guvernanții încep să vorbească despre „torente" și „lucruri", umanismul a dispărut atât din limbajul, cât și din intenția lor.

Acest tip de scenă apare rar în teatrul englez. Îl găsim, cred eu, numai în piesele romane ale lui Ben Jonson. Tensiunea dramatică este extremă, dar provine integral dintr-o argumentație rece și complicată. Suntem cel mai aproape de o asemenea argumentație în „Consultarea din Infern" din cartea a doua a *Paradisului pierdut.* Corneille și Milton, spre deosebire de Shakespeare, intuiesc direct, aproape senzorial, tonul politicii din cercuri înalte.

Întreaga piesă demonstrează cât de bine a înțeles Corneille temperamentul roman. Întrebat de Cezar ce crede despre Cleopatra, Antoniu răspunde: „Cezar dacă aș fi, aș vrea să o iubesc" (*Et si j'étais César, je la voudrais aimer*). Dar personajul cel mai memorabil este Cornelia, văduva răzbunătoare a lui Pompei. În atitudinea ei față de Cezar găsim ceva din acea *galanterie* care exista între adversari în timpul bătăliilor Frondei. Cornelia a jurat distrugerea lui Cezar; dar acum ei se află în Egipt și, fiind romani, încearcă un sentiment de solidaritate aproape la fel de puternic ca ura lor reciprocă. Ultima lor întâlnire este una dintre marile splendori ale dramei neoclasice. Oscilând între dușmănie și admirație, Cornelia îl sfidează pe victoriosul Cezar și, în același timp, își ia rămas-bun de la el. Discursul ei final trebuie studiat ca un tot. El arată cum formele retoricii pot concentra un maximum de sentiment dramatic. Cornelia intră purtând o urnă cu cenușa ucisului Pompei:

În Libia o duc, sperând c-acolo ei,
Ei, tatăl meu și Cato, și fiii lui Pompei,
Oblăduiți de-un Rege mai bun, de partea lor
Avea-vor și dreptatea, și soarta-n viitor.
Vedea-vei tu, acolo, peste pământ și spume,
Pe-nvinșii din Pharsalos armând o altă lume.
Și-ți voi grăbi năpasta, trecând din rând în rând,
Cenușile acestea și plânsul meu purtând;
Noi rânduieli să-nvețe din ura-mi ne-ntreruptă,
Urmând nu unor vulturi, ci urnelor în luptă;
O, tristul vas să-i umple de amintiri fatale,
De grija răzbunării și-a pedepsirii tale!
Eroului onorul din urmă vrând a-i da,
Cinstirea se răsfrânge, toată, asupra ta.
Mă vrei pe mine martor; de-nvingător ascult,
Neostoindu-mi însă al inimii tumult.
Nu-i află nimeni leacul acestei pierderi grele
Și prea de nesecat e izvorul urii mele;
Cât viața mea va curge, dura-va ura mea;
Vreau să-i trăiesc alături, și vreau să mor cu ea.
Dar ție, ca romană, îți fac mărturisirea
Că ura-mi pentru tine egală-i cu cinstirea;
Sunt drepte amândouă, și-arată forța mare
A datoriei mele și-a meritelor tale.
De-i datorie ura, și-i stima dărnicie,
În suflet amândouă mi-s cruntă silnicie;
Căci meritu-ți, ce-n van eu să îl ignor tot caut,
Pricina urii mele mă face să o laud:
Cornelia-i silită să-nvețe ura ce-i
De văduva ce-atâta îl plânge pe Pompei.
Să fii, de-aceea, sigur, de-aici când voi pleca
Și oamenii și zeii în contra-ți voi scula.
Zeii ce, pentru tine, pe mine mă-nșelară,

Zeii ce, la Pharsalos, pe Pompei îl trădară,
Cu trăsnetul în mână lăsând să îl sugrume;
Recunoscându-și vina, vor vrea să îl răzbune.
Dar chiar de zei respinsă, în amintirea-i dulce,
Găsi-voi căi prin care izbânda ți-o voi smulge;
Zadarnice de fi-mi-or strădanii și nepace,
Va face Cleopatra ce n-am putut eu face.[1]

Oricât de mult s-ar fi schimbat modul nostru de a simți și de a vorbi, nu putem să nu sesizăm construcția magnifică a acestui discurs. Numai un maestru absolut al exprimării dramatice putea să realizeze o trecere atât de firească, și totuși uimitoare, de la sfidare la stimă și să strângă toate firele complexe ale argumentației în acea ironie finală. Politica n-a dat nicicând o poezie mai mare.

Nicomed (1650) reflectă atmosfera Frondei. Această insurecție a marcat protestul final al spiritului baroc din politică împotriva statului modern, centralizat. A fost un episod de o foarte reală violență, dar cu o ciudată notă de frivolitate. Piesa redă exact atmosfera de intrigă și de romantism eroic care a caracterizat politica dusă de Condé și de Ducesa de Longueville. Deși asupra acțiunii se proiectează umbra uciderii recente a lui Hannibal, piesa nu este, în esență, tragică. Este o tragicomedie în stil baroc. Dar sub spuma uneltirilor, contrauneltirilor și finalului fericit, se află un conflict cornelian autentic. Din nou, *la raison d'État* încearcă să înlăture sentimentele firești și gentilețea. Acestea sunt desemnate prin *galanterie,* cuvânt complex, greu de definit, care presupune curaj personal, comportament elegant și căutarea iubirii.

---

[1] Versurile 21–30 sunt ușor bombastice. Corneille face variațiuni retorice pe tema perechilor contrastante ură – stimă, datorie – sentiment spontan. O asemenea trecătoare slăbiciune a originalului iese de obicei mai bine în evidență în traducere, care are oricum constrângerile ei. Cruzimea reținută și sarcasmul din distihul final sunt greu de redat. Cornelia vrea să spună că Cezar va fi subminat și înfrânt de vicleșugurile seducătoare ale Cleopatrei. Dar ironia nu e explicită.

Flaminius este un politician roman rece, ale cărui maniere civilizate sunt masca exterioară a cruzimii. Nicomed e un prinț „barbar", precursor al mitului sălbaticului nobil. Lupta dintre ei antrenează două sfere de sentimente: cea politică și cea erotică. Această relație dintre politic și erotic – sau, mai degrabă, încercarea politicii de a uzurpa iubirea – a devenit tema majoră a ultimelor tragedii ale lui Corneille. Flaminius consideră pasiunea senzuală un simplu instrument al manevrelor politice și strategice. Uneori, el îi anunță pe Laclos și Stendhal folosind alternativ metafore din viața militară și din cea erotică. Căsătoria este o formă a expansiunii dinastice sau a alianței politice. Elementul sexual nu are decât rolul de a servi scopul urmărit de minte. Nicomed, dimpotrivă, întruchipează integritatea dorinței. El nu poate disocia adevărul iubirii de adevărul general al conduitei morale. Unul își are rădăcina în celălalt. Corneille pare a fi simțit acest lucru cu o deosebită acuitate. Condițiile în care și-a dezbătut tema diferă imens de cele din operele lui D.H. Lawrence, dar intenția este similară. Piesa este construită în jurul imaginii focului. Acolo unde iubirea devine agentul necesității politice, focul ei este literalmente stins:

> Iubirea dintre tronuri nu naște cununie.
> Mai tari c-ale ei noduri, urzind neîncetat,
> Vor ști să-i stingă focul mari rațiuni de stat.

În spatele duelului dintre proconsul și tânărul prinț, ca o umbră proiectată pe un perete, Corneille evocă lupta de o amploare mai mare dintre Roma și spiritul neînfrânt al Cartaginei. *Nicomed,* după cum a spus un critic francez, este „aproape o capodoperă".

Cele trei piese care au urmat, *Pertarit, Oedip* și *Lâna de aur,* au fost mari eșecuri. Două dintre ele tratau teme din mitologia greacă, și acest singur fapt aproape că ajunge pentru a le explica deficiențele. Corneille, la care emoția este pură și nobilă, acționând asupra noastră ca un fel de energie abstractă, nu s-a simțit niciodată în largul lui pe teren grecesc. Miturile elene sunt prea complexe ca să poată fi reduse la o schemă ordonată. *Oedip* e o piesă nereușită nu numai din cauza încărcării acțiunii cu o intrigă amoroasă, ci și din cauză că lupta pentru putere materială dintre Oedip și Creon e aici considerată partea cea mai importantă a legendei. Grecia i-a aparținut lui Racine, așa cum Roma i-a aparținut lui Corneille. Nu există un semn mai categoric al deosebirii dintre caracterele celor doi poeți.

În 1662, Corneille s-a reîntors la domeniul său specific, combinând cele două elemente care îi asiguraseră cel mai mare succes. *Sertoriu* tratează o acțiune romană, într-un decor spaniol. Este o piesă superbă. Uneori, poezia ne evocă o anumită culoare; *Sertoriu* este de un roșu închis, ca de aramă lustruită. Stilul ei are exact duritatea și ornamentația bogată a limbii latine în care au scris poeții și retorii din Spania romană, în ultimii ani ai imperiului. Nicăieri imaginația lui Corneille n-a stăpânit mai complet faptul istoric. Cu mândrie disimulată, el declară: „Nu căutați în această piesă lucrurile plăcute (*les agréments*) care pot asigura succesul de public". O dată mai mult, avem de-a face cu o tragedie a politicii și a ciocnirii militare. După ce a văzut-o, marele strateg Turenne a întrebat: „Unde a învățat Corneille atât de multe lucruri despre arta războiului?"

Acțiunea din *Sertoriu*, care pleacă de la premisa că „războiul civil reprezintă domnia crimei", se desfășoară implacabil. Cu o violență încă și mai mare decât în *Nicomed*, impulsurile iubirii sunt corupte de exigențele puterii. Căsătoria este definită ca fiind *un pur effet de noble politique*, iar în cuvântul *pur* trebuie să discernem nota de sterilitate. Din nou, focul este o imagine dominantă (și nu trebuie să uităm că în secolul al XVII-lea cuvântul *ardeur* mai păstra conotația de flacără propriu-zisă):

Urând al patimii impetuos tumult,
În dragoste nicicând de simțuri nu ascult;

Iar focu-i, ce lucrează pentru grandoarea mea,
Atins de-a lor ardoare nebună nu se vrea.

A se observa cum metafora tradițională a focului iubirii este inversată. Viriate pretinde că poate stăpâni focul iubirii, subordonându-l unicului scop al grandorii politice. Ea își bate joc de „ardoarea nebună" a pasiunii senzuale. Dar tocmai aceasta este adevărată și umană. Focul afecțiunii premeditate, politice, e rece; el arde numai în minte. Corneille excelează în redarea căldurii false – am putea chiar spune a căldurii înghețate – a ambiției. Viclenia și setea de putere politică își au și ele senzualitatea lor glacială.

Toate energiile piesei se concentrează în întâlnirea dintre Sertoriu și Pompei, din Actul III. Scena justifică magnific practica neoclasică de exprimare a emoției, oricât de violentă ar fi aceasta, prin forme retorice bine controlate. Ni se arată cum, în anumite ocazii, activitatea minții poate căpăta mai degrabă o formă arhitectonică decât una dinamică. Dacă din tragedia neoclasică franceză n-ar supraviețui decât acest episod, în el am putea găsi totuși o bună ilustrare a tehnicii exprimării controlate. Voltaire punea această scenă alături de cea a întâlnirii nocturne dintre Brutus și Cassius, din *Iuliu Cezar*. Comparația este justă, pentru că ambele piese sunt sinteze ale respectivelor tradiții dramatice, iar deosebirea dintre ele este de gen, nu de valoare. Coleridge a afirmat că nici o altă scenă din opera lui Shakespeare nu i-a întărit atât de mult convingerea că geniul acestuia a fost „supraomenesc"; dar comparația nu micșorează meritul lui Corneille. În cortul lui Brutus, cuvintele rostite sunt înconjurate de rezonanța lucrurilor nespuse. În ele, auzim reverberațiile oboselii și ale durerii ascunse. În *Sertoriu,* totul este spus. Acești comandanți elocvenți sunt tacticieni ai limbii, în maniera lui Cicero și Quintilian. Ei își ordonează cuvintele în linie de bătaie, ca pe niște legiuni, stau la pândă așteptând propunerile adversarului și fac din poezie un asalt asupra rațiunii. Când Pompei evocă în fața lui Sertoriu imaginea îndepărtatei Rome, știm că el avansează spre însăși citadela dușmanului său. Dar îndârjitul bătrân parează lovitura:

Eu nu mai spun că-i Roma un loc împrejmuit,
Prin crunte legi acuma de moarte copleșit;
Acele ziduri, ce-au fost scut al vechii sale fale,
Îi sunt doar închisoare, mormânt umplut de jale;
Spre-a-și regăsi în alt loc puterea de-altădat',
De falși romani destinul nu și l-a mai legat.
Și cum ai ei buni prieteni alături mi-s mereu,
Roma nu mai e-n Roma, ci este unde-s eu.

Pasajul distilează permanenta meditație a lui Corneille asupra Romei și a maiestății ei eterne. Trebuie să fii surd la voluptatea versului dramatic pentru a nu simți farmecul acestui pasaj. La Shakespeare, cuvintele acumulează, în gruparea lor complexă, sensuri mai bogate decât cel al comunicării propriu-zise. La Corneille, ca și la Dryden, ele semnifică exact ceea ce spun, dar spun totul. Și astfel, exprimarea are acea rotunjime și precizie care apare numai atunci când o formă literară a fost folosită exhaustiv. Un distih cornelian nu lasă loc nici pentru îndoială, nici pentru sentimente vagi. Principala tradiție a stilului poetic englez, mai ales de la mișcarea romantică încoace, este cea a subînțelesului. Dar există și o poezie a explicitului.

Othon (1664) este o operă rece. Ea povestește o intrigă de palat din Roma imperială. Piesa prezintă interes numai pentru că a ascuțit și mai mult viziunea lui Corneille asupra coruperii iubirii prin politică. Cuvântul esențial este „civilitate“ (*civilité*):

Dar la Camille civilitatea nu-i decât iubire,
În timp ce la Othon iubirea-i doar civilitate.

Acest cuvânt poartă toate implicațiile sociale și politice ale rădăcinii lui. Când ajunge o formă de civilitate, iubirea, care este sentimentul cel mai personal, devine publică și falsă. Civilitatea este o virtute a minții, nu a inimii.

Șase ani mai târziu, Corneille a tratat dramatic aceste valori opuse, în deliberată rivalitate cu Racine. *Berenice* a acestuia din urmă a fost jucată pentru prima oară pe 21 noiembrie 1670; *Titus și Berenice* a urmat pe 28 noiembrie. Corneille a fost categoric învins. Deși blândă prin absența morții, *Berenice* este profund tragică. Personajele își sacrifică tot ce au mai scump pe altarul gloriei publice și al puterii politice. Racine știe, și vrea ca și noi să știm, că prețul pe care-l plătește Berenice renunțând la Titus este prea mare. Dar pentru Corneille tocmai această apreciere era imposibil de acceptat, căci judecata lui respingea scara de valori pe care o implica. Vestitul rămas-bun al Berenicei:

Adio; lumii noi să-i fim emblemă
Al celui mai duios, dar urgisit amor
Din câte se vor povesti în viitor.

trebuie să i se fi părut o abdicare atât de la regalitate, cât și de la bunul-simț. Corneille nu și-a putut imagina acea calitate a spiritului care permite renunțarea la un imperiu pentru intimitatea iubirii. De aceea, în piesa lui nu există o tensiune acută. Zarurile au fost aruncate înainte de începerea acțiunii. *Titus și Berenice* nu este o tragedie, ci – așa cum a intitulat-o Corneille însuși – o *comédie héroïque*. De la un capăt la altul al piesei, Berenice este preocupată mult mai mult de gloria decât de pasiunea ei. Chiar și când plecarea sa din Roma devine iminentă, ea declară:

O, slavă vouă, ceruri! E gloria mea toată
La adăpost acolo de orice fel de pată.

Iar ultimele ei cuvinte sunt minunat de revelatoare (atât pentru caracterul ei, cât și pentru limitele lui Corneille):

Inima ta e-a mea, domnesc în ea; mi-ajunge.

În drama corneliană, chiar și inima este un loc unde se guvernează. A iubi înseamnă a domina.

Dar concepția lui Racine privind primatul sentimentului se impunea tot mai mult. Prin *Pulheria,* Corneille se angajează într-o luptă de ariergardă. Piesa nu poate fi considerată o operă de artă, dar stă mărturie tenacității cu care poetul, acum bătrân, a rămas fidel viziunii sale deosebite asupra problemelor omenești. De fapt, ea tratează, într-o manieră extremă, tema dominantă a lui Corneille – obsesia lui, am putea spune. Se încheie o căsătorie politică, cu condiția expresă ca ea să rămână neconsumată. Puterea e cumpărată cu prețul impotenței. Este o ilustrare crudă și memorabilă a percepției corneliene privind tragedia politicii.

Odată cu *Surena* (1674), Corneille și-a luat rămas-bun de la teatru. S-a observat adesea că *Surena* trădează o puternică influență a stilului și manierei lui Racine. E adevărat, dar aceasta ne spune puține lucruri despre valoarea piesei. Deși *Surena* este inegală, mă întreb dacă nu s-ar putea vedea în ea capodopera lui Corneille. Ea împrumută de la Racine anumite tonuri și cadențe ale versului, dar le depășește, mergând într-o direcție care nu este deloc raciniană. Valoarea piesei constă în limbajul ei. Deși respectă sintaxa francezei neoclasice, acea sintaxă concentrată și lucidă care va fi adoptată de proza secolului al XVIII lea, Corneille se întoarce la vocabularul barocului târziu. Piesa folosește din plin terminologia eroismului și a pasiunii înflorit prezentate, specifică poeților și romancierilor care au precedat drama neoclasică (*consume, tendresse, soupir, amertume, charmes*). Ea se expune riscului de a fi, pe alocuri, lipsită de vlagă și prețioasă, dar, în general, articulațiile puternice ale gramaticii neoclasice îi dau forța necesară. Emoția acumulată se transmite, în cea mai mare parte, prin verbe terminate la infinitiv în *–ir.* Întreaga piesă se axează pe afirmația Euridicei:

Je veux, sans que la mort ose me secourir,
*Toujours aimer, toujours souffrir, toujours mourir.**

---

* Și refuzând să cer vreodat' al morții ajutor, / Eu vreau în veci să pot iubi, să sufăr și să mor.

Surena repetă aceste cuvinte la sfârșitul primului act:

Où dois-je recourir,
*O ciel! s'il faut toujours aimer, souffrir, mourir?**

Ele definesc trecerea de la iubire, prin suferință, la moarte. Iar în convențiile galanteriei baroce, această trecere reprezintă o mișcare ascendentă.

Pe de altă parte, în *Surena,* Corneille a făcut pași mari în direcția depășirii limitelor distihului rimat. Versurile au o mișcare energică, fluidă, care pare să le prelungească dincolo de terminația lor formală. Ele lasă un reziduu de tăcere expresivă, de un gen extrem de rar întâlnit în drama neoclasică franceză. Eforturile lui Corneille n-au fost însă întotdeauna încununate de succes. Uneori complexitatea mișcării – încercarea de a menține un impuls liber sub o suprafață rigidă – produce în vers o curioasă concavitate. Voltaire a observat că în piesă există pasaje care se situează mult sub nivelul măiestriei obișnuite a lui Corneille. Dar eșecul e generat, în mod clar, de efortul poetului de a depăși limitele inerente versului alexandrin. În *Surena* există o incontestabilă îmblânzire a stilului eroic, stil care însă nu mai corespundea scopului lui Corneille. Acest scop era, cred eu, crearea unui gen de elegie dramatică – o dramă a tânguirii mai degrabă decât a conflictului.

„Blândețea“ acțiunii concordă cu caracterul deosebit al limbajului. În fine, Corneille îi concede iubirii mult amânata ei supremație. Euridice, al cărei nume este el însuși un simbol al iubirii care învinge moartea, răstoarnă dialectica tradițională a tragediei corneliene. Pasiunea ei se dovedește mai tenace decât cerințele politicii: *Mon amour est trop fort pour cette politique.* Ea trebuie să se despartă de Surena, dar legătura dintre ei rămâne intactă. Chiar și în moarte, simbolurile iubirii predomină. Surena cade cu inima străpunsă de trei săgeți. Aceasta

* O, ceruri, cine să m-ajute, deci, / Când să iubești, să suferi, să mori se cere-n veci?

e o veche emblemă a ardorii senzuale și s-ar putea ca aici Corneille să se joace, așa cum fac elisabetanii, cu sensul dublu al cuvântului „moarte": cel propriu și cel erotic. Euridice își urmează iubitul într-o mișcare tot atât de solemnă și de controlată ca aceea a unui dans de curte:

Nu, eu nu plâng, doamnă, însă mor.

În mod deliberat, șocul tragic este atenuat prin profunda eleganță a gestului.

Lui *Surena* îi lipsește foarte puțin pentru a fi o piesă mare. Poate că acțiunea e prea firavă pentru a suporta bogăția și complexitatea mijloacelor poetice. Dar ea transmite, incontestabil, o vrajă muzicală și o lumină autumnală care nu se găsesc în nici o altă operă neoclasică. Și dacă Racine n-a avut succesori adevărați, *Surena* a stârnit ecouri care răsună clar în marile dialoguri ale iubirii zadarnice din teatrul lui Claudel.

Dintre toți poeții moderni, Racine este cel care a adoptat în modul cel mai firesc forma dramei neoclasice închise. Faptul are explicații biografice și sociale. Ca și Goethe, Racine a fost un poet de curte care a acceptat valorile de castă ale mediului aristocratic. A scris pentru scenă, dar nu în colaborare cu teatrul. În aceasta constă imensa deosebire dintre el și Corneille sau Molière. Racine este unul dintre acei mari poeți dramatici (Byron a fost un altul) care n-au simțit o atracție firească pentru teatru. Istoria relațiilor sale cu teatrul este istoria unei nemulțumiri crescânde. El a trecut de la scena publică la reprezentații în cerc restrâns și apoi la tăcere. Când a acceptat postul de istoriograf regal, a ascultat îndemnul temperamentului său și al preferințelor sale sociale.

Racine a ales stilul de dramă cel mai pur, mai elegant și mai liber de compromisuri, stil care-i permitea să fie cât mai independent posibil de contingențele materiale ale dramaturgiei. Sensibilitatea la critica adversă și scrupulele religioase privind moralitatea teatrului au făcut parte integrantă din caracterul său esențialmente dificil. În mintea lui Racine a existat întotdeauna idealul unui teatru ritual sau de curte, al unui teatru pentru ocazii solemne, așa cum fusese cel din Atena. El a dorit să se identifice cu tragicii greci nu din cauza vreunei afinități deosebite în ceea ce privește concepția despre lume, ci fiindcă teatrul pentru care își imagina că au scris Sofocle și Euripide a avut o demnitate unică. Acesta este gândul exprimat în prefața la *Ifigenia*:

> Am constatat cu plăcere, după efectul pe care l-a avut pe scena noastră tot ceea ce am scris inspirându-mă din Homer sau Euripide, că rațiunea și bunul-simț sunt aceleași în toate secolele. Gustul Parisului s-a dovedit a concorda cu cel al Atenei.

Racine și-a realizat pe deplin idealul în *Estera* și în *Atalia*, piese care nici n-au fost măcar scrise pentru a fi reprezentate în modul obișnuit. Jucată de domnișoarele de la Saint-Cyr în 1689, *Estera* a ajuns pe scena publică abia în 1721; prezentată în 1691 în apartamentul de la Versailles al doamnei de Maintenon, *Atalia* n-a fost jucată la Comedia Franceză decât în 1716. În ciuda caracterului lor deosebit, acestea sunt piesele în care Racine își exprimă arta în modul cel mai deliberat. Faptul că în ele folosește corul derivă dintr-o teorie a dramei ce stă la baza întregii sale opere.

Arta din *Berenice*, *Ifigenia* și *Fedra* solicită din partea spectatorului o atenție perfectă, nu implicarea lui emoțională sau identificarea cu personajele de pe scenă. Pentru niște biete creaturi ca noi, identificarea cu aceste personaje regale și ceremonioase ar fi stupidă din punct de vedere psihologic și imprudentă din punct de vedere social. Ele sunt făcute dintr-o substanță mai prețioasă decât a noastră. Astfel, putem spune că Racine, ca și Brecht, încearcă în mod deliberat să adâncească prăpastia dintre spectatori și scenă. „Aceasta e o piesă“, spune Brecht când își definește vestitul concept al alienării (*Verfremdung*); „ea nu este deloc, și nici nu încearcă să fie, viață reală". „Aceasta e o dramă tragică", spune Racine; „ea este mai pură și mai semnificativă decât viața obișnuită; e o imagine a ceea ce ar putea fi viața dacă ar fi mereu trăită la nivelul unei înalte decențe și dacă ar răspunde pe deplin, în orice moment, cerințelor nobleței". Ambii dramaturgi cer să se facă o distincție netă între caracter real și realism.

Aceasta ne permite să înțelegem modul degajat și persuasiv în care Racine folosește cele trei unități. Pentru el, unitatea de timp și unitatea de loc reprezentau condiții firești ale teatrului, în timp ce pentru Corneille fuseseră o frânghie pe care făcuse acrobații periculoase. Dezordinea vieții și vulgaritatea materială a lucrurilor nu pot fi excluse din treburile omenești mai mult de douăzeci și patru de ore în șir. Chiar și o Berenice sau o Fedră trebuie să cedeze vulgarității somnului. Locul potrivit pentru solemnitatea și puritatea acțiunii tragice nu poate fi, într-un anumit moment, decât o singură încăpere. Ia o întreagă casă, și nu se poate ca pe undeva, prin ea, să nu se audă râsete. Dincolo de ușile scenei raciniene, viața așteaptă cu toată forfota ei haotică. Când personajele ies pe aceste uși, ele își descarcă suferința reținută. Ni le putem imagina țipând sau plângând. Finalul din *Berenice* trebuie jucat repede, ca sub amenințarea unei furtuni care se apropie. Coardele sunt întinse la maximum, iar la căderea cortinei se vor rupe. Nu ne putem imagina că Berenice mai poate suporta, fie și numai încă o clipă, chinul reținut al spiritului ei. Ea trebuie să părăsească scena în grabă.

Sau să ne exprimăm mai plastic: spațiul acțiunii din dramele lui Racine este acea parte din Versailles care se află în imediata apropiere a regelui. Aici, buna-cuviință, reținerea, stăpânirea de sine, ritualul și o atenție absolută sunt obligatorii. Nici cea mai mare durere sau speranță nu trebuie să tulbure cadența limbajului și gestului oficial. Dar chiar în spatele ușii, viața recade în obișnuita ei grosolănie și spontaneitate. Racine este istoricul camerei regelui; Saint-Simon, istoricul antecamerei care e lumea. Ambii sunt mari dramaturgi.

Berenice întruchipează principiile esențiale ale poeticii lui Racine. Ea nu vorbește doar despre o renunțare la iubire. Tragedia se naște din refuzul oricărei dezordini; eleganța finală a acțiunii se realizează cu prețul vieții. Miracolul constă în aceea că o concepție atât de deosebită și de închisă asupra artei și a conduitei umane a dat unele dintre cele mai frumoase și mai captivante drame cunoscute în literatură. Energii uriașe sunt comprimate la maximum și apoi eliberate cu un efect exploziv, ucigător. Finalul din *Fedra* sau din *Atalia* are în el tot atâta furie ca și bătălia din *Macbeth* sau masacrul din *Hamlet*. Deosebirea este, pur și simplu, aceasta: marea explozie se produce în afara scenei. Ea ne este povestită în acel *récit* formal al mesagerului sau confidentului. Dar aceasta n-o face cu nimic mai puțin impresionantă. Dimpotrivă; forma exterioară rece a relatării transmite ferocitatea evenimentului. Ea ne împinge imaginația spre scena dezastrului:

Iată, un nor de suliți pe cer a apărut,
Iată, sângele curge, măcelul a-nceput.

Tocmai fiindcă prezintă faptele violente pe scenă, dramele shakespeariene și romantice nu cunosc acest mod special de a transmite amploarea unei crize. Este aproape un procedeu muzical; ecoul sugerează imensitatea zgomotului din depărtare.

Arta lui Racine este arta tensiunii calculate. Ea ne face să ne gândim la tensiunea dintre imobilitatea inerentă marmurii și iuțeala mișcării redate în sculptura greacă; la arcul butant; la forța reținută a unui arc de oțel. Racine aparține acelei familii de genii care lucrează cel mai ușor în cadrul unor convenții restrictive. Tensiunea dramatică pe care o simțim când ascultăm *Variațiunile Goldberg* este de un gen înrudit: ea ne evocă o forță de mare intensitate canalizată printr-un sistem complex de orificii înguste. Echilibrul dintre severitatea rece a tehnicii și impulsurile pasionate ale materialului se menține printr-un control plin de rigoare. Racine a turnat metal topit în formele lui nemaleabile. Ne așteptăm ca în orice clipă structura să cedeze sub presiune, dar ea rezistă, și această așteptare este ea însăși generatoare de emoție. Uneori, atenția acordată structurii poate conduce la soluții artificiale. În *Ifigenia*, rolul Erifilei este cerut de simetria și de echilibrul forțelor. Dar, din punct de vedere dramatic și psihologic, el este neconvingător. La Racine, acest gen de greșeală apare rar. Aproape întotdeauna el știe cum să armonizeze structura acțiunii tragice cu cerințele formei clasice.

Cele patru mari piese ale lui Racine sunt studii asupra unor femei: *Berenice*, *Ifigenia*, *Fedra* și *Atalia*. *Berenice* reprezintă un caz magnific, dar special, căci aici tragismul este înăbușit. Teroarea rămâne tot timpul într-o gamă minoră. Racine și-a asumat sarcina cea mai dificilă în cele două drame euripidiene și în *Atalia*. În fiecare dintre aceste trei piese există o extraordinară tensiune între forma clasică, rațională, a dramei propriu-zise și caracterul demonic, irațional, al fabulei. Racine a opus o modalitate artistică laică unei lumi de mituri arhaice sau sacre. Cred că tocmai aici jansenismul său este important. În centrul atitudinii janseniste se află efortul de a reconcilia viața rațiunii cu misterele harului. Acest efort, susținut cu prețul unei uriașe tensiuni psihice, a produs două imagini tragice ale omului: cea a lui Racine și cea a lui Pascal. La Pascal, impulsul violent și auster spre rațiune se confruntă cu sentimentul constant al misterului lui Dumnezeu. La Racine, limbajului și gesturilor unei societăți carteziene li se cere să dea expresie unor fabule sacre și mitologice. N-am putea fi mai departe de lumea lui Corneille. Mitul esențial al dramei corneliene este cel al istoriei. Racine invocă prezența lui Iehova și a zeului-soare minoic. El revarsă terori arhaice asupra unui teatru de curte.

În *Ifigenia*, se mai face un oarecare compromis, se încearcă să se evite unele dintre implicațiile iraționalismului. Racine sugerează că atenienii aveau deja o concepție convențională asupra miracolelor și întâmplărilor supranaturale, că la Atena „rațiunea“ și „bunul-simț“ priveau subiectele legendelor antice cu aceeași toleranță cu care erau ele privite la Paris. Predilecția lui Racine pentru Euripide se bazează tocmai pe această idee. El a presupus că *skepsis*-ul euripidian și stilizarea mitologiei în dramele lui Euripide puteau fi explicate prin faptul că poetul a avut o concepție raționalistă asupra materialului cu care lucra. Într-adevăr, distanța dintre viziunea eschiliană și cea euripidiană asupra mitului este mai mare decât distanța care îl separă pe Euripide de Racine. Totuși, Racine nu poate evita complet dilema fundamentală; nu poate presupune că publicul său are necesara sofisticare a necredinței. El tratează mitul sprijinindu-se pe o convenție complexă: ritualul și acțiunea au loc fără o neapărată implicare a credinței. *Ifigenia* se bazează tocmai pe acceptarea din partea noastră a acestei convenții.

Subiectul piesei este legendar. Ne găsim într-o lume a oracolelor, vânturilor demonice și sacrificiilor de vieți omenești. Deznodământul tradițional (similar cu acela din piesele cu Medeea) este de tip fantastic. Compozitorii de operă și coregrafii din perioadele barocă și neoclasică au tratat cu succes minunata salvare a Ifigeniei de pe altar. Diana coborând din nori este una dintre reușitele frecvente ale recuzitei scenice a secolului al XVII-lea. Logica finalului muzical în crescendo sau cea a scenei finale dintr-un balet justifica și, de fapt, reclama acest gen de punct culminant. Dar pentru un dramaturg preocupat de psihologie, cum este Racine, problema devenea mult mai dificilă. Pentru a o evita, el s-a îndepărtat de mitul originar și de Euripide:

> Cum ar fi fost dacă aș fi pângărit scena cu îngrozitoarea ucidere a unei ființe ca Ifigenia, pe care o prezentasem atât de virtuoasă și de blândă? Și cum ar fi fost dacă mi-aș fi rezolvat tragedia cu ajutorul unei zeițe și a recuzitei și printr-o transformare căreia poate că în epoca lui Euripide i s-ar mai fi dat crezare, dar care nouă ni s-ar fi părut din cale-afară de absurdă și de incredibilă?

Ceva mai jos, în aceeași prefață, Racine adaugă că spectatorul modern nu acceptă miracolele. Dar aceasta ocolește problema. Dacă publicul este gata să accepte împrejurările mitice ale piesei în ansamblu, de ce ar avea obiecții față de detaliul final al intervenției supranaturale? De altminteri, în relatarea lui Ulise despre salvarea Ifigeniei, toate elementele de miracol intră pe ușa din dos:

> Fac zeii să se-audă un trăsnet peste-altar,
> Ferice freamăt, iată, stârnește-n aer vântul,
> Iar marea, cu-al ei muget, își spune-acum cuvântul.
> ....
> Uimit, soldatul spune că, pe un văl de nor,
> A coborât Diana la rugul arzător
> Și crede că, în zboru-i spre bolta cea albastră,
> Ducea cu ea tămâia, precum și ruga noastră.

Observați cât de subtil joacă aici Racine jocul rațiunii; miracolul a fost povestit de un soldat simplu. Ulise, la rândul lui, îl repovestește. El nu garantează veracitatea lui. Totul pare să fie o chestiune de grad de plauzibilitate. Racine păstrează substanța legendei și elimină unele dintre improbabilitățile ei mai spectaculoase. Dar pentru aceasta, trebuie să plătească; Ifigenia este salvată din motive care țin esențialmente de *decorum* și de *galanterie.* În locul ei, își găsește moartea Erifila. Absurditățile introduse în intrigă pentru a justifica acest final (faptul că Erifila se trage din Elena și Tezeu, pasiunea ei pentru Ahile) sunt însă mult mai supărătoare decât ar fi fost afrontul adus rațiunii prin apariția Dianei din nori. Astfel, soluția dată de Racine problemei iraționalului din *Ifigenia* reprezintă un compromis nesatisfăcător. El încerca încă să împace cerințele bunului-simț și ale logicii carteziene cu cele ale mitologiei. Trecerea de la *Ifigenia* la *Fedra,* trei ani mai târziu, marchează sfârșitul acestor tentative de conciliere.

Fedra e cheia de boltă a dramei tragice franceze. Cele mai bune piese care o precedă nu par decât s-o pregătească; nici una dintre cele scrise după ea n-o depășește. *Fedra* este tragedia care ne face să nu împărtășim părerea lui Coleridge că superioritatea lui Shakespeare față de Racine e un truism categoric. Piesa are un geniu specific (el definește amploarea intenției ei magnifice), și totuși reprezentativ, în cel mai înalt grad, pentru întregul stil neoclasic. Valoarea *Fedrei* corespunde exact mărimii riscurilor asumate de autor. O legendă brutală a nebuniei iubirii este dramatizată într-o formă de teatru care suprimă riguros posibilitatea frenezieі și dezordinii inerente subiectului. În nici o altă tragedie neoclasică nu există un contrast mai drastic între mit și modul în care e tratat. Nicăieri stilul și unitatea nu se afirmă mai puternic. Întunecimii arhaice a temei sale, Racine i-a impus formele rațiunii.

El a preluat această temă de la Euripide, acceptând tot ceea ce era sălbatic și straniu în ea. N-a făcut decât o singură schimbare semnificativă. În legendă, Hipolit este menit unei castități extreme. E un vânător rece și pur, care disprețuiește puterea iubirii. Afrodita caută să se răzbune pe cel ce o desconsideră; de aici, catastrofa. Așa au prezentat mitul Euripide și Seneca, iar în al său *Hipolit* (1573), Garnier le-a urmat îndeaproape exemplul. Racine, dimpotrivă, face din fiul lui Tezeu un îndrăgostit timid, dar pasionat. Acesta respinge avansurile Fedrei nu numai din cauză că sunt incestuoase, ci și pentru că iubește pe altcineva. Figura originară a lui Hipolit este în perfect acord cu atmosfera întunecată a legendei; Euripide îl prezintă ca pe un fiu al pădurii, scos din ascunzișul lui și prins ca într-o plasă în afaceri omenești pe care nu le înțelege pe deplin. De ce l-a transformat oare Racine într-un curtean, într-un *galant homme*? Presupun că mai ales din cauză că imaginea unui prinț care fuge la apropierea femeilor ar fi părut ridicolă publicului contemporan. Dar aceasta este singura concesie pe care o face Racine pretențiilor bunului-simț. În rest, lasă furiile să se dezlănțuie.

El ne spune că Fedra este condamnată la un sfârșit tragic „de destin și de mânia zeilor“. Mecanismul fatalității poate fi interpretat în mai multe feluri; aici zeii pot fi ori ei înșiși, ori ceea ce mitologiile de mai târziu ale conștiinței ar numi ereditate. Ibsen vorbește de „strigoi“ când vrea să spună că viața noastră poate fi obsedată până la distrugere de un viciu moștenit al cărnii. Tot astfel, Racine invocă zeii pentru a explica izbucnirea, la Fedra, a unor pasiuni elementare mai sălbatice și mai distrugătoare decât pasiunile obișnuite ale oamenilor. În *Ifigenia*, această invocare a zeilor a dus la stângăcie, acolo existând un oarecare dezacord între prezumțiile mitului și orientarea rațională a convențiilor dramatice. În *Fedra*, Racine a pus la dispoziția imaginației toate tipurile posibile de „adevăr“, permițând sferei rațiunii să treacă imperceptibil spre forme mai largi și mai vechi de înțelegere a comportamentului uman. Deosebirea nu reflectă doar perfecționarea artei autorului. Dincolo de forța extraordinară a piesei, pare să se afle o crudă conjectură jansenistă. Acțiunea din *Fedra* se petrece într-o perioadă de dinaintea lui Cristos. Atunci cei damnați erau damnați într-un mod mai teribil, deoarece nu exista nici o cale spre mântuire. Înainte de venirea lui Cristos, coborârea în infern a unei ființe ca Fedra avea un tragism deosebit, căci era definitivă. Fedra aparține lumii acelora pentru care Mântuitorul încă nu se jertfise. În acea lume, personajele tragice aruncă umbre mai negre decât ale noastre; singurătatea lor este mai absolută, deoarece nu cunoaște harul divin. Sângele lor încă nu s-a amestecat, în cuminecătură, cu cel al unui Mântuitor. În el, pata păcatului originar arde cu o flacără pură și inumană. Aceasta este nota dominantă a piesei. Hipolit o face să răsune în prima scenă:

Totu-i schimbat la față
De când pe-aceste țărmuri trimis-au zeii pe
Fiica regelui Minos și-a lui Pasifae.

Versul este superb nu numai prin sonoritatea lui exotică; el îi deschide nopții porțile rațiunii. În decorul de curte, atât de clar conturat prin notațiile formale și cadențele stilului neoclasic, irupe ceva arhaic, incomprehensibil și barbar. Fedra este fiica inumanului. Strămoșul ei direct este soarele. Prin venele ei curge focul primar al creației. Acest fapt este voit subliniat de calmul rece și de eleganța exprimării lui Hipolit. El evocă apoi vitejia legendară a tatălui său absent, Tezeu. Și, din nou, asupra dramei coboară atmosfera unei lumi arhaice, pătate de sânge, demonice:

> Toți monștrii-s sugrumați, tâlharii pedepsiți îs:
> Procust și Cercion și Sciron și Sinis;
> E oase acum gigantul cumplit din Epidaur
> Și-n Creta fum de sânge mai vezi din Minotaur.

Fum, foc și sânge – acestea sunt imaginile dominante pe tot parcursul acțiunii.

Starea Fedrei, de sclavă a voinței brutale a cărnii, este perfect redată de la prima ei intrare pe scenă. Aici intervine o vestită indicație scenică. Copleșită de greutatea podoabelor și a părului ei, Fedra se așază pe un scaun. Este un extraordinar gest de supunere; spiritul se încovoaie sub tirania violentă a trupului. În celelalte piese ale lui Racine și, în general în drama neoclasică, personajele tragice nu stau jos. Chinurile prin care trec sunt de ordin moral și intelectual; spiritul e lovit sau rănit de moarte, dar e încă stăpân. De fapt, aceste chinuri par să reducă rolul cărnii, înnobilând ținuta exterioară a celui care suferă. Dacă Berenice se va așeza pe scaun sub povara durerii ei, o va face numai după ce va fi ieșit din scenă. Fedra e altfel. Sufletul ei se lasă târât de obscura greutate și furie a sângelui ei – și Fedra se așază. E o concesie foarte mică, dar ea anunță cedarea, mult mai importantă, în fața nebuniei. Tocmai austeritatea scenei neoclasice – caracterul abstract al formei tehnice – îi permite dramaturgului să extragă implicații atât de bogate și de violente din simpla prezență a unui scaun. Cu cât este mai strict un stil, cu atât mai elocventă este orice abatere de la rigorile lui. Când Fedra se așază, ea lasă să-i scape frâiele rațiunii.

În aceste scene de la începutul piesei, cuvântul „sânge“ este pronunțat cu insistență, pentru a accentua natura organică, involuntară, a situației Fedrei:

Oenone: Ce faceți? Ce durere de moarte vă îndeamnă
Azi propriul vostru sânge să-l condamnați, o, Doamnă?
Fedra: Din cei de-același sânge, cum Venus hotărât-a,
Pieri-voi cea din urmă, eu, mult năpăstuita.
....
Oenone: În vene simt, o, ceruri! cum sângele-mi îngheață.
....
Fedra: O cunoscui pe Venus cu focu-i, chin cumplit,
Pentru sărmanul sânge al celui prigonit.[2]

Întregul motiv sânge-foc este apoi concentrat într-o singură imagine:

De jertfele aduse mereu înconjurată
Le căutam, în pântec, pierduta-mi judecată.[3]

Fedra stă la altar (foc), înconjurată de victimele aduse ca sacrificiu (sânge). Ea caută rațiunea și scrutarea viitorului în măruntaiele lor, cuvântul „pântec“ (*flancs*) purtând întreaga greutate a implicației erotice și animalice. Din nou, caracterul înflorit și formal al retoricii pare să scoată în evidență – și, prin aceasta, să mărească – ferocitatea brutală a mitului.

[2] Semnificația versurilor se sprijină pe sensul dublu al cuvântului „sânge“: sensul fiziologic imediat și sensul de „rasă“, „neam“, „familie“. Ambele sunt implicate simultan.

[3] Fedra se referă, desigur, la obiceiul grecilor și romanilor de a căuta semne prevestitoare și sfaturi în măruntaiele animalelor sacrificate zeilor. Șocul imaginii este provocat de contrastul dintre „judecată“ și mirosul de sânge al cărnii. Racine s-a putut exprima atât de succint pentru că știa că Antichitatea clasică îi era familiară publicului său.

Disciplina pe care solemnitatea discursului și sobrietatea acțiunii exterioare o impun desfășurării piesei îi permite poetului să prezinte, în același timp, atât aspectul literal, cât și cel figurat al materialului său. Racine ne cere să fim în permanență conștienți de ambele. Fedra este posedată de Venus, iar Tezeu rătăcește prin împărăția morților; femeia se lasă pradă iubirii pătimașe, iar absența soțului ei reprezintă infidelitatea permanentă. Este o deosebire de notație. În primul caz, folosim notația mitologiei clasice; în cel de-al doilea, pe cea a psihologiei raționale (care este, poate, tot un ansamblu de mituri). Funcția retoricii neoclasice este tocmai aceea de a atrage atenția, în egală măsură, asupra ambelor convenții semantice. „Nu-i doar un foc ce arde, în venele-mi ascuns", spune Fedra; „E Venus toată-acolo, ținându-și prada strâns". (*Ce n'est plus une ardeur dans mes veines cachée; C'est Venus toute entière à sa proie attachée.*) *Ardeur* reprezintă atât intensitatea pasiunii, cât și focul material; Venus este o metaforă a obsesiei, dar și zeița propriu-zisă care își devorează prada. Calitatea deosebită a *Fedrei* decurge din faptul că în ea conotațiile literale, fizice, au întotdeauna o pondere ceva mai mare. Așa cum Fedra e silită să stea jos, copleșită de oboseala cărnii ei, tot așa piesa putea să se aplece spre moduri de exprimare mai nerafinate, precum gestul și țipătul. Dar drama neoclasică nu permite astfel de alternative. Întreaga violență se află în poezie. Și tocmai pentru că în *Fedra* manifestarea violenței și înfrânarea ei sunt atât de complete, economia lui Racine a părut unora chiar mai convingătoare decât largheţea lui Shakespeare.

Neavând la dispoziție o formă flexibilă și nici accesoriile montării spectaculoase sau a muzicii, Racine își transformă limbajul într-o permanentă însumare de energie și de sens. Imaginile apar contrapunctic. Fedra s-a văzut pe ea însăși ca pe o pradă, lipsită de apărare în mâna lui Venus. Auzind vestea falsă a morții lui Tezeu, ea declară:

Lui Aheron, avarul, prada nicicând nu-i scapă.

Ca și în *Tristan*, imaginile iubirii alternează cu cele ale morții: iubirea și moartea devorează omul cu aceeași lăcomie. Și pe măsură ce acțiunea înaintează, laitmotivul focului și sângelui devine tot mai insistent. Zeii sunt aceia care au aprins „focul fatal întregului meu sânge“ (*le feu fatal à tout mon sang*), îi spune Fedra lui Hipolit.

Când Fedra află că pasiunea ei ilicită are o rivală (Hipolit o iubește pe Aricia), ultima autoritate a rațiunii se sfărâmă. Ne-am imaginat teatrul lui Racine ca pe un loc închis din toate părțile, apărat împotriva dezordinii de convențiile stilului neoclasic. Totuși, la începutul piesei, Hipolit ne previne că atmosfera s-a schimbat, în aer plutind parcă un nor. Venirea la Atena a fiicei lui Minos a deschis porțile rațiunii spre o lume străină și barbară. Acum porțile sunt vraiște. Prin forța incantației, regina înnebunită aduce în teatrul secolului al XVII-lea prezențe zămislite din haos și din noaptea străveche. Ea este o fiică a soarelui; întreaga lume e populată de strămoșii ei monstruoși și maiestuoși. Tatăl ei ține balanța justiției în infern. Odată cu înfricoșătoarea scenă finală din Actul IV, piesa trece într-o tonalitate și mai sălbatică. Din nou, Fedra invocă puterile gemene ale focului și sângelui:

Am mâini de ucigașă, să mă răzbune gata,
Din sânge fără vină arzând să-și ia răsplata.
Vai mie! Vie-s încă? Mai pot privi cu drag,
În sus, la sfântul Soare din care eu mă trag?
Străbun mi-e zeul tată, stăpânul peste zei,
Și plin e universul de toți străbunii mei.
Să mă ascund, dar unde? În noaptea infernală!
Dar tata-și ține-acolo a lui urnă fatală;[4]
În mâini severe soarta i-a pus-o; Minos peste
Toți muritorii palizi judecătorul este.

---

[4] În urna lui Minos se află sorții care hotărăsc dacă sufletul celui răposat va cunoaște fericirea sau damnațiunea. Vrând să se sinucidă, Fedra este îngrozită la gândul că umbra ei vinovată va trebui să apară în fața propriului ei tată, judecătorul implacabil.

De la *Faust* al lui Marlowe, în care din cer curge sânge, natura n-a prezidat cu o furie mai aprigă o scenă de damnare umană. Dacă ar fi să montez piesa, aş face ca fundalul scenei să devină transparent, pentru a ne arăta dansul Zodiacului şi al Taurului, animalul emblematic al casei regale a Cretei.

Această dezlănţuire a forţelor mitului ne pregăteşte pentru fatalitatea supranaturală a deznodământului. Aici nu e nevoie de echivocurile folosite în *Ifigenia*. Fiecare cuvânt ne face să înţelegem şi mai bine că acţiunea a fost invadată de prezenţe ale stihiilor şi demonilor. Oenone se aruncă în marea de peste care a venit, din Creta, cu regala ei stăpână, făcându-ne să ne amintim o splendidă imagine barbară din *Hipolit* al lui Garnier:

> Era cu mult mai bine să te îneci în mare,
> Stomacul să i-l umpli focii rătăcitoare.
> Căci dragostea zăludă te-a pus în grea primejdie:
> Treci marea, însă nu tragi, c-ai să te-ntorci, nădejde.

Când Fedra intră pe scenă după moartea lui Hipolit, Tezeu îi spune: „E mort, luaţi-vă victima“ (*Il est mort, prenez votre victime*). Acceptăm senzaţia de inuman care ni se comunică; o fiinţă pe jumătate zeiţă, pe jumătate demon a cerut o jertfă de sânge. Murind, Fedra îşi proclamă înrudirea cu cealaltă regină barbară venită dintr-o lume de vrăjitorie, de dincolo de hotarele elene, pentru a revărsa nenorociri asupra Greciei. Venele Fedrei au ars din cauza veninului iubirii; acum ele sunt arse de o otravă adusă la Atena de Medeea:

> În arzătoare vene vărsat-am, de aceea,
> Otrava în Atena adusă de Medeea.

Dar acum, în fine, focul s-a stins, şi ultimele ei cuvinte ne vorbesc despre o lumină fără flacără (*clarté, pureté*).

Moartea lui Hipolit afirmă caracterul sălbatic al mitului. Tezeu, care a scăpat Grecia de fiare, cheamă un monstru marin să-i omoare fiul. Sângele şi fumul la care se referă Hipolit când povestește faptele vitejești ale tatălui său – „Și-n Creta fum de sânge mai vezi din Minotaur"– învăluie propria lui moarte hidoasă:

Turbarea și durerea mânându-l, monstrul sare
Și cailor le cade, răgând, jos la picioare,
Și-n zvârcolire gura căscându-și-o acum,
Îi umple de-al său sânge, de flăcări și de fum.

Tezeu l-a ucis pe Minotaur, monstruosul frate vitreg al Fedrei; acum un animal cu coarne (în versiunea lui Garnier, el are chiar cap de taur) îi ucide fiul. Ciclul ororilor se încheie ironic.

În aceste scene finale ale tragediei, violența literală a mitului se impune categoric. Este greu să interpretezi astfel de întâmplări sălbatice, nefirești, ca fiind alegorii ce servesc o mitologie mai decentă a conduitei umane. Monstrul iese din orbirea morală a lui Tezeu, dar focul pe care-l varsă pe gură este real. Faptul că nu simțim nici un dezacord între această realitate și convențiile teatrului neoclasic este dovada supremă a artei lui Racine. Modularea valorilor, de la figurat la literal, de la formele rațiunii la cele ale terorii arhaice, este pregătită cu grijă. În întreaga piesă, animalicul pare să încalce hotarele fragile ale umanului. La sfârșit, el irupe într-o formă monstruoasă, jumătate balaur, jumătate taur, ieșind din marea neîmblânzită pentru a pustii ținutul clasic, al ordinii („Și încruntat înainta pe drumul spre Micene" – *Il suivait tout pensif le chemin de Mycènes*).

Dar schimbarea tonalității și cufundarea piesei într-un fel de haos primar sunt realizate în întregime în cadrul formei neoclasice, închise. Am vorbit despre felul în care, la sfârșitul Actului IV, fundalul scenei pare să se destrame. Desigur, în realitate așa ceva nu se întâmplă. Nu există nici măcar o schimbare de scenă. Prezențele infernale care întunecă atmosfera capătă un caracter real prin unica forță a incantației Fedrei. Monstrul care îl ucide pe Hipolit este de o realitate dezgustătoare, dar, de fapt, nu-l vedem nicăieri. Oroarea ne este transmisă prin povestirea formală a lui Teramene (mesagerul din tragedia greacă și senecană, care își face una dintre ultimele și cele mai eficace apariții din teatrul modern). Tot ceea ce se întâmplă, se întâmplă în cadrul limbii. În aceasta constă limitarea și măreția deosebită a manierei clasice franceze. Servindu-se doar de cuvinte – și încă de cuvinte reci, ceremonioase –, Racine umple scena cu cea mai bogată acțiune. Deoarece nimic din conținutul *Fedrei* nu este exterior formei de expresie, adică limbajului, cuvintele ajung să capete aproape calitatea muzicii, în care conținutul și forma sunt identice.

Fedra ne permite să demonstrăm acest lucru, deoarece este una dintre puținele piese traduse de către un alt dramaturg de geniu în limba lui maternă:

Ich Elende! und ich ertrag' es noch,
Zu dieser heiligen Sonne aufzublicken,
Von der ich meinen reinen Ursprung zog.
Den Vater und den Oberherrn der Götter
Hab ich zum Ahnherrn, der Olympus ist,
*Der ganze Weltkreis voll von meinen Ahnen.**

Schiller transmite perfect sensul exterior și, de asemenea, ceva din cadența originalului. Dar senzația violenței din interiorul măsurii clasice a dispărut. Despuiați incantația Fedrei de muzica ei (de exprimarea unică ce i se potrivește), și restul este doar țipăt.

După *Fedra*, Racine n-a mai scris drame timp de doisprezece ani. Rezervele poetului față de statutul social ambiguu al teatrului s-au accentuat; totodată, el a devenit mai pios. Dar un contemporan ne spune că adevărata cauză a fost faptul că Racine n-a vrut să-și pună în primejdie, printr-o nouă operă, preeminența pe care i-o asigurase *Fedra*. Este o explicație plauzibilă. E greu de conceput cum ar fi putut Racine

* Versurile 3–6 din fragmentul citat la p. 83

să depășească *Fedra* respectând în continuare convențiile dramei neoclasice, cum ar fi putut înfrunta la fel de bine sau cu mai mult succes riscuri și mai mari. Când s-a întors, în fine, la teatru, a făcut-o într-un mod deosebit, și pentru o scenă particulară.

În *Estera* și în *Atalia*, tensiunea dintre mit și forma rațională, care reprezintă principala sursă de energie în piesele anterioare ale lui Racine, este înlăturată. Derivând din Scriptură, adevărul acțiunii dramatice nu mai e convențional sau figurat. El este real. Notele lui Racine din exemplarul de la Toulouse al *Esterei* și ceea ce s-a păstrat din schițele preliminare pentru *Atalia* arată că, în concepția sa, istoria sacră era esențialmente adevărată. În ambele piese există elemente de miracol, dar tratarea acestora nu prezintă nici o dificultate, ele fiind manifestări raționale ale voinței lui Dumnezeu. De aceea, fapt paradoxal, tocmai aceste drame-cantate, aceste miracole elegante, sunt cele care întruchipează cel mai complet arta „teatrului rațiunii". În plus, scrise pentru a fi jucate în cerc restrâns de domnișoarele de la Saint-Cyr, *Estera* și *Atalia* realizează un ideal latent într-o mare parte a creației lui Racine – cel al unui teatru festiv pentru ocazii speciale, străin de contingențele și de vulgaritățile teatrului comercial. În conformitate cu acest ideal, Racine folosește pentru prima dată corul, procedeu ale cărui posibilități se pare că îi stăruiau de mult timp în imaginație.

Cele două piese nu au pondere egală. *Estera* rămâne probabil unică prin aceea că este o dramă serioasă, de lungime normală, scrisă pentru a fi jucată de tineri și corespunzând perfect acestei intenții. (Există opere remarcabile compuse pentru copii, dar nu cred că există vreo piesă de teatru pentru copii care să se poată compara cu aceasta.) Blândețea tonului, ușurința cu care se evită criza tragică, pedepsirea rapidă și exemplară a lui Aman sugerează o pantomimă de Crăciun. Ne e greu să înțelegem de ce Racine a numit această piesă „o tragedie".

Atalia este de o factură foarte diferită. Avem aici cel de-al patrulea portret complet de femeie făcut de Racine; și nici chiar în *Fedra* forma clasică nu e mai desăvârșită. Cadrul piesei pare o parabolă a claustrării. Incinta Templului este înconjurată de un zid dincolo de care se întinde orașul corupt și prost condus. Regele-copil, Ioaș, este ascuns în Templu. Atalia încearcă zadarnic să-l scoată pe un teren profan, deschis. În inima sanctuarului, se află locurile de înaltă sfințenie în care numai leviții au acces. În ceea ce privește forma, piesa se desfășoară în mijlocul corului, aceasta separând-o net de operele care folosesc procedee mai realiste de redare a acțiunii. Incintă în incintă. Conflictul dramatic propriu-zis are simplitatea liniară a *Rugătoarelor* lui Eschil. Atalia încearcă să forțeze barierele succesive pentru a ajunge la rivalul ei ascuns și pentru a profana casa lui Dumnezeu. Cuvintele-cheie ale dramei desemnează locuri închise (*parvis, limites, enceintes, lieu redoutable*). Regina mânioasă trece de fortificațiile exterioare:

> În loc sortit bărbaților – și mândră –
> Cu fruntea sus, superba doamnă intră,
> Să treacă vrând și-mprejmuirea sacră
> Ce doar leviților li se consacră.

În cele din urmă, ea pătrunde în inima sanctuarului, dar descoperă că a căzut într-o cursă fatală. Din fața lui Dumnezeu nu te poți retrage:

> În van cu ochii cauți, nu poți scăpa nicicum:
> Din orice parte Domnul te-nvăluie acum.

Este un plan simplu, dar minunat de expresiv. Unitatea de loc capătă o dublă semnificație, fiind atât o convenție a formei neoclasice, cât și mobilul principal al acțiunii. În *Atalia,* ca și în *Rugătoarele,* un sanctuar e apărat împotriva incursiunilor violenței. Una dintre ultimele mari tragedii formale din literatura occidentală privește înapoi explicit spre prima tragedie clasică.

Atmosfera piesei e plină de umbra interiorului solemn și semiobscur al Templului. Dar limbajul are o rară strălucire, ca de metal lustruit. „În întuneric“, scrie Ezra Pound, „aurul atrage toată lumina în jurul lui.“ Întreaga dramă se axează pe o anumită dialectică a luminii și întunericului. În aparență, lumina se află în lumea de afară, iar întunericul, în interiorul Templului. În realitate, întunericul plutește asupra cetății idolatre, în timp ce Templul este luminat de strălucirea lui Dumnezeu. Atalia este învăluită în întunericul sufletului și al veșmintelor regale; leviții sunt îmbrăcați în alb. Când ies din umbră pentru a o înconjura pe Atalia, armele lor strălucesc orbitor. Piesa este tragică pentru că știm că viziunea Marelui Preot se va împlini și Ioaș va deveni un rege rău. Dar dincolo de întunericul ce planează asupra destinului Israelului strălucește lumina mântuirii celei mari. În transa lui profetică, Marele Preot vede ridicându-se în deșert un nou Ierusalim. Este o cetate a luminii, *brillante de clartés.*

După *Atalia* (1691), Racine n-a mai scris pentru teatru. Deși la acea dată era în vârstă de numai cincizeci și doi de ani, tăcerea lui n-a avut nimic din nota de înfrângere care a marcat sfârșitul carierei lui Corneille. Ea a reprezentat odihna ce încununa activitatea unui dramaturg care a iubit teatrul, dar n-a avut niciodată încredere în scenă.

Să ne întoarcem, pentru o clipă, la ideea de la care am plecat: „intraductibilitatea“ lui Corneille și Racine în vreun limbaj dramatic sau cadru literar nefrancez. Dată fiind forța și varietatea operelor lor, slaba influență a acestora îmi pare totuși derutantă. Cred că, în parte, explicația trebuie căutată în limitele idealului neoclasic. Întreaga acțiune a piesei neoclasice are loc în cadrul limbii. Elementele de regie și de decor sunt reduse la strictul necesar. Dar, în teatru, tocmai elementele senzoriale sunt cele care se transmit cel mai ușor; ele aparțin limbajului universal al ochiului și trupului, și nu unei anumite limbi naționale. Acolo unde cuvântul trebuie să producă întregul efect urmărit, e nevoie de adevărate minuni de traducere sau, mai degrabă, de recrearea textului. În cazul clasicilor francezi, acestea nu s-au produs.

În ceea ce-l privește pe Corneille, această lipsă pare să țină însă mai mult de neglijență decât de o imposibilitate tehnică. Nu ne-am apropiat suficient de Corneille, în parte din cauză că însăși critica franceză nu l-a apreciat îndeajuns. Un secol care s-a ridicat la chemarea retoricii lui Churchill și care este conștient de faptul că în afacerile de stat cancerul violenței este endemic ar trebui să aibă o ureche sensibilă la arta lui Corneille. În piesele lui, pasul larg al argumentației depășește convențiile baroce ale intrigii. El este unul dintre foarte puținii maeștri ai dramei politice produși de literatura vestică. Ceea ce ne poate spune el despre putere și despre moartea inimii merită să fie auzit în afara incintei Comediei Franceze. Și o traducere reușită în engleză este, cel puțin, de conceput. Mi-o imaginez ca pe un amestec de proză și vers. Părțile privind intriga și cadrul acțiunii ar putea fi redate printr-o proză rece, latinizată (ceva în maniera lui Clarendon). Tiradele retorice, marile confruntări de discursuri ar putea fi traduse în distihuri eroice. Aceasta ar reclama un maestru al formei exigente, un poet capabil să-i redea distihului atât ritmul, cât și ponderea pe care le are în cele mai bune versuri ale lui Dryden. Cred că Yvor Winters ar fi traducătorul cel mai potrivit.

Racine pune o problemă diferită, care s-ar putea prea bine să fie insolubilă. Prezentând realitatea numai prin intermediul limbii, el și-a învestit cuvintele cu atâta răspundere, încât exprimarea mesajului lor prin alți termeni este de neconceput. Chiar și cea mai frumoasă traducere (de exemplu, cea a lui Schiller) dispersează și dizolvă rigoarea stilului lui Racine. Pe scenele goale din *Berenice* și *Fedra*, drama e declanșată de minuscule schimbări de tonalitate. Crizele care reverberează în aerul mut sunt crize de sintaxă. În *Fedra,* momentul în care nu mai există cale de întoarcere este marcat printr-o schimbare a numărului gramatical. Regina aproape i-a mărturisit lui Hipolit iubirea ei. El o respinge, cuprins de oroare:

Hipolit: O, zei! Ce-aud acuma? Uitat-ați că Tezeu,
Care vă este soțul, e însuși tatăl meu?
Fedra: De ce ați crede oare că nu-mi aduc aminte?
Că de-al meu bun renume n-am grijă, ca-nainte?
Hipolit: Roșesc... Iertare vă cer, doamnă! Pe dos am înțeles
Nevinovata vorbă și gândul, mai ales.
Nici nu vă-ndur privirea de-atâta grea rușine.
Mă duc...
Fedra: O, cât de crud ești! M-ai înțeles prea bine,
Doară ți-am spus destule, greșeala să-ți înlătur.

Întregul șoc al revelației este transmis de trecerea de la ceremoniosul *vous* la intimul *tu*. Schimbarea e marcată de mai multe ori în cele două versuri care conțin disperata mărturisire a Fedrei. Buna-cuviință a dispărut și, odată cu ea, orice posibilitate de retragere. Dar traducătorul englez este neputincios în fața acestui fapt, deoarece o trecere de la *you* la *thou* nu redă aproape nimic din această imensă criză. Procedeul folosit de Racine se compară doar cu felul în care o schimbare de tonalitate poate modifica întreaga desfășurare a unei bucăți muzicale.

Sau să luăm întrebarea adresată de Berenice lui Titus: *Rien ne peut-il charmer l'ennui qui vous dévore?*[5] („Nimic nu-ți poate alina chinul ce te devoră?") Durerea chinuitoare e sugerată tocmai de tonalitatea fragilă a lui *charmer* și *ennui*, de legănarea elegantă a frazei. Dar cum să traduci aceste două cuvinte? Sau cum să transmiți într-o altă limbă cadența sumbră

[5] *Charmer* (a vrăji, a fermeca) este folosit aici în sensul învechit de „a alina"; cuvântul sugerează însă și mângâierea adusă prin eleganță și seducție grațioasă. Berenice încearcă să alunge durerea lui Titus prin simpla ei prezență fermecătoare. *Ennui* nu înseamnă doar „necaz", ci are și conotația de neliniște chinuitoare. În fine, *dévorer* e un verb intenționat excesiv, mult prea tare pentru *ennui*. Ce poate face traducătorul? Dar aceasta este tocmai problema pe care o discut.

a ultimelor vocale? Arta lui Racine ne arată ce voia să spună Valéry atunci când recomanda: „dintre două cuvinte, alegeți-l pe cel mai puțin puternic". Dar într-o limbă nimic nu e mai greu de tradus decât exprimările prin litotă.

Această dilemă a traducerii există chiar și pentru francezi. Racine este studiat în școală și jucat la Comedia Franceză. Mă întreb, totuși, dacă el le mai spune ceva multora dintre compatrioții săi. Rolul pe care-l joacă opera lui în viața franceză este mai degrabă de monument decât de creație vie. În piesele lui Racine nu găsim acele convenții mai largi, legate de subiectul romantic sau de tabloul istoric, care au permis preluarea unei părți atât de mari din Shakespeare. La nici un alt poet, principiul vieții nu se identifică într-o măsură mai mare cu cel al stilului. Ceea ce există în *Andromaca*, *Ifigenia* și *Fedra* e exprimat în întregime în limbajul de o nobilă complexitate al secolului al XVII-lea. Acest limbaj nu-și poate găsi ușor echivalentul nici în alte limbi, nici în țesătura mai puțin densă a francezei curente.

Italienii spun același lucru despre limbajul lui Leopardi, iar rușii, despre cel al lui Pușkin. Dar asemenea judecăți n-au un sens negativ. La unii poeți, universalitatea este o chestiune de întindere – întindere a razei de acțiune și a influenței exercitate. La alții, este un atribut al valorii intrinseci. Și s-ar putea prea bine ca tocmai poetul intraductibil să se apropie cel mai mult de geniul limbii sale.

IV

Până acum, ne-am ocupat de tradiție. Obligat să creeze o tradiție din două precedente rivale – cel antic și cel elisabetan –, Dryden nu s-a raliat cu toată convingerea nici unuia, și a eșuat. Racine, dimpotrivă, a extras din practica tragediei clasice, mai ales a celei euripidiene, elemente de ton și de formă deosebit de adecvate unui teatru în același timp cartezian și baroc. În drama neoclasică franceză găsim acea reușită transpunere a unui ideal din trecut într-o formă prezentă pe care o numim tradiție.

Dar dacă analizăm cei două mii cinci sute de ani care ne despart de tragedia greacă, vom fi izbiți de constatarea că în istoria teatrului tragic rareori există o continuitate sau o tradiție clară. Sentimentul care pune stăpânire pe noi este acela că avem de-a face cu o serie de apariții miraculoase. La intervale lungi de timp și în locuri diferite, se concentrează brusc elemente de limbă, circumstanțe materiale și talent individual care duc la crearea unui ansamblu de opere dramatice importante. Din întunericul înconjurător țâșnesc energii care se unesc pentru a da naștere unor constelații de strălucire intensă, dar cu o viață destul de scurtă. Asemenea momente de vârf au existat în Atena lui Pericle, în Anglia din perioada 1580–1640, în Spania secolului al XVII-lea, în Franța anilor 1630–1690. De atunci, îmbinarea necesară dintre cadrul istoric și geniul personal s-a produs numai de două ori: în perioada 1790–1840, în Germania, și, mult mai difuz, la începutul secolului nostru, în țările scandinave și în Rusia, care au dat atunci cele mai bune drame ale lor. Nu în alte perioade, și nici în alte țări.

De aceea, într-o perspectivă mai largă, ceea ce trebuie remarcat ca excepțional e prezența, nu absența unui teatru tragic viu. Apariția talentului necesar într-o conjunctură propice este rară. Pe de altă parte, condițiile materiale ale teatrului sunt rareori favorabile tragediei. E drept însă că acolo unde fuziunea elementelor potrivite se realizează, nu găsim doar un singur geniu izolat: Eschil este urmat de Sofocle și Euripide; Marlowe, de Shakespeare, Jonson și Webster; Corneille, de Racine. Odată cu Goethe au apărut și Schiller, Kleist și Büchner. Ibsen, Strindberg și Cehov erau toți în viață în 1900. Dar aceste constelații sunt accidente splendide. Ele sunt extrem de greu de explicat. Lucrul la care trebuie să ne așteptăm – și ceea ce și constatăm, de fapt – este existența unor lungi perioade de timp în care nu s-au scris tragedii și, de altfel, nici un fel de piese de teatru de reală valoare.

Această constatare, deși obiectivă, e categoric modernă. Ea reflectă problema care ne preocupă: căutarea îndelungată a idealului tragic. Tocmai din cauză că în teatrul englez n-au existat succesori ai elisabetanilor, iar în teatrul francez, rivali ai lui Corneille și Racine; tocmai din cauză că, după Calderón, teatrul spaniol cade într-o tăcere plată, iar moartea lui Büchner pare să marcheze atât de precis sfârșitul perioadei de glorie a tragediei germane, noi azi considerăm apariția dramelor mari un noroc rar și oarecum misterios. Poate că avem dreptate să gândim astfel. Dar realismul nostru izvorăște din dezamăgire; și nu trebuie să facem greșeala de a considera că această opinie lipsită de iluzii a existat și înainte.

Nu putem înțelege mișcarea romantică dacă nu sesizăm, în miezul ei, impulsul spre dramă. Imaginația clasică se străduiește să impună experienței atributele ordinii și armoniei. Imaginația romantică injectează experienței calitatea esențială a dramei și dialecticii. Modalitatea romantică nu reprezintă nici o ordonare și nici o critică a vieții, ci o dramatizare a acesteia. Iar la originile mișcării romantice se află încercarea explicită de a revitaliza formele majore ale tragediei. Într-adevăr, romantismul a început ca o critică a incapacității secolului al XVIII-lea de a continua marile tradiții ale teatrului elisabetan și baroc. Și teatrul a fost acela în numele căruia romanticii au atacat neoclasicismul. În genul dramatic, ei au văzut genul literar suprem; mai mult decât atât, au fost convinși că absența teatrului de calitate se datora unei anumite incapacități de a înțelege lucrurile sau anumitor împrejurări materiale accidentale. Concepția modernă conform căreia penuria de poezie dramatică este o stare firească, remediată de rare și imprevizibile clipe de noroc, le-ar fi părut romanticilor absurdă și defetistă.

De altfel, în concepția romantică, nici o societate nu putea suporta fără riscuri o înfrângere pe tărâmul dramei. Romanticii credeau că vitalitatea teatrului e inseparabil legată de sănătatea statului. Aceasta este ideea centrală a argumentației lui Shelley din *Apărarea poeziei*:

> Și este indiscutabil că perioadele de maximă perfecțiune a societății omenești au coincis întotdeauna cu perioadele de maximă desăvârșire a teatrului; și că decăderea sau stingerea teatrului, într-o țară în care odinioară a înflorit, este un semn al decăderii moravurilor și al stingerii energiilor care hrănesc sufletul vieții sociale.*

Avem de-a face cu o idee importantă. Ea izvorăște din recunoașterea faptului că perioadele eminente ale teatrului clasic spaniol, elisabetan și francez au coincis, într-adevăr, cu perioade de deosebită energie națională. Este o idee care va mobiliza ambițiile întregii mișcări romantice și va culmina cu filozofia socială a lui Wagner și cu teatrul din Bayreuth.

La data la care Shelley își exprima astfel punctul de vedere, situația teatrului părea extrem de critică. În întreaga literatură europeană, sfârșitul secolului al XVII-lea marcase un colaps al imaginației dramatice. Ceea ce a urmat au fost exercițiile

---

* Vezi și *În apărarea poeziei*, trad. Petre Solomon, în Percy B. Shelley, *Opere alese*, E.S.P.L.A., 1957, p. 395.

reci, declamatoare ale tragediografilor neoclasici, dramele lui Voltaire și *Irene* a lui Samuel Johnson. Romanticii priveau înapoi la Calderón, Shakespeare și Corneille peste o perioadă de timp care li se părea inadmisibil de lungă și de stearpă. „Este imposibil să menționezi cuvântul tragedie", scria Leigh Hunt, „fără a fi izbit de extrema sterilitate pe care o prezintă, în ultimii ani, teatrul în tot ceea ce privește domeniul tragic." El simțea că „de pe vremea lui Otway" (un interval de o sută treizeci de ani) nu se mai scrisese nici o piesă engleză care să poată fi considerată tragedie.

De ce s-a ajuns la această situație? Romanticii erau convinși că motive se puteau găsi, și chiar trebuiau găsite, dacă voiau să redea teatrului tragic vechea lui strălucire. Romantismul este o mișcare complexă, cu particularități naționale complexe. Astfel, problema declinului dramei tragice s-a pus oarecum diferit în Anglia, Franța și Germania.

Să ne ocupăm mai întâi de Anglia. Aici, sentimentul eșecului înregistrat în perioada precedentă era mai acut, deoarece după Shakespeare și dramaturgii epocii lui Iacob I se produsese o ruptură drastică și evidentă. Era la mijloc o tăcere de aproape un secol și jumătate, care trebuia explicată. De ce a decăzut tragedia după 1640? Motivele puteau fi de ordin practic: drama engleză a încetat să se mai afirme pur și simplu din cauza închiderii teatrelor în timpul războiului civil și al guvernării lui Cromwell. Sau poate că era vorba de cauze mai profunde, filozofice. În orice caz, motive trebuiau să existe.

Pentru a le găsi, poeții și criticii de la începutul secolului al XIX-lea au examinat cu înfrigurare situația reală a teatrului contemporan. Gândirea romantică a fost hegeliană prin aceea că, la baza existenței aparent autonome a formelor artistice, ea vedea influența practică a condițiilor istorice. Dacă din secolul al XVII-lea teatrul englez nu mai reușise să producă drame tragice, cauza putea prea bine să se găsească în datele empirice ale vieții teatrale. Era posibil ca de vină să fie faptul că trei teatre – Covent Garden, Drury Lane și Theatre Royal din Haymarket – dețineau monopolul virtual al spectacolelor dramatice autorizate. Patente și licențe acordate în anii 1680 deveniseră acum obstrucții arhaice. După cum observa un „reformator" în 1813:

> Întregul succes al unui dramaturg depinde de gustul, capriciul, indulgența, zgârcenia sau gelozia a trei indivizi, directorii a trei teatre din Londra.

Deosebirea față de situația din epoca elisabetană, când spectatorul putea vedea piese jucate în cincisprezece teatre, era izbitoare. În plus, pentru a-și justifica rolul privilegiat, Covent Garden și Drury Lane au trebuit să aibă săli foarte mari. După cum a arătat John Philip Kemble, chiar și un actor plin de forță și de sensibilitate (ca el însuși) era nevoit, pentru a fi auzit de o sală cu mii de spectatori, să renunțe la finețea interpretării. Inevitabil, teatrul s-a îndepărtat de dramă, punând accentul pe spectacol. *Iuliu Cezar* în regia lui Kemble a stârnit mult mai puțin entuziasm decât *Timur Tătarul,* o anonimă „melodramă ecvestră", sau decât *Cataracta Gangelui* a lui Moncrieff, o *extravaganza,* pentru care directorul teatrului Drury Lane a cheltuit cu dărnicie 5 000 de lire sterline.

În cursul secolului al XVIII-lea, importanța actorului crescuse mult. Anii de la sfârșitul acestui secol și începutul secolului al XIX-lea au reprezentat epoca de aur a actorului englez (Kemble, George Frederick Cooke, Edmund Kean, Macready, incomparabila Sarah Siddons). Dar se pare că primatul actorului se realiza în detrimentul piesei. Walter Scott afirmă că spectatorii mergeau la *Hamlet* nu pentru poezia sau acțiunea piesei, ci din dorința de a compara vreun gest sau vreo intonație din interpretarea lui Kemble cu ceea ce-și aminteau din interpretarea lui Garrick. În plus, însuși stilul actorilor romantici, predilecția lor pentru momentul de extremă pasiune și de lirism dezlănțuit, a accentuat și mai mult orientarea generală spre melodramatic. Și deoarece actorul, nu piesa, era cel care atrăgea publicul, dramaturgii încercau să scrie exact pe măsura gustului sau resurselor tehnice ale unui anumit actor. Ei au dat „monodrama", în care important era un singur rol, toate celelalte servind doar ca fond pe care steaua putea ieși și mai bine în evidență. Este ceea ce a făcut Keats în *Otto cel Mare,* în speranța că rolul principal l-ar putea interesa pe Kean: „Dacă va reuși să redea caracterul pasionat al lui Ludolph – și el este singurul actor care poate face acest lucru – lui își va spori faima, iar mie îmi va îmbunătăți situația materială."

Aceste probleme, ce țineau de aspecte comerciale și de arta spectacolului, au atras atenția, inevitabil, asupra unei chestiuni mai serioase. Piesa de teatru este cea mai socială dintre formele literare, ea existând pe deplin numai prin intermediul reprezentației publice. În aceasta constă fascinația și servitutea ei. Cu alte cuvinte, condiția teatrului nu poate fi separată de cea a publicului sau – într-un sens mai larg, și totuși restrâns – de cea a comunității sociale și politice. S-a avansat, de aceea, ideea că literatura europeană n-a mai produs, după secolul al XVII-lea, teatru tragic din cauză că societatea europeană n-a reușit să producă un public care să-l guste. În perioada romantică, această idee a avut o largă circulație. Erich Heller o exprimă într-o formă modernă:

> În ciuda tuturor inevitabilelor rupturi, dezacorduri, animozități și antagonisme care fac permanent parte din soarta ființelor și societăților umane, există posibilitatea – și această posibilitate, când se realizează, se numește cultură – ca o comunitate de oameni să trăiască... în atmosfera unui acord tacit asupra naturii și sensului existenței umane... Așa trebuie să fi fost societatea pentru care reprezentarea tragediilor lui Eschil și Sofocle era o sărbătoare națională; așa au fost perioade îndelungate din ceea ce noi numim, cam vag, Evul Mediu; așa au fost, judecând după creațiile lor artistice, Renașterea și epoca Elisabetei. Epoca lui Goethe n-a fost însă de acest tip.

Cred că există mult adevăr în aceste rânduri. Voi reveni adesea la ideea că, după secolul al XVII-lea, anumite elemente esențiale ale vieții sociale și imaginative, dominante din epoca lui Eschil până în cea a lui Racine, au dispărut treptat din conștiința europeană – că secolul al XVII-lea reprezintă, în istoria tragediei, „cumpăna apelor".

Dar trebuie să observăm că teoriile care caută să explice schimbările petrecute în diferite arte prin natura publicului respectiv sunt extrem de greu de susținut cu documente. Noi nu știm aproape nimic despre compoziția socială și despre temperamentul publicului atenian. În afară de un foarte mic număr de spectatori, oare câți dintre cei ce veneau la Teatrul lui Dionysos gustau într-adevăr a zecea sau a douăzecea versiune a mitului lui Oreste? Oare participau la spectacol doar pentru că aceasta era o activitate rituală impusă de obiceiurile *polis*-ului? Nici despre publicul elisabetan nu știm prea multe lucruri. Există mărturii care ne fac să credem că dramaturgii elisabetani au avut un noroc excepțional, publicul pentru care au scris fiind deosebit de variat, și totuși omogen. Se pare că acesta a cuprins toate straturile sociale, de la aristocrați la servitori, ilustrând elocvent diferitele forțe și tradiții spirituale care acționau în viața elisabetană. În același timp, publicul shakespearian pare a fi constituit o comunitate de tipul celei descrise de Heller. Spectatorii aveau o anumită scară de valori și anumite credințe comune, ceea ce îi permitea dramaturgului să conteze pe o reacție imaginativă unitară. În *Hamlet,* nobilul și lacheul au găsit probabil surse foarte diferite de încântare. Dar nici unul nu avea nevoie de note de subsol sau de un comentariu special care să-l pregătească pentru posibilitatea unei acțiuni cu stafii și pentru raportarea implicită a conduitei umane la o scară de valori ce se întindea de la angelic la materia brută.

Sau, cel puțin, așa presupunem. Când folosim opera de artă pentru a dovedi ceva în legătură cu publicul căruia îi era destinată, noi judecăm de la distanță, dintr-o perspectivă târzie. De fapt, nu știm nimic cu certitudine.

Totuși, despre publicul secolului al XIX-lea se pot spune o serie de lucruri. Căpătând o structură mai democratică, el era mai puțin educat. Publicul lui Racine fusese, în cea mai mare parte, o societate închisă, în care accesul păturilor sociale și economice mai joase era foarte limitat. De-a lungul întregului secol al XVIII-lea, centrul de greutate al societății s-a deplasat spre clasele de mijloc. Revoluția Franceză, care în esență a însemnat victoria burgheziei militante, a accelerat această schimbare. În *Eseu despre dramă,* Walter Scott arată că lărgirea publicului a dus la scăderea calității operelor dramatice. Directorii teatrelor și dramaturgii nu mai ofereau spectacole pentru o aristocrație cultă sau pentru o elită provenind din rândurile magistraților și marii finanțe; ei încercau să atragă familia burgheză, cu lipsa ei de pregătire literară și cu preferința ei pentru patos și finaluri fericite.

Un element încă și mai important a fost scăderea categorică a rolului teatrului în societate. Când mergea la teatru, spectatorul secolului al XIX-lea nu participa la un act religios sau civic, așa cum o făcuseră atenienii; nu era conștient de nici unul dintre elementele de ritual festiv care par să fi fost preluate, din Evul Mediu, de teatrul elisabetan; nu lua parte nici măcar la o înaltă ceremonie de tipul celor de la Versailles. El alegea, pur și simplu, unul dintre tot mai numeroasele mijloace de destindere care i se ofereau. Teatrul începea să devină ceea ce este astăzi: o simplă distracție. Iar spectatorul burghez din perioada romantică nici nu voia altceva. El nu era pregătit să se expună riscurilor terorii și revelației, implicite în tragedie, ci dorea doar să palpite câteva clipe sau să viseze în tihnă. Când intra din stradă în sala de teatru, nu părăsea realul pentru o lume și mai reală (așa cum o fac cei dispuși să suporte o confruntare cu creațiile lui Eschil, Shakespeare sau Racine), ci ieșea din sfera violentelor solicitări ale istoriei și intereselor economice curente, pătrunzând în domeniul odihnitor al iluziei.

Acesta e un fapt de importanță crucială. Revoluția Franceză și războaiele napoleoniene au antrenat oamenii de rând în vâltoarea istoriei. Ele i-au expus la tensiunea unor experiențe și a unor sentimente care, în timpurile vechi, fuseseră prerogativele primejdioase ale prinților, oamenilor de stat și militarilor de profesie. După ce marile armate au străbătut Europa, în ofensivă și în retragere, vechiul echilibru dintre viața particulară și viața publică s-a stricat. Viața particulară era acum expusă tot mai mult solicitărilor istoriei. Iar gradul de expunere a crescut odată cu dezvoltarea mijloacelor de comunicație. Ignorând dezastrele care nu aveau loc în imediata lui vecinătate, spectatorul elisabetan și neoclasic mersese la *Hamlet* sau la *Fedra* cu mintea parțial liniștită sau, în orice caz, gata să recepteze poezia și șocul piesei. Omul nou, „istoric", dimpotrivă, venea la teatru cu un ziar în buzunar. Acesta putea conține fapte mai cumplite și sentimente mai răscolitoare decât cele prezentate de mulți dramaturgi. Spectatorul aducea cu sine nu liniște, ci un exces și un tumult de emoții. Goethe se plânge, cu amărăciune, de acest fapt în „Prologul" lui *Faust*:

Ne vin atâți din cei care-și găsesc
Deplina desfătare rumegând jurnale.
La noi se-adună toți ca la un bal mascat.
Curiozitatea doar i-a-naripat.*

„Curiozitatea" (în germană, *Neugier*, „sete de nou"). Cum putea dramaturgul s-o satisfacă, să concureze cu drama știrilor adevărate? Numai țipând încă și mai tare, scriind melodramă.

---

* Johann Wolfgang Goethe, *Faust*, vol. 1, trad. Lucian Blaga, E.P.L., 1968, p. 6.

Dar provocarea n-a venit numai din partea jurnalismului și a ritmului accelerat al vieții. În trecut, teatrul ocupase acel loc central pe care i-l acordă Hamlet. El ținuse în fața naturii o oglindă de mari dimensiuni. Dramaturgii și actorii fuseseră cronicile abstracte și concise ale timpului. Ei le dăduseră compatrioților lor lecții de istorie, așa cum a făcut Shakespeare, sau de comportament, așa cum au făcut Jonson și Molière. Acum situația se schimbase. Alte forme literare atrăgeau un public mult mai numeros decât cel al teatrului. Istoria declinului dramei de calitate coincide, în parte, cu istoria dezvoltării romanului. Secolul al XIX-lea reprezintă epoca clasică a tipăriturilor ieftine, de masă, a foiletoanelor și a bibliotecilor publice. Romancierul, popularizatorul cunoștințelor umanistice și științifice, satiricul sau istoricul veneau acum în contact cu publicul mult mai ușor decât dramaturgul. Pentru a vedea oglinzi ținute în fața naturii de mâini experte, publicul educat nu avea neapărată nevoie de spectacolul de teatru. Omul putea sta acasă, lângă cămin, cu ultima fascicula dintr-un roman, cu ultimul număr din *Edinburgh Review* sau din *Revue des deux mondes*. Spectatorul devenise cititor. În secolul al XVII-lea, un Dickens sau un Macaulay ar fi fost, foarte probabil, dramaturgi. Acum publicul cel mai numeros se afla în altă parte.

Astfel, constatăm că toți dramaturgii, începând din perioada în care Goethe administra teatrul din Weimar până în epoca lui Brecht și a „micilor teatre" contemporane, au încercat să-și creeze un nou public în locul celui pierdut. Încercarea cea mai impresionantă a fost cea a lui Wagner. La Bayreuth, el a căutat să inventeze sau să educe un spectator pe măsura propriei sale viziuni despre rolul și demnitatea teatrului. Ceea ce e important la Bayreuth nu este atât forma neobișnuită a scenei sau a fosei orchestrei, ci sala destinată acelui public ideal pe care Wagner și-l imagina asemenea celui din Antichitate. De la Racine încoace, dramaturgii și criticii de teatru serioși au fost oameni în căutarea unui public.

În mod necesar, o asemenea căutare depășește simpla cercetare a condițiilor tehnice ale teatrului, căci ea implică o teorie a istoriei și a schimbărilor sociale. Dar spiritul romantic era înclinat spre astfel de teoretizări. Plecând de la faptul empiric al declinului tragediei, și convinși că la baza acestuia se afla o cauză identificabilă, romanticii s-au lansat într-un noian de conjecturi complicate.

Într-o scrisoare către Byron (octombrie 1815), Coleridge vorbește despre „tragicii pitici pe care natura epuizată pare să fi fost nevoită să-i creeze de la Shakespeare încoace". Probabil că înainte de secolul al XIX-lea această idee n-ar fi apărut. Ea are acea notă de istorism melancolic care duce de la romantici direct la Spengler. Sentimentul că societatea umană cunoaște o continuă degradare a devenit încă și mai pronunțat în urma eșecului evident al idealurilor Revoluției Franceze. Hazlitt simțea că în atmosfera secolului apăruse o mare deziluzie; spiritul nervos și paradoxal al epocii a putut produce poezie lirică; n-a avut însă deschiderea largă și siguranța pe care le cere drama. În *Patru vârste ale poeziei*, Peacock declara, doar pe jumătate serios, că întreaga literatură va fi înlocuită de manifestări mai pozitive ale inteligenței:

> ...nu e departe ziua când starea de degradare a tuturor speciilor de poezie va fi general recunoscută, așa cum e, de mult timp, cea a poeziei dramatice; și aceasta nu din cauza scăderii capacității intelectuale sau a achizițiilor intelectuale, ci pentru că această capacitate și aceste achiziții vor fi intrat pe alte canale, mai bune.

Poezia, susținea Peacock, este „trăncăneala mintală" a omului. El va renunța curând la ea în favoarea științelor naturii. În apologia pe care o face poeziei, Shelley vizează direct profeția lui Peacock. Nu geniul poetic este cel care și-a pierdut forța sau s-a orientat spre alte căutări, ci societatea. În regimul de oprimare politică și de ipocrizie socială instaurat de Castlereagh nu se putea scrie teatru tragic de valoare. Poeții tragici atenieni „au coexistat cu măreția morală și intelectuală a epocii lor". Dacă vrem să creăm din nou un teatru viu, trebuie să reformăm „sufletul vieții sociale". Aceasta va fi teoria lui Wagner și, într-o oarecare măsură, și a lui Ibsen.

Eșecul prelungit al dramei poetice a secolului al XIX-lea a făcut ca aceste speculații să devină mai pesimiste și mai iraționale. Ele par să culmineze, aproape un secol mai târziu, cu gândurile sumbre exprimate de Hardy în prefața la *Domnitorii*:

> O problemă similară, nu lipsită de interes, este dacă nu cumva, până la urmă, soarta tuturor pieselor de teatru, altele decât cele tratând subiecte contemporane sau frivole, este să fie jucate doar în minte. Gândul ne zboară, în mod firesc, la triumfurile înregistrate de teatrul elen și elisabetan când prezentau scene situate „departe-n lumea nevăzută"* și ne întrebăm de ce oare ele nu se mai repetă. Dar lumea meditației este mai bătrână, mai răuvoitoare, mai nervoasă și mai sarcastică decât era odinioară și, chinuită de „enigme ale morții necunoscute-n Teba"**, ar putea fi mai puțin dispusă și mai puțin capabilă decât erau Elada și bătrâna Anglie să caute, sub învelișul tare și adesea grotesc, lucrul ce s-a vrut exprimat.

Din nou, simțim că aceste meditații triste conțin un adevăr semnificativ. La distanță de un secol, Hazlitt și Hardy disting amândoi în spiritul epocii moderne o nervozitate predominantă, însoțită de pierderea fanteziei. Lipsește ceva din superba încredere de care are nevoie scriitorul pentru a crea un personaj dramatic major, pentru a înzestra o anumită prezență din sine însuși cu misterul carnal al gestului și al vorbirii dramatice. Ceea ce rămâne obscur este cauza eșecului. Au

---

* Shelley, *Adonais*, XLV.

** Shelley, *Elada*, corul final.

oare formele artistice un ciclu de viață precis stabilit? Poate că în cazul energiei poetice principiul conservării nu funcționează. Evident, realizările teatrului grec și elisabetan sunt un precedent care pare să apese greu asupra întregului teatru de mai târziu. Sau poate că originea crizei se află în societate. Nu cumva poeții dramatici ai secolului al XIX-lea n-au reușit să producă piese bune deoarece n-au avut la dispoziție nici teatrele necesare și nici publicul corespunzător?

În primele decenii ale perioadei romantice, asemenea înrebări și îndoieli circulau mult. Dar scriitorii înșiși nu erau nicidecum dispuși să cedeze partida. Dimpotrivă, cu cât se ocupau mai mult de starea jalnică a teatrului contemporan, cu atât deveneau mai convinși că una dintre sarcinile și gloriile romantismului va fi aceea de a reda tragediei vechea ei demnitate. Gândul unei asemenea restaurări i-a preocupat pe cei mai buni poeți și romancieri ai secolului. La mulți, el a devenit o obsesie. Să privim doar o listă parțială a pieselor tragice scrise sau proiectate de romanticii englezi:

William Blake a scris o parte dintr-un *Eduard al III-lea*; Wordsworth a scris *Mărginenii*; Walter Scott a compus patru drame; Coleridge a colaborat cu Southey la *Căderea lui Robespierre* și apoi a scris *Remușcare* și *Zapolya;* Southey ne-a dat un *Wat Tyler*. În afară de schițele sale dramatice, Walter Savage Landor a scris patru tragedii. Leigh Hunt a publicat *Scene dintr-o dramă neterminată* în 1820, iar *Legenda Florenței* i-a fost jucată la Covent Garden în 1840. Byron este autorul a opt drame. Shelley a scris *Familia Cenci*, *Prometeu* și *Elada* și a tradus scene din Goethe și din Calderón. Keats și-a pus mari speranțe în *Otto cel Mare* și a început să lucreze la *Regele Ștefan*. Thomas Lovell Beddoes a scris o serie de stranii tragedii gotice, dintre care cel puțin una atinge aproape măiestria prin frenezia și forța susținută a acțiunii.

N-am întocmit această listă dintr-o pedanterie arhivistică (deși asemenea date au un oarecare farmec prăfuit). Fac enumerarea numai pentru a sugera proporțiile aspirațiilor și eforturilor implicate. Îi vedem aici pe unii dintre maeștrii limbii engleze producând tragedii care, cu câteva excepții însemnate, sunt îngrozitor de proaste. Aproape fiecare dintre scriitorii menționați a fost stăpânit, la un moment dat, de idealul dramei tragice, de gândul că literatura modernă trebuie să realizeze, în genul dramatic, o operă demnă de a fi pusă alături de cele ale lui Sofocle sau Shakespeare. În contrastul izbitor dintre calitatea talentului și cea a operei există ceva emoționant și, în același timp, deprimant. În plin an 1819, anul miraculos al invenției sale lirice, Keats a început să lucreze la *Otto cel Mare*:

> Dacă va avea succes... mă va scoate din mocirlă. Mă refer la mocirla proastei reputații care se ridică neîncetat în jurul meu. În cercul literaților la modă numele meu e vulgar – pentru ei, sunt doar un băiețandru care țese versuri. O tragedie m-ar scoate din această mizerie.

Și aceasta o spune cel care a scris *Ajunul Sfintei Agnes* și *Odele*.

Totuși, pe măsură ce suma eșecurilor creștea, creșteau și ambițiile. Cu greu ne putem referi la un poet sau la un romancier din secolul al XIX-lea fără să găsim undeva, printre scrierile ori proiectele sale, mirajul dramei. Browning, Dickens, Tennyson, Swinburne, George Meredith; Stendhal, Balzac, Flaubert, Zola; Dostoievski; Henry James – în fiecare a ars la un moment dat hotărârea de a domina scena, voința de a adăuga ceva formei literare care în Antichitate, în Renaștere și în epoca barocă a antrenat cele mai valoroase genii poetice. Dar să privim piesele pe care le-au dat acești scriitori: incongruența e uluitoare. Între statura artistului și convenționalismul arid sau chiar totalul eșec tehnic al operei nu pare să existe nici o legătură.

Aici se impune o explicație – iar problema nu privește doar istoria teatrului. Căci numai dacă ne apropiem de cauzele eșecului dramei romantice, putem să vedem mai clar ce elemente au dispărut din sensibilitatea europeană după Racine.

Și tocmai incapacitatea romanticilor de a readuce la viață idealul tragediei înalte a pregătit terenul pentru cele două evenimente majore din istoria teatrului modern: ruptura dintre literatură și sala de spectacol și schimbarea radicală a conținutului conceptelor de tragic și comic produsă de operele lui Ibsen, Strindberg, Cehov și Pirandello. Nu putem aprecia proporțiile victoriei acestor dramaturgi fără a ști ceva despre acel *débâcle* din perioada precedentă.

Romantismul și revoluția sunt legate prin esența lor. În romantism, gândirea se eliberează de sobrietatea deductivă a raționalismului cartezian și newtonian; imaginația se eliberează de constrângerile logicii; individul se eliberează – atât intuitiv, cât și practic – de ierarhiile predeterminate ale rangurilor și castelor sociale. Romantismul reprezintă acea mobilizare a atomilor minții și societății care s-a produs când *l'ancien régime* s-a destrămat, iar raționalismul clasic și-a pierdut vitalitatea imaginativă. Pletele cad acum libere acolo unde odinioară stătea maiestatea rigidă a perucii pudrate. Introdus în politică, romantismul a generat Revoluția Franceză, reacția în lanț a războaielor napoleoniene și mișcările care au zguduit Europa în 1830 și 1848. Primele decenii romantice au fost, după cum a spus Wordsworth, „un revărsat de zori“ în care era o fericire să trăiești. Căci la baza energiei lor eliberatoare se afla o convingere moștenită de la Rousseau. Suferința și nedreptatea sorții omului nu se datorau pierderii stării de grație originare, nu erau consecința vreunui viciu tragic și imuabil al naturii umane. Ele izvorau din absurditățile și din inegalitățile arhaice introduse în structura societății de generații de tirani și de exploatatori. Lanțurile omului, proclama Rousseau, erau făcute de mână de om. Ele puteau fi sfărâmate cu ciocane făurite de om. Era o doctrină cu imense implicații, din care rezulta că viitorul omului se află în propriile lui mâini. Dacă Rousseau avea dreptate (și până în ziua de azi majoritatea sistemelor politice i-au moștenit teoria), calitatea existenței putea fi schimbată și îmbunătățită radical prin reforme introduse în educație și în condițiile de viață sociale și materiale. Omul nu mai stătea în umbra păcatului originar; nu mai purta în sine germenele eșecului prestabilit. Dimpotrivă, putea ajunge la progrese extraordinare. Era, în vocabularul romantismului, perfectibil. De aici, strălucirea optimismului din primele opere romantice, sentimentul că vechile porți au fost dărâmate, lăsând liberă calea spre un viitor luminos. În corul final din *Elada,* Shelley cântă răsăritul noului soare:

Al lumii ev de aur iară
  Începe, și pământul
Ca șarpele în primăvară
  Își schimbă-ntreg veșmântul.
Zâmbește cerul; crezuri vechi, regate,
  Doar șters sclipesc, ca vise destrămate.
Mai luminoasă-acum, Elada-și crește
  Din mare munții ei, semeții,
Și-un nou Peneu rostogolește
  Al lui șuvoi spre steaua dimineții.
Acolo unde mai frumoase Tempe înfloresc,
  Cyclade tinere în soare se-odihnesc.

După 1820, optimismul a început să dispară. Forțele reacționare și-au reimpus dominația în întreaga Europă, iar burghezia, care fusese izvorul energiei radicale, a devenit prosperă și conservatoare. Romanticii au cunoscut o profundă deprimare (cuvânt decisiv la Coleridge)*. Ei aveau sentimentul că au fost trădați – iar deziluzia lor și-a găsit o expresie memorabilă în *Confesiunea unui copil al secolului* a lui Musset. În romantism, au apărut culorile toamnei și ale înserării: stoicismul din ultimele opere ale lui Wordsworth, amărăciunea violentă a lui Byron, tristețea autumnală, apocaliptică a operelor târzii ale lui Victor Hugo. În starea de spirit romantică s-au copt acele elemente de melancolie și de frustrare nervoasă

* În original: *dejection* – titlul unui poem de Coleridge.

care caracterizează arta postromantică. Simbolismul și mișcările decadente de la sfârșitul secolului al XIX-lea sunt noaptea care cade după un lung amurg.

Dar aceste umbre erau aproape imperceptibile în perioada în care romanticii încercau să creeze o nouă tradiție dramatică. Și chiar și atunci când lumina devenise palidă și nesigură, premisa originară a romantismului și-a păstrat o mare parte din forță. Credința rousseauistă în perfectibilitatea omului a supraviețuit înfrângerilor parțiale ale liberalismului din 1830 și 1848. Autocrația și lăcomia burgheză dădeau lupte de ariergardă momentan victorioase. În perspectivă mai largă însă, condiția umană era menită să cunoască progresul. În depărtare se întrezărea Cetatea dreptății. Numiți-o democrație, cum au numit-o revoluționarii romantici din Vest, sau societatea fără clase, cum a numit-o Marx. În ambele cazuri, era vorba de progresul visat pentru prima dată de Rousseau.

Viziunea rousseauistă, romantică, a avut aspecte psihologice specifice. Ea implica o critică radicală a noțiunii de vinovăție. În mitologia rousseauistă a comportamentului, omul poate săvârși o crimă fie pentru că n-a fost învățat cum să distingă binele de rău, fie pentru că a fost corupt de societate. Răspunderea o poartă educația primită sau mediul social, căci omul nu se poate naște cu un suflet rău. Și deoarece individul nu este pe deplin răspunzător, nu poate fi definitiv damnat. Rousseauismul închide porțile infernului. La ora adevărului, criminalul va fi cuprins de remușcare. Crima va fi anulată, greșeala va fi îndreptată. Crima nu duce la pedeapsă, ci la mântuire. Acesta este laitmotivul modalității romantice de tratare a răului – de la *Balada bătrânului marinar* la *Faust* al lui Goethe, de la *Mizerabilii* la apoteoza mântuirii din *Amurgul zeilor.*

Această mitologie a mântuirii ar putea avea merite sociale și psihologice, căci eliberează spiritul de negrele prevestiri ale calvinismului. Dar un lucru este clar: o asemenea concepție asupra condiției umane e categoric optimistă. Ea nu poate genera nici o formă firească de dramă tragică. Viziunea romantică a vieții este netragică. În tragedia autentică, porțile infernului stau deschise, iar damnațiunea este reală. Personajul tragic nu poate fugi de răspundere. A susține că Oedip ar fi trebuit iertat pe motiv că n-a știut că păcătuiește sau că Fedra a fost victima haosului ereditar al sângelui ei înseamnă a reduce la absurd ponderea și sensul acțiunii tragice. Revelația mântuitoare ori vine prea târziu pentru a mai putea repara ruinele, ori e obținută cu prețul unor suferințe fără leac. Samson moare orb, iar Faust al lui Marlowe este târât, urlând, spre pierzanie. În plus, acolo unde acționează o concepție tragică despre viață, nu se poate recurge la remedii laice sau materiale. Destinul lui Lear nu poate fi îndreptat prin crearea unor bune aziluri de bătrâni. Nici o reformă imaginabilă a convențiilor privind îngroparea morților nu poate rezolva dilema profundă care o duce la pieire pe Antigona. În tragedie, strângerea plasei care îl doboară pe erou poate fi un accident sau un joc al întâmplării, dar ochiurile plasei trec prin miezul vieții. Tragedia vrea să ne arate că în însuși faptul existenței umane există o provocare sau un paradox; ea ne spune că uneori aspirațiile omului vin în contradicție cu forțe inexplicabile și distructive care se află „dincolo“ și totuși foarte aproape. A-i întreba pe zei de ce tocmai Oedip a fost ales pentru chinul lui sau de ce a trebuit Macbeth să întâlnească vrăjitoarele în calea sa înseamnă a cere explicații și justificare de la noaptea mută. Nu primești răspuns. Și de ce-ai primi? Dacă ar exista o explicație, nu am avea de-a face cu o tragedie, ci cu suferințe drepte și nedrepte, ca în parabole sau în povestiri cu tâlc. Dincolo de tragic, nu se află un „sfârșit fericit“ situat în altă dimensiune a spațiului sau timpului. Rănile nu se vindecă, iar sufletul zdrobit nu se reface. În norma tragediei nu poate exista compensație. Spiritul, spune I.A. Richards,

> nu se ferește de nimic, nu se protejează cu nici o iluzie,
> ci stă nemângâiat, singur, bizuindu-se numai pe sine...

Chiar și cea mai mică urmă de teologie care îi poate oferi eroului tragic un paradis compensator este fatală.

Dar tocmai asta face romantismul: el promite un „paradis" care compensează vinovăția și suferințele omului. Acesta poate fi paradisul propriu-zis, ca în *Faust* al lui Goethe. Mai des, este o stare de fericire și de mântuire pe pământ. Prin remușcare, personajul tragic cunoaște din nou o stare de grație. Sau ignoranța și nedreptatea socială care au produs tragedia sunt înlăturate prin reforme și prin trezirea conștiinței. În poetica romantismului, toți Scrooge-ii* devin oameni minunați.

Tema remușcării răsună de-a lungul întregii tradiții a dramei romantice, de la Coleridge la Wagner. Subiectul diferă, dar clișeele caracteristice rămân aceleași. Eroul tragic, un erou-ticălos, a săvârșit o crimă îngrozitoare, poate abominabilă. Conștiința îl chinuie, iar el cutreieră pământul, ascunzând un foc interior trădat de aspectul său febril și de ochii lui arzători. Îl cunoaștem sub numele de Bătrânul Marinar, Cain, Olandezul Zburător, Manfred sau Evreul Rătăcitor. Uneori e torturat de un dublu care-l urmărește, o imagine răzbunătoare a lui însuși sau a victimei sale inocente. În momentul crizei maxime sau la apropierea morții, sufletul eroului romantic este „sfâșiat de-un chin cumplit"**. Brusc, înflorește remușcarea – toiagul din mâna lui Tannhäuser înfrunzește. Mântuirea coboară asupra sufletului zdrobit și eroul, ieșind din umbra damnării, se îndreaptă spre iertare:

Și-atunci putut-am să mă rog;
Și, de la gâtul meu,
În valuri, slobod, Albatrosul,
Căzu ca plumbul greu.***

---

* Scrooge: eroul avar al povestirii lui Dickens *Colind de Crăciun*.

** Coleridge, *Balada bătrânului marinar*.

*** *Ibid.*

În finalul tragediei lui Wordsworth *Mărginenii*, criminalului care poartă răspunderea tuturor relelor săvârşite i se spune:

Acum ambiţia şi datoria ta să fie,
Doar remuşcarea să-ţi hrăneşti
Şi orice spin din chinul pocăinţei,
Tu bucuros, cu lacrimi, să-l întâmpini.

John Woodvil, eroul unei piese lamentabile, dar absolut caracteristice, a lui Charles Lamb, îşi povesteşte clipa iluminării. Aici credinţa rousseauistă în puterea mântuitoare a sentimentului a devenit un simplu clişeu:

Trecui în a familiei mele strană
Şi-acoperindu-mi ochii de ruşine,
Plin de-a nevredniciei simţăminte,
Eu în genunchi căzut-am pe perniţa
Pe care atât de des îngenuncheasem,
Cuminte prunc, alături de Sir Walter:
Şi, cugetând, am plâns şuvoi de lacrimi,
Mai chinuit ca plânsul meu dintâi;
Dar cât de uşurat am fost apoi!
Căci vina sângelui vărsat părea s-o spele
Chiar cazna lacrimii – şi mă simţeam
De orişice păcate izbăvit.

În drama lui Coleridge *Remuşcare*, problema esenţială este cea a calităţii căinţei:

A inimii ce-o creşte-i remuşcarea:
Gingaşă de-i, ea picură balsam de rouă,
Căinţă pură; dar dacă-i neagră şi trufaşă,
E pom de-otravă, ce, crestat adânc,
Revarsă numai lacrimi veninoase.

Coleridge era mult prea perspicace pentru a nu-şi da seama că în întreaga idee a remuşcării mântuitoare există ceva fraudulos. Eroul mârşav al piesei, Ordonio, sesizează esenţa problemei:

Alvar: Şi totuşi poţi fi mântuit...
Ordonio: Eu, mântuit?
Alvar: Un strigăt,
Un singur strigăt de căinţă-ţi cer!
Ordonio: ....căinţă! căinţă!
Unde-ai aflat acest cuvânt neghiob?
Blestem căinţei! E în stare ea
Să-nvie morţii, să realcătuiască
Un trup tot ciopârţit – făcut bucăţi?
Nici mii de binecuvântări, rostite
De ale îngerilor oşti, nu sting blestemul
Strigat de-o văduvă nealinată!
Din inimă-n zadar, spre ispăşire,
Tu sânge verşi... În cumpănă nu stă
Cu lacrima unui orfan pe taler!

Un răspuns superb, care surprinde distincţia esenţială dintre romantism şi sentimentul tragic al vieţii. Dar mitologia predominantă a epocii s-a dovedit prea puternică, şi drama se termină într-o atmosferă de mântuire. Ordonio moare strigând: „Ispăşire!"

Tema „pomului otrăvii", a remuşcării ce se transformă în venin pentru că spiritul nu acceptă posibilitatea mântuirii, l-a obsedat pe Byron. Manfred este sfâşiat de

Tortura unei deznădejdi adânci,
Căinţa fără teamă de pedeapsă.*

El ştie că

...nu-i pedeapsă
Mai mare pentr-un suflet vinovat
Decât pedeapsa ce şi-o dă el singur.**

---

* *Manfred*, trad. Virgil Teodorescu, în Byron, *Opere*, vol. 4, Editura Univers, Bucureşti, 1990, p. 39.

** *Ibid.*

Şi deoarece, în mândria lui nebună, a hotărât că pedeapsa lui trebuie să fie pe măsura crimei lui misterioase, Manfred nu-și va acorda iertarea. El îi spune Spiritului răzbunător:

Nici păcălit n-am fost și nu-s nici pradă.
Ci fost-am propriul meu călău și-așa
Voi fi și-n lumea de apoi.*

În această aroganță finală există un spirit de dreptate necruțător, care dă ultimei scene din *Manfred* o notă de real tragism.

Dar ceea ce găsim în majoritatea dramelor romantice și în opera wagneriană nu este tragedie. În ultimă instanță, dramele remușcării nu pot fi tragice. Formula lor aparține „cvasitragediei". Patru acte de violență și de vinovăție tragică sunt urmate de un al cincilea, de mântuire și de redobândire a inocenței. „Cvasitragedia" este compromisul unei epoci care nu credea în caracterul definitiv al răului. Ea reprezintă dorința romanticilor de a se bucura de privilegiile grandorii și intensității emoționale specifice dramei tragice, fără a plăti prețul lor întreg. Acest preț este recunoașterea faptului că în lume există nedreptăți misterioase, dezastre mult prea mari față de vina care le-a produs și realități care contrariază în permanență simțul nostru moral. Mecanismul apariției, la momentul oportun, a remușcării sau a mântuirii prin iubire – temă tipic wagneriană –, îi permite eroului romantic să cunoască plăcerea de a face rău fără să suporte costul real al acesteia. El îl aduce pe spectator la limita terorii, pentru a-l smulge apoi de acolo, în ultima clipă, ridicându-l în lumina iertării. „Cvasitragedia" este, de fapt, sinonimă cu melodrama.

Am insistat asupra acestei teme a remușcării pentru că ea pune clar în evidență acea evitare a tragicului care constituie o trăsătură esențială a temperamentului romantic. Evitarea tragediei nu este specifică doar pieselor proaste ale poeților care, din nenumărate motive, au fost dramaturgi slabi. Ea este

---

* *Ibid.*, p. 50.

un element decisiv în *Faust*-ul lui Goethe. La Marlowe, Faust coboară în focul iadului având conștiința vie, teribilă, a situației lui. El imploră: „Doamne, Doamne, nu mă privi cu atâta asprime." Dar e prea târziu. Spiritul său lucid este conștient de posibilitatea căinței, dar totodată știe că obișnuința răului a ajuns să fie adânc înrădăcinată în inima lui: „Inima mi-e împietrită, nu pot să mă căiesc." Faust este damnat tocmai pentru că nu mai poate trece hotarul imaginar dintre gândul remușcării și gestul salvator. Dar faptul că-și dă seama de adevăr și-și asumă întreaga răspundere a actelor lui face din el un personaj tragic și eroic. Ultima lui preocupare lumească este să le ceară discipolilor săi să se îndepărteze de el: „ca să nu pieriți odată cu mine".

Faust al lui Goethe, dimpotrivă, este salvat. În timp ce e purtat spre înălțimi, în jurul lui cad petale de trandafiri și se aud corurile îngerești. Răsplata ce i se cuvenea pe bună dreptate diavolului îi este luată acestuia printr-un abil artificiu psihologic. Intelectul lui Faust este corupt de legăturile sale cu iadul, dar voința i-a rămas curată (exact opusul lui Faust al lui Marlowe, care vrea să facă rău chiar și când are conștiința binelui). Fericirea supremă pentru care Faust a încheiat un târg cu puterile infernului se dovedește a fi un act de binefacere rousseauistă – desecarea unor mlaștini în vederea construirii unei noi societăți. Mefisto este cel care pierde pariul. Din cer nu se revarsă sânge, ca la Marlowe, ci osanale mântuitoare. Nu e vorba de o concesie făcută de poet, la bătrânețe, credinței lui tot mai profunde în progresul și în destinul fericit al vieții și lumii. Ideea „sfârșitului fericit" este clar exprimată încă în prima schiță a unei piese pe tema lui Faust pusă pe hârtie de tânărul Goethe în anii 1770. *Faust* al lui Marlowe este o tragedie, *Faust* al lui Goethe, o melodramă sublimă.

Această înclinație spre „cvasitragic" domină teatrul romantic chiar și atunci când subiectul pare cu totul nepotrivit pentru o rezolvare fericită. În *Fecioara din Orléans* a lui Schiller, eroina nu va fi arsă. Ioana d'Arc moare lângă câmpul de luptă, într-o apoteoză a victoriei și iertării. Cortina cade în clipa în care ea jubilează:

> Sus – sus – pământul se îndepărtează...
> E chinul scurt, eternă-i bucuria!

E o idee splendidă. O auzim slăvită de Beethoven în muzica inspirată de *Oda bucuriei* a lui Schiller. În ea răsună acordurile revoluției și se anunță răsăritul unui nou secol. Dar ea reprezintă o negare a sensului dramei tragice. Schiller, care a făcut o distincție fină între genurile literare, a fost conștient de această contradicție. El și-a subintitulat piesa „O tragedie romantică" (*Eine romantische Tragödie*), și cred că este pentru prima dată când termenii antitetici de „romantism" și „tragedie" au fost puși alături. Judecând cinstit, ei nu pot fi asociați. Romantismul a înlocuit realitatea iadului care îi așteaptă pe Faust al lui Marlowe, pe Macbeth sau pe Fedra cu clauza salvatoare a mântuirii oportune și cu „paradisul compensator" al lui Rousseau.

Noi mai suntem încă, în mare măsură, romantici. Evitarea tragediei este o practică permanentă în teatrul și în filmul contemporan. Chiar sfidând faptele și logica, finalurile trebuie să fie fericite. Ticăloșii se reformează, crima nu e profitabilă. Acei frumoși zori de zi în care, la sfârșitul povestirii, îndrăgostiții și eroii Hollywoodului pășesc mână-n mână s-au ivit pentru prima dată la orizontul romantismului.

Dacă mișcarea romantică a moștenit de la Rousseau ideea că omul se naște bun și convingerea că răul are o origine socială, nu metafizică, ea a moștenit, de asemenea, interesul obsesiv cu care privește eul. În vestita declarație de la începutul *Confesiunilor*, răsună nota dominantă a literaturii romantice:

> Vreau să înfățișez semenilor mei un om în tot adevărul firii lui; și omul acesta voi fi eu. Numai eu. Îmi știu inima și-i cunosc pe oameni. Nu sunt făcut ca nici unul

> dintre cei pe care i-am văzut; cutez să cred că nu sunt făcut ca nici unul dintre cei care există.*

Rousseau avea dreptate să declare că lucrarea lui era fără precedent. La Montaigne, meditația asupra eului are drept scop cunoașterea condiției umane generale. Pentru un temperament „clasic“ ca acela al lui Pascal, eul este „odios“, interpunând cerințe și infirmități întâmplătoare între spirit și comuniunea lui cu Dumnezeu. Rousseau și romanticii situează eul în centrul lumii inteligibile. În *Don Juan*, Byron remarcă ironic:

> Sublimă născocire-a fost să schimbi
> Întregul univers în egotism universal.
> Acesta-i idealul: *noi să fim totul.***

În timp ce Boileau înfiera o operă literară dacă în ea autorul își revela propria persoană sau sensibilitatea intimă, romanticii căutau în artă extazul conștiinței de sine. La baza aprecierii pe care o face Coleridge asupra lui Milton se află o veritabilă revoluție a valorilor:

> ...la el, Satana, Adam, Rafael, aproape și Eva – toți sunt John Milton; și tocmai sentimentul acestui egotism e cel care-mi produce cea mai mare plăcere când citesc operele lui Milton. Egotismul unui astfel de om este o revelație a spiritului.

Omul imaginației clasice este situat în cadrul unei arhitecturi stabile de obiceiuri, tradiții religioase și politice și caste sociale. El își adaptează individualitatea la stilul condiției sale vremelnice. Omul romantic este Narcis în căutarea și afirmarea exaltată a identității sale unice. Lumea înconjurătoare este o oglindă sau un ecou al prezenței lui. El suferă și exultă în singurătatea sa:

---

* Jean-Jacques Rousseau, *Confesiuni*, trad. Pericle Martinescu, E.P.L., 1969, p. 5.

** Vezi și *Don Juan*, trad. Aurel Covaci, în Byron, *Opere*, vol. 3, Editura Univers, București, 1987, p. 383.

Dar eu, Narcis iubit, eu nu sunt curios
  Decât de propria-mi esență;
Ceilalți sunt pentru mine suflet misterios,
  Ceilalți sunt doar absență.*

Fiind vocea firească a conștiinței de sine, genul liric este genul dominant al literaturii romantice. Romantismul a dat numele cele mai ilustre în poezia lirică și în proza de reverie sau în povestirea la persoana întâi. Viața eului ce se exprimă atât de sincer în arta lui Wordsworth, Keats, Shelley, Lamartine, Vigny, Heine, Leopardi ori Pușkin dă poeziei lor un fel de incandescență. Ea arde ca o torță. Ideea noastră despre posibilitățile prozei ar fi mai limitată dacă n-am cunoaște opere ca *Werther*, *Confesiunile unui opioman englez* sau *Însemnări din subterană*. Proza a învățat de la romantism arta intimității.

Dar genul liric este profund străin de cel dramatic. Teatrul înseamnă practicarea supremă a altruismului. Printr-un miracol de autodistrugere controlată, pe care o putem sesiza doar vag, dramaturgul creează personaje vii, a căror radiație de vitalitate este perfect egală cu „alteritatea" lor – cu calitatea lor de a nu fi imagini, umbre sau rezonanțe ale dramaturgului însuși. Falstaff trăiește pentru că nu este Shakespeare; Nora, pentru că nu este Ibsen. Într-adevăr, forța vitală a acestor personaje este cu mult superioară celei a părinților lor. Chiar dacă Sofocle ar fi doar un nume cu care am desemna un necunoscut – așa cum este numele lui Homer –, Oedip și Antigona și-ar păstra vitalitatea indestructibilă. Cine, în afară de specialiști, cunoaște identitatea poetului care l-a adus pentru prima dată pe Don Juan pe scenă? Ce trebuie să știm despre Racine pentru a simți viața intensă a Ifigeniei sau Fedrei? Fără îndoială, crearea unui personaj dramatic este legată de geniul personal al dramaturgului. Dar nu știm cum se petrece, de fapt, acest lucru. Personajele sunt, poate, acele părți de umbră sau

* Steiner citează tacit din Paul Valéry, „Fragments du Narcisse", în culegerea de poeme *Charmes* (publicată inițial în 1922).

de vitalitate independentă din psihicul poetului pe care acesta nu le poate integra propriei sale personalități. Ele sunt cancere ale imaginației care insistă asupra dreptului lor de a trăi în afara organismului ce le-a generat (cât timp ar putea suporta un om să aibă închis în el un Oedip sau un Lear?). Dar oricare ar fi legătura lor cu sursa de invenție, personajele dramatice capătă o existență proprie integrală. Ele continuă să trăiască mult timp după dispariția poetului. Nu avem și nu ne sunt necesare biografii acceptabile ale lui Eschil sau Shakespeare.

Întreaga artă clasică năzuiește să atingă acest ideal al impersonalității, să separe net opera de viața artistului. Romantismul are un ideal contrar. El caută să facă poemul inseparabil de vocea poetului. În imaginația romantică, exprimarea tinde invariabil spre autoportret.

O asemenea concepție este categoric nepotrivită pentru teatru. Totuși, romanticii au încercat să introducă forma dramatică în sfera egotismului. Heine afirmă cu mândrie că tragediile lui sunt revelații intime ale inimii sale:

Jalea mea și chinul meu
Le-am vărsat în astă carte;
Pagina de-o-ntorci, mereu,
Inima-mi în tine arde.

Într-adevăr, *Almansor* și *Ratcliff* n-au nici o scânteie de viață independentă. Aceste opere există numai în virtutea interesului nostru pentru Heine însuși. În *Contemplațiile,* Victor Hugo compară dramaturgul cu o creatură – pe cât se pare, jumătate pelican, jumătate phoenix – ce-și varsă sângele pentru a crea personaje care sunt, toate, imagini ale propriei sale identități. Întregul pasaj este un crez romantic:

În ce-a durat poetul, înfiorarea-i trează:
Ea-i el, el este ea; și, în umbră când lucrează,
El inima și-o smulge, topind-o-n dramă, frântă;
Pe piscu-i negru, singur, el carnea și-o frământă

În lutul sfânt în care renaşte ne-ncetat,
Cugetător, din stropul de lacrimă, curat,
Pe-Othello zămislindu-l – şi din suspin pe-Alceste,
Curgând întreg şi dânsul în operele-aceste.
În marea lui geneză, diversă, totuşi – una,
Se varsă el cu rău-i etern, dintotdeauna,
Neostenindu-i coasta din care dă lumină.[6]

Nu toţi poeţii din perioada romantică au fost orbi la contradicţia dintre teoria egotistă a artei şi natura teatrului. Byronismul înseamnă o năvalnică exprimare lirică a conştiinţei de sine. Totuşi, în ceea ce priveşte teatrul, Byron a avut convingeri clasice. El a încercat să scrie câteva tragedii în care vocea poetului să amuţească, lăsând să se audă doar vocea personajului. Keats a mers chiar mai departe. El a formulat un ideal dramatic explicit antiromantic, bazat pe repudierea a ceea ce a numit „sublimul egotist". Inspirându-se din concepţia lui Hazlitt despre Shakespeare, Keats a afirmat că „Oamenii de geniu au o importanţă similară cu cea a anumitor substanţe chimice eterice care acţionează asupra masei intelectului neutru – dar ei nu au o individualitate, un caracter bine definit." În octombrie 1818, el a ajuns la o concepţie proprie asupra poetului adevărat. Pasajul e vestit, dar are un conţinut atât de bogat, încât nu poate fi citat îndeajuns de des:

> Cât despre caracterul poetic însuşi (mă refer la acel tip de caracter căruia, fără îndoială, îi aparţin; acel tip care se deosebeşte de sublimul wordsworthian sau egotist; care este un lucru *per se* şi de sine stătător), el nu este el însuşi – nu are un eu – e totul şi nimic. Nu are un caracter anume – se bucură de lumină şi de umbră;

[6] Aici Victor Hugo e cât se poate de neinspirat: textul e pompos şi bombastic. Adesea, bătrânul trompetist a scris versurile cele mai slabe tocmai atunci când era mai convins şi mai sincer. Căci, indiscutabil, acest pasaj exprimă viziunea lui cea mai intimă asupra artei şi artistului.

> trăiește în plăcere, fie ea murdară sau pură, nobilă sau vulgară, intensă sau palidă, josnică sau elevată. El creează un Iago cu aceeași desfătare cu care creează o Imogen... Poetul este ființa cea mai nepoetică din câte există; pentru că n-are Identitate... Dacă mă aflu în aceeași încăpere cu alți oameni, și nu sunt prins de speculații asupra creațiilor minții mele, nu mă mai întorc acasă așa cum am venit: căci identitatea fiecăruia dintre cei din încăpere acționează atât de puternic asupra mea, încât în foarte scurt timp sunt anihilat.

În aceeași lună, Keats îi scria fratelui său:

> Eu nu trăiesc doar în această lume, ci într-o mie de lumi... În funcție de starea mea de spirit, sunt alături de Ahile, strigând în tranșee, sau alături de Teocrit, în văile Siciliei. Sau îmi vărs întreaga ființă în Troilus... Mă topesc în văzduh.

Observația lui Keats privind modul în care poetul dramatic se „anihilează" în propria sa operă e de un superb clasicism. Ea respinge întreaga concepție rousseauistă și romantică privind primatul eului. Scrisorile lui din 1818 constituie un program clar formulat vizând renașterea tragediei engleze. Dar în locul unei tragedii, Keats ne-a dat o melodramă penibilă, *Otto cel Mare*. Și cauza, de data aceasta, nu trebuie căutată în incapacitatea autorului de a înțelege funcția poetului dramatic. Cauza se află în forma tehnică. Deși Keats a înțeles natura teatrului mult mai profund decât alți romantici, el a împărtășit convingerea predominantă conform căreia viitorul tragediei era inseparabil legat de idealul shakespearian.

Admirația pentru Shakespeare precedă perioada romantică. Dryden a exprimat în repetate rânduri sentimentul eminenței unice a marelui poet:

> Lui Shakespeare nu-i poți copia Magia;
> Doar el se plimbă-n Cercu-i, cât vecia.

Chiar și atunci când a exprimat unele rezerve, Samuel Johnson a văzut în Shakespeare un titan superior oricărui dramaturg neoclasic și, uneori, chiar și tragicilor greci. Între 1766 și 1799, au apărut aproximativ treizeci și cinci de ediții ale pieselor lui Shakespeare, iar erudita muncă de editare depusă de Johnson, Steevens și Malone a pus, în mare parte, bazele textului modern. Încă în 1786, un eseist putea scrie despre Shakespeare, apropiindu-se de tonul avântat al exaltării romantice: „Dar, veți spune, n-am văzut niciodată ceva asemănător. Aveți dreptate: Natura l-a creat, și apoi a spart tiparul."

Însă legătura dintre romantici și Shakespeare este mai profundă. Nicăieri în critica secolului al XVIII-lea n-am putea găsi comparații între Shakespeare și Scriptură ca acelea făcute de Coleridge sau acea imagine a lui Shakespeare ca maestru eminent al spiritului uman, care apare în scrisorile lui Keats. Sensibilitatea romantică și-a strâns principalele forțe în jurul dramei shakespeariene. Poeții romantici căutau să-și toarne propria lor personalitate în tiparul lui Romeo, Lear sau Macbeth. Hamlet a devenit simbolul și spiritul lor tutelar. În viețile lui Charles Lamb, Hazlitt, Coleridge, Keats, Victor Hugo, Musset, Stendhal, Schiller, Pușkin – lista ar putea continua la nesfârșit –, descoperirea lui Shakespeare a însemnat marea trezire a conștiinței. În *Memoriile* sale, Berlioz evocă șocul întâlnirii cu Shakespeare:

> Shakespeare, căzând asupra mea pe neașteptate, m-a lovit ca un fulger. Strălucirea lui, deschizându-mi, cu un tunet sublim, cerul artei, mi-a iluminat cele mai îndepărtate profunzimi ale acestuia. Am recunoscut adevărata grandoare, adevărata frumusețe, adevăratul adevăr dramatic... Am văzut... am înțeles... am simțit că sunt viu și că trebuie să mă scol și să umblu.

După aceasta, pentru a trăi mai aproape de strălucirea Julietei și Ofeliei, a contractat o căsătorie nefericită cu o actriță specializată în interpretarea eroinelor shakespeariene. Volumul de

Shakespeare găsit în bibliotecă într-o noapte de iarnă sau descoperit într-un stand de cărți este cel care trezește în sufletul artistului romantic, indiferent dacă e poet, compozitor sau un pictor precum Delacroix, sentimentul că se află în prezența geniului.

Astfel, pentru poeții romantici, Shakespeare a devenit mai mult decât obiectul unei venerații la nivel declarativ. Operele lui erau prezentate drept modele pentru întregul teatru ce urma să se scrie. Îmbinați, scria Coleridge,

> ascuțimea spiritului, subtilitatea și fantezia cu profunzimea, imaginația și simțul frumosului moral și fizic; puneți toate acestea în omul universal; și vom avea – dar ce pripită profeție! să spunem, mai degrabă, avem – un Shakespeare!

Dacă tragedia engleză trebuia trezită din amorțeala ei neoclasică, aceasta o putea face numai sunetul de goarnă al lui Shakespeare. În opera lui se putea găsi stăpânirea tuturor artelor, pasiunilor și stilurilor poetice. Dând indicații unui prieten în legătură cu construirea corectă a unei piese tragice, Lamb îl sfătuia:

> Îți recomand o situație ca aceea a lui Othello când Desdemona intervine în favoarea lui Cassio. Unele indicii pot fi introduse și în scenele secundare. Fiul își poate vedea mama la un bal mascat sau la o serbare, așa cum o vede Romeo pe Julieta... Un personaj-vrăjitoare îi poate vorbi lui Dawley, la un bal mascat, despre trecutul desfrânat al soției sale – în fraze obscure, așa cum îi vorbesc vrăjitoarele lui Macbeth, pe câmpul pustiu.

În prefața la *Mărginenii,* Wordsworth arată că figura lui Iago și tehnica prin care acesta îl scoate din minți pe Maur i-au influențat în mod esențial propria piesă. Coleridge a numit *Zapolya* o „umilă imitație a *Poveștii de iarnă*". Într-adevăr, de la Coleridge la Tennyson, aproape toate dramele poetice engleze sunt palide variații pe teme shakespeariene.

Contemporanii lui Shakespeare au fost și ei incluși în cercul imitațiilor entuziaste. Romantismul englez i-a redescoperit pe Marlowe, Chapman, Marston, Tourneur, Middleton, Webster și Ford. Odată cu publicarea, în 1808, a lucrării lui Lamb *Extrase din poeții dramatici englezi,* pentru drama romantică s-a deschis un tezaur de retorică și de sentimente tragice. „Când ni se arată un Uriaș", întreabă Lamb, „scade oare ceva din curiozitatea noastră dacă ni se spune că acasă el are o mulțime de frați uriași, mai mici doar decât el?" Consecința este că în *John Woodvil* al lui Lamb găsim nu numai o imitație servilă a lui *Cum vă place,* dar și pasaje inspirate de Ford și de *Faust* al lui Marlowe. În *Familia Cenci* există zeci de ecouri din *Romeo și Julieta* și *Măsură pentru măsură,* dar Shelley e tributar totodată tonului și intrigii din *Diavolul alb* și din *Ducesa de Malfi* de John Webster. Eruditul Coleridge a inclus în *Remușcare* idei din preshakespeariana *Tragedie spaniolă* de Kyd și din *Doi veri de stirpe aleasă,* o piesă atribuită, prin tradiție, jumătate lui Shakespeare și jumătate lui Fletcher. Pe scurt, drama romantică engleză este o antologie voalată a dramaturgilor elisabetani și a celor din epoca lui Iacob I.

Aspectul decisiv este următorul: imitarea de către romantici a lui Shakespeare și a contemporanilor săi nu s-a limitat la chestiuni de intrigă și de tehnică dramatică – ea a mers până la imitarea fidelă, deliberată, a limbajului. Secolul al XVIII-lea îl admirase pe Shakespeare în ciuda limbii lui arhaice. Un critic ca Johnson a susținut că, în perioada de după epocile elisabetană și a lui Iacob I, limba engleză câștigase în claritate și sobrietate. El avea prea mult bun-simț pentru a presupune că limba unei perioade literare apuse putea fi reînviată, căci limba e oglinda vie a schimbărilor istorice. Romanticii, dimpotrivă, s-au cufundat în limbajul shakespearian, în speranța că prin aceasta vor putea reda teatrului englez gloria lui pierdută. De intrigile lor melodramatice și de fanteziile lor egotiste ei au atârnat lungi panglici de cuvinte împrumutate de la Marlowe, Shakespeare, Webster sau Ford. Rezultatul este un talmeș-balmeș îngrozitor. A cita mai mult de unul sau două exemple caracteristice ar fi un exercițiu de persiflare.

Poate pentru că i-a cunoscut pe vechii dramaturgi mai bine decât oricare alt scriitor contemporan, Lamb a fost absolut dezorientat când și-a scris propriile piese. Să luăm prima scenă din *John Woodvil:*

Peter: Un cântec gingaș. Unde l-ai fost învățat, fârtate?
Daniel: Chiar acolo unde tu-ți înveți sudalmele și politichia – la masa stăpânului nostru. Unde altundeva ar trebui să-și dobândească servitorul puțina lui învățătură?
Martin: Bine spus, Daniel. O, n-ai pereche de isteț! Sudalmele și politichia! Excelent!*

Episodul își are originea în *Othello,* iar replica atât de nepotrivită a lui Daniel este luată din *Negutătorul din Veneția.* Limbajul e un ghiveci arhaic neîntâlnit nicicând în vorbirea vreunei ființe pământene.

La cealaltă extremă a imitației se situează *Familia Cenci*. Aici pastișa se ridică la nivelul artei. Piesa dă impresia că a fost concepută, de un poet de talent incontestabil, ca un exercițiu de stil în manieră elisabetană. Uneori sentimentele invocate sunt atât de puternice, încât domină limbajul împrumutat, făcându-l să sune firesc:

Doamne!
Atât de repede mi-e dat să mor?
Atât de tânără să putrezesc
În țărna rece, neagră, printre viermi?
Să fiu vârâtă într-o groapă strâmtă,
Să nu mai văd a soarelui lumină,

* Vezi textul original în anexă, p. 295.

Să nu-mi mai bucur cu-n glas viu auzul,
Să nu mai stau cu gândurile mele,
Oricât de triste-ar fi? – Ce grozăvie!
Să nu mai fiu nimic?! Sau să fiu... ce?
O, unde sunt? Nu vreau să-nnebunesc!
O, Doamne, iartă-mi gândurile lașe!...
Dar dacă nu-i nici cer, nici Dumnezeu,
Iar lumea-i doar prăpastie adâncă și pustie?*

Durerea Beatricei Cenci este atât de frumos exprimată, încât pentru o clipă putem uita cât de mult se aseamănă textul cu izbucnirea lui Claudio din *Măsură pentru măsură,* Actul III. Dar chiar și în cele mai reușite pasaje, imitația deranjează. Când Beatrice îi înfruntă pe cei care o chinuie –

Nu-mi întinde
Capcana întrebărilor! Ai vrea
Să-mi fii și martor, și judecător,
Și-acuzator? Cum? Toate laolaltă?**

– nu putem să nu ne amintim cuvintele rostite de Vittoria Corombona în *Diavolul alb*:

Nu tu ai spus-o? Nu-mi mai fi și jude,
De-mi ești acuzator: în față vino
Și spune-ți mărturia împotrivă-mi;
Pe ceilalți juzi să fie lasă-i.

Shelley a scris, observă Edmund Blunden, „având pe masă, la îndemână, *Extrasele din poeții dramatici* ale lui Lamb".

Considerându-l pe Shakespeare „sfântul său protector" și întruchiparea supremă a geniului dramatic, Keats a călcat inevitabil pe urmele lui atunci când a scris *Otto cel Mare.*

---

* P.B. Shelley, *Familia Cenci,* în *Prometeu descătușat și alte poeme,* trad. Petre Solomon, E.P.L., 1965, pp. 331–332.

** *Ibid.*, p. 319.

Piesa este o melodramă gotică; o parte a intrigii foarte agitate derivă din *Cymbeline* și din *Mult zgomot pentru nimic*; iar un cercetător a numărat împrumuturi din limba a șaptesprezece piese shakespeariene. Keats s-a inspirat, de asemenea, din Middleton*, a cărui piesă *Ducele Milanului* a citit-o cu puțin timp înainte de a începe *Otto cel Mare*, și din Marlowe. Când încerca să fie dramaturg, poetul odelor și *Lamiei* devenea un școlar lipsit de apărare în fața stilului năvalnic și grandilocvent al lui Marlowe:

În locul unui îngrășat vițel,
Vreo zece hecatombe mugind duhul și-or da
Pălite între coarne de ghioaga ucigașă
A lui Marte. Și-oștimea va benchetui-n chip nobil,
Precum zidarii lui Nimrod, când turnurile
Din Ninive norii despicați i-au sărutat.

S-ar putea crede că intenția lui Keats a fost să scrie o parodie după *Tamerlan*.

Ceea ce e uimitor în gestul romanticilor de a renunța la vocea proprie și la limba lor vie, este faptul că știau cât de mult greșesc. În prefața la *Familia Cenci*, Shelley declara că, „pentru a-i face pe oameni să vibreze cu adevărat, trebuie să folosim limba familiară oamenilor". Romanticii aveau datoria să-i studieze pe elisabetani numai pentru a face „pentru propria noastră epocă ceea ce ei au făcut pentru epoca lor". Nici un dramaturg din secolul al XIX-lea n-a imitat mai îndeaproape decât Thomas Lovell Beddoes limbajul și tehnica dramaturgilor din epoca lui Iacob I. Acest autor minor nu a fost un simplu entuziast al trecutului, ci – așa cum a remarcat Lytton Strachey – „o reincarnare" a acestuia. Totuși, Beddoes este cel care a exprimat, cât se poate de elocvent, nevoia independenței:

* Inadvertență: autorul piesei este Philip Massinger.

> Orice ați spune, sunt convins că omul menit să trezească drama din amorțeala ei va trebui să fie un individ îndrăzneț, care să calce totul în picioare – nu unul care să se târască prin găuri de viermi și nici chiar un adaptator, oricât de bun. Aceste reanimări au răceala vampirilor. Fantome precum Marlowe, Webster și ceilalți sunt dramaturgi mai buni și poate chiar și poeți mai buni decât oricare dintre contemporanii noștri –, dar sunt fantome; în paginile lor se simt viermii –, iar noi vrem să vedem ceva ce străbunicii noștri n-au cunoscut. Deși am cea mai mare stimă pentru antichitatea teatrului, continui să cred că am face mai bine să creăm decât să reînviem, să încercăm să dăm literaturii acestei epoci un caracter și un spirit propriu, să chemăm stafiile doar pentru a ne uita la ele, nu pentru a trăi cu ele, așa cum se face acum, când teatrul este o ruină bântuită de fantome.

Totuși, între această concepție clară și actul scrisului cădea umbra lui Shakespeare. Și ea se mai proiectează încă asupra teatrului englez, în care problema versului dramatic rămâne în mare parte nerezolvată. Limbajul dramei poetice engleze continuă să caute să se elibereze de precedentul shakespearian. Versul alb englez pare să poarte pecetea lui Shakespeare în însăși măduva lui. Chiar și astăzi, drama serioasă este, în mare măsură, „o ruină bântuită de fantome“, și mă întreb dacă am făcut vreun progres simțitor din 1902, când Edmund Gosse spunea despre tradiția elisabetană: „Ea ne obsedează, ne oprimă, ne distruge.“

V

Vraja răspândită de Shakespeare depășise hotarele Angliei. Pentru romanticii francezi, numele și opera lui au fost un strigăt de luptă. În teatrul francez, piesa prin care a răsunat pentru prima dată vocea romantismului n-a fost *Hernani*, ci *Othello*, jucat în 1829, în traducerea lui Vigny. Victor Hugo a văzut în poetul englez spiritul său tutelar și a hotărât să spargă tiparele neoclasice cu un ciocan shakespearian. În prefața la *Cromwell*, el a declarat că esența geniului romantic e forța de a asocia „grotescul" cu „sublimul", de a îmbina, în artă, burlescul și grosolănia din zona de umbră a vieții cu idealurile frumuseții expresive. Această armonizare a unor energii rivale fusese realizată pentru prima oară de Shakespeare, „poetul suveran":

> Shakespeare este drama; și anume, drama care topește sub aceeași răsuflare grotescul și sublimul, faptul zguduitor și bufoneria, tragedia și comedia.

În timpul exilului pe insula Jersey, Victor Hugo i-a adus poetului elisabetan un omagiu exaltat, ardent. *William Shakespeare* nu este, de fapt, o operă de critică literară, ci un strigăt extatic al imaginației romantice. Cartea e plină de grandilocvența mării care îl înconjura atunci pe autor, judecățile ei fiind emise la o scară ce depășește dimensiunile umane. Shakespeare este un promontoriu care înaintează în apele eternității; în sufletul său larg, furtuni de o nemaipomenită furie alternează cu clipe de un calm desăvârșit; în opera lui, se oglindește misterul creației elementare. Alături de Homer, Eschil, Iov, Isaia și Dante,

Shakespeare este unul dintre piscurile singuratice ale spiritului uman. Cei care l-au precedat în timp nu par decât să pregătească încununarea reprezentată de figura lui grandioasă. Artistul modern, un Beethoven sau Victor Hugo însuși, trebuie să-și făurească idealul după imaginea lui Shakespeare.

Contemporanii romantici ai lui Victor Hugo au fost stăpâniți de o admirație la fel de frenetică. Adesea, ei nu cunoșteau aproape deloc opera propriu-zisă a lui Shakespeare. Numele maestrului elisabetan le era suficient, acesta acționând ca un catalizator pentru propria lor concepție despre arta eroică, pasionată, sublimă. Ceea ce importa cu adevărat era faptul că neoclasicismul francez îl ignorase sau îl defăimase pe creatorul lui Hamlet și Romeo. Voltaire, acea *bête noire* a romanticilor, îl considerase pe Shakespeare un barbar necioplit, care din când în când își răscumpăra păcatele prin câte o scăpărare de energie primitivă. Chiar și Diderot, care recunoscuse în el un „colos", găsea că opera lui e „grosolană" și „diformă". Asemenea erori de apreciere dădeau apă la moara romanticilor. Prin eseul lui Victor Hugo suflă un uragan de invective la adresa criticilor și poetaștrilor secolului al XVIII-lea care au încercat să măsoare libertatea demonică a artei lui Shakespeare cu etaloanele lor vrednice de dispreț. Cei care sunt împotriva lui Shakespeare, spune Victor Hugo, sunt împotriva noastră. Aceștia au fost reacționarii, spiritele academice, filistinii cu care tinerii romantici s-au bătut în teatru, în timpul premierei lui *Hernani*. Chiar și Stendhal, care cunoștea opera lui Shakespeare din sursă directă, a văzut în *Hamlet*, *Regele Lear* și *Macbeth* pârghii cu care Racine putea fi mutat din locul plin de autoritate ce-l deținea în sensibilitatea franceză. În versiunea lui Stendhal, Shakespeare este mare, în bună parte, pentru că afirmă valori contrare celor ale lui Racine.

Astfel, influența lui Shakespeare asupra dramei romantice franceze a avut, în primul rând, o funcție strategică. Romanticii apelau la precedentul shakespearian când săvârșeau acte de îndrăzneală dictate de propriile lor canoane. Sfidând regula neoclasică a unității, au amestecat comicul cu tragicul; subminând principiul neoclasic al „cuviinței", au introdus personaje grotești și de origine umilă în sfera dramei înalte; au adus pe scenă tema nebuniei, a violenței fizice, a fanteziei torturate de fantome și de viziuni de coșmar. Eroinele lor erau Ofelii sau Desdemone ce-și împărtășeau chinul sălciilor plângătoare; eroii lor erau prinți din Danemarca; ticăloșii lor, niște Iago contorsionați. Dar substanța pieselor era cea a romantismului însuși. Ea se născuse din marea orientare spre patos petrecută la sfârșitul secolului al XVIII-lea, din idealurile egalitare ale Revoluției Franceze și din lumea de umbre a goticului. Dacă eroul romantic este Hamlet, el este, de asemenea, Werther și „iubitul-demon" din baladele germane.

Interpretarea dată lui Shakespeare de către romanticii francezi trădează, de fapt, serioase lacune în înțelegerea poetului. Ei au văzut în opera lui o completă libertate a formei, nefiind conștienți de elementele de rit și de convenție prezente în teatrul elisabetan. Ideea lor despre realismul shakespearian a fost naivă. Istorismul lui Victor Hugo, Dumas sau Vigny, interesul lor pasionat pentru culoarea locală și pentru autenticitatea prezentării, îi este complet străin lui Shakespeare. Nimic n-ar putea fi mai departe de spiritul dramei elisabetane decât atitudinea lui Victor Hugo, care ne asigură că „în *Ruy Blas* nu există nici un detaliu privind viața particulară sau publică, locul acțiunii, heraldica, eticheta, biografia... care să nu fie absolut exact". În *Iuliu Cezar, Antoniu și Cleopatra* și în piesele-cronici găsim o lume în care imaginația este eliberată de obligația fidelității istorice. Când Victor Hugo începe *Cromwell* cu însemnarea „Mâine, douăzeci și cinci iunie, o mie șase sute cincizeci și șapte" (*Demain, vingt-cinq juin mil six cent cinquante-sept*), el ne arată că aparține secolului lui Hegel. Atât la Shakespeare, cât și la Racine, acțiunea este atemporală; iar atunci când, totuși, timpul apare, el n-are nimic de-a face cu cronologia.

Faptul că viziunea romanticilor francezi asupra lui Shakespeare conține mai multă înflăcărare decât cunoaștere este ușor de explicat. Majoritatea contemporanilor lui Victor Hugo nu l-au citit pe Shakespeare în original. Ei îi cunoșteau piesele din traducerile mediocre ale lui Pierre Le Tourneur, publicate între 1776 și 1782. În 1827, când Parisul a salutat prima trupă de actori englezi veniți pentru a juca *Romeo și Julieta*, *Hamlet* și *Othello* în limba lor maternă, publicul era plin de entuziaști care nu înțelegeau nici un cuvânt din ceea ce se rostea pe scenă. Printre ei se afla și Berlioz, a cărui idolatrie pentru Shakespeare și ale cărui compoziții muzicale pe teme shakespeariene se bazau pe niște traduceri mizerabile. Abia spre sfârșitul secolului al XIX-lea, odată cu opera critică a lui Taine, cititorului francez i-a devenit accesibil adevăratul Shakespeare.

Așadar, în interpretarea romanticilor, Shakespeare n-a fost în primul rând un poet elisabetan, cu tradiții medievale în arta și în concepția lui despre lume, ci un maestru al sublimului poetic și al pasiunii vulcanice, un dramaturg care proclama iubirea și melancolia romantică, un radical care a scris melodrame. Deosebirea dintre cele două imagini ale lui Shakespeare, cea falsă și cea adevărată, se vede clar în operele lui Verdi. *Macbeth* are la bază o interpretate romantică a lui Shakespeare. *Otello* și *Falstaff*, dimpotrivă, ne oferă o înțelegere transfiguratoare a sensului real al celor două piese shakespeariene, din care s-au inspirat.

Există, totuși, și o remarcabilă excepție. *Lorenzaccio* al lui Musset s-a născut din sesizarea directă a calității lui Shakespeare. Această piesă demonstrează că un poet este excepțional de norocos atunci când se poate pătrunde de spiritul lui Shakespeare, chiar dacă nu poate pătrunde complet în litera lui. Dacă Musset s-ar fi cufundat mai mult în textul shakespearian, *Lorenzaccio* ar fi fost una dintre zecile de drame romantice pseudoshakespeariene. Musset însă a împrumutat de la Shakespeare numai ceea ce a putut turna din nou în tiparul propriei limbi. Dar voi reveni la *Lorenzaccio* ceva mai târziu.

În Germania și în literatura germană, rolul lui Shakespeare a fost mult mai însemnat decât în Franța. Motivul constă în aceea că, în mod paradoxal, influența lui Shakespeare s-a exercitat din interior. Traducerea lui Wieland din anii 1760 și vestita versiune a operelor complete ale lui Shakespeare datorată lui Schlegel și Tieck (1796–1833) au făcut mai mult decât să transmită spiritului german geniul unui poet străin. Aceste formidabile exemple de recreare a textului englez în germană au fost elaborate exact în epoca în care germana ajungea la majorat ca limbă literară. Ele au intrat astfel direct în creuzetul în care avea loc acest proces. Maniera shakespeariană a pătruns în cadența și în tonalitatea germanei clasice; sensibilitatea germană și-a însușit elementele de retorică și dialectică inerente tragediei shakespeariene; a fost o adevărată altoire a ramurii străine pe trunchiul autohton. În decursul secolului al XIX-lea, Germania a devenit sursa unora dintre cele mai valoroase lucrări de critică și cercetare shakespeariană. În nici o altă țară piesele dramaturgului englez nu erau jucate atât de des și cu atâta fidelitate față de text. Publicul german vedea versiuni autentice ale lui *Hamlet* și *Lear*, într-o perioadă în care majoritatea teatrelor engleze mai foloseau texte îndulcite sau trunchiate, pentru a satisface preferințele neoclasice. Nu e de mirare că iubirea dintre Germania și Shakespeare a culminat cu încercarea unor cercetători prusaci de a arăta că Shakespeare a fost, de fapt, german.

Dar tocmai pentru că prezența lui Shakespeare constituie un element atât de esențial pentru limba germană și pentru dezvoltarea dramei germane, este greu să se identifice influențe precise. În corespondența dintre Goethe și Schiller – acel comentariu viu privind precaritatea, dar și posibilitățile, culturii naționale –, existența teatrului shakespearian este privită ca un factor de cea mai mare importanță. Acest teatru e diapazonul care trebuie să dea tonul teatrului autohton. Cei doi maeștri au adaptat piese shakespeariane pentru teatrul din Weimar, iar exemplul lui Shakespeare este vital pentru propriile lor opere. *Götz von Berlichingen* și *Egmont* ale lui Goethe sunt puternic marcate de influența lui Shakespeare. În ambele găsim o tensiune caracteristică pieselor istorice ale acestuia, viața tragică a eroului proiectându-se pe fundalul mai larg al mulțimii și al momentului istoric. Încurajat de Goethe, Schiller a nutrit intenția de a scrie o serie de drame bazate pe istoria germană. Acestea urmau să trezească conștiința națională germană, oferindu-i o imagine a trecutului comparabilă cu cea pe care englezii au găsit-o în dramele lui Shakespeare. În noiembrie 1797, el îi scria lui Goethe:

> În ultimele zile, am citit piesele lui Shakespeare care se ocupă de Războiul Rozelor, și acum, când am terminat *Richard al III-lea*, sunt într-adevăr uluit. Piesa aceasta este una dintre cele mai nobile tragedii pe care le cunosc... Nici o altă piesă shakespeariană nu mi-a amintit atât de mult de tragedia greacă.

Scrisoarea se încheie cu observația că *Wallenstein* progresează satisfăcător. Legătura de idei nu era accidentală, pentru că, dintre toate dramele germane, *Wallenstein* este cea mai shakespeariană. Planul ei cuprinzător, care include un preludiu dramatic și două piese masive, liniile acțiunii, care șerpuiesc și se încrucișează în desene complicate, eroul, în care hotărârea alternează cu oboseala și cu introspecția – toate arată că Schiller a studiat cu atenție *Henric al IV-lea, Richard al II-lea* și *Richard al III-lea*. Cel mai semnificativ element împrumutat de la Shakespeare este modul în care tratează mulțimea. Convingerile sale de revoluționar și de istoric l-au făcut pe Schiller să atribuie mulțimii un rol hotărâtor în evenimentele politice. Deoarece prezentarea unei mase de soldați sau de cetățeni se afla în întregime în afara practicii teatrului antic și neoclasic, Goethe i-a sugerat lui Schiller să caute soluția în *Iuliu Cezar* și în *Coriolan*, unde conflictul dintre individ și mulțime este pe deplin dramatizat. Prezentând viața mulțimii izolat, într-un prolog special, *Wallenstein* nu reușește să realizeze intenția lui Schiller. Acesta s-a apropiat mai mult de idealul interacțiunii dintre mulțime și erou în *Demetrius,* un mare fragment dintr-o dramă pe care n-a ajuns s-o termine. Aici, ca și la Shakespeare, mulțimea urma să fie actor, cor și forță elementară.

Tema lui Demetrius, falsul țar, ne duce spre cea mai izbutită dramă pe care a dat-o interpretarea romantică a lui Shakespeare și spre una dintre foarte puținele tragedii adevărate scrise în secolul al XIX-lea. În 1824–1825, în timp ce era exilat la moșia familiei sale, Pușkin a trecut de la Byron la Shakespeare. El era pe deplin conștient de faptul că până atunci literatura rusă nu dăduse nici o dramă, iar Shakespeare i-a revelat poezia tragică a istoriei. *Boris Godunov* este o capodoperă. Ritmul sacadat, nervos al scenelor succesive poate trăda, în oarecare măsură, influența îndepărtată a lui *Götz von Berlichingen,* dar Musorgski a văzut în el o notă tipic rusească. Atmosfera sumbră, încărcată, isteria ce pare gata să pună stăpânire pe mințile personajelor, prefigurează atmosfera dostoievskiană. Agonia lui Boris, care moare în timp ce boierii se strâng în jurul lui ca niște lilieci cu glugi, ne face să ne gândim la piesele pe care ni le-ar fi putut da teatrul Bizanțului dacă ar fi existat tragici bizantini. Scena are greutatea și strălucirea primejdioasă a unui mozaic.

Totuși, *Boris Godunov* n-ar exista într-o formă care să semene cu cea actuală dacă n-ar fi fost *Macbeth, Henric al IV-lea* și *Richard al III-lea.* Boris este un tiran shakespearian în care răul e atenuat, ca și la Macbeth, de o imaginație foarte vie și de o reală luciditate morală. El este obsedat de viziuni shakespeariene ale pedepsei ce-l așteaptă. Nobilii care-l înconjoară sunt acele feroce și uneltitoare animale de pradă care luptă pentru York sau Lancaster în dramele istorice ale lui Shakespeare. Bătăliile sunt prezentate în stil elisabetan, iar mulțimea forfotește în jurul personajelor înalte exact ca în acel cazan care e *Richard al III-lea.*

Dar talentul lui Pușkin este atât de mare, iar limba și atmosfera din piesa rusească sunt atât de departe de sursa shakespeariană, încât nu avem senzația unei simple imitații. Pușkin a integrat perfect personalității sale tot ceea ce a luat. Asupra lui *Boris Godunov* – lucru care nu se întâmplă în nici o altă dramă romantică –, prezența lui Shakespeare aruncă lumină, nu umbră.

Puține alte drame romantice europene reușesc să atingă coerența tragică a lui *Boris Godunov.* Explicația nu trebuie însă căutată, în primul rând, în influența impresionantă a lui Shakespeare. În Anglia, această influență a fost copleșitoare: ea a zdrobit complet drama poetică. În alte țări, a putut acționa doar ca un stimulent sau, în parte, ca o seducție. Eșecul tragediei romantice europene ori evitarea deliberată, de către romantici, a tragicului nu au o explicație unică, general valabilă. De exemplu, situația din Franța s-a deosebit de cea din Germania.

În cazul dramei romantice franceze, senzația de eșec artistic care ni se transmite este drastică. Piesele lui Victor Hugo, ale lui Vigny și ale romanticilor mai puțin importanți sunt nu numai teribil de demodate; ele emană un miros insidios de descompunere. Totuși, de ce oare *Hernani* și *Ruy Blas* apar atât de intolerabile când sunt privite cu un ochi serios? Victor Hugo a fost înzestrat cu un extraordinar fler de om de teatru; a fost un strălucit și abil versificator și a beneficiat de talentul unora dintre cei mai buni actori din istoria teatrului modern. Atunci de ce piesele lui sunt de o atât de stridentă banalitate? Fără îndoială, pentru că în ele teatrul triumfă permanent asupra dramei. Totul e efect exterior, iar efectul este, invariabil, excesiv de mare față de cauză. O piesă ca *Ruy Blas* ridică un impunător edificiu de incidente, pasiuni, retorică și gesturi mărețe pe cea mai precară dintre fundații. Nu există un miez al acțiunii care să ne ofere o motivare inteligibilă; problemele tratate – dacă reușim să le deslușim – se dovedesc a fi de cel mai mic interes. În schimb, ceea ce ni se oferă din belșug este aparența exterioară a dramei. Căci Victor Hugo este un maestru al spectaculosului. Personajele își arată chipurile de după mantii cu falduri bogate; își fac apariția coborând pe coșuri de cămin; trag din teacă spade ucigătoare, la cea mai mică provocare; rag ca leii și mor ținând lungi discursuri înflorite. Mecanismul tensiunii funcționează admirabil. După fiecare act, cortina cade ca un tunet, lăsându-ne în așteptare, cu răsuflarea tăiată. Adesea, situațiile au atâta culoare, încât sunt de neuitat. Chiar dacă n-ai văzut *Hernani* decât în copilărie (mai târziu, de altfel, experiența este greu de suportat), tot îți amintești puternicul răpăit de tobă al cuvintelor cu care eroul își dezvăluie identitatea în cripta din Aix-la-Chapelle:

> Se cere să fii mare, spre-a muri? Mă-nalț!
> Prin Domnul, ce dă sceptre și sceptrul ți l-a dat,
> Sunt duce de Segorbe și de Cardona-n stat,
> Marchiz de Monroy sunt și-s de-Albatera conte;
> Mai am și alte ranguri și sunt în Gor viconte.
> Sunt Juan de Aragón, maestru de Avis,
> Născut în exil, din tată ucis
> De al tău tată, rege Carlos al Castiliei![7]

Cine poate uita intrarea persoanei mascate din ultimul act al lui *Ruy Blas*?

---

[7] Toponimele menționate desemnează orașe sau districte din Valencia și din provinciile înconjurătoare; Ordinul de Avis era un ordin cavaleresc portughez; numindu-l pe rege Carlos al Castiliei, Hernani vrea să sublinieze caracterul parțial, local, al suveranității regale spaniole; el, Juan de Aragón, se consideră egalul regelui Castiliei. N-are rost să încercăm să traducem în distih englez versurile alexandrine rimate ale lui Hugo. În poezia neoclasică engleză, ca și în cea franceză, distihul rimat transmite exact acele calități de ordine și de economie pe care Hugo le-a repudiat. Versiunea engleză cea mai apropiată de stilul lui Hugo ar fi un Marlowe modernizat. Ceea ce contează în acest pasaj este răgetul puternic al vocalelor și înfloriturile retorice.

Ruy Blas: Dar cine-i omul ăsta? Hai, vorbește! Aștept!
Omul mascat: Sunt eu!
Ruy Blas: O, Cerule! Fugiți, augustă doamnă!
Don Salluste: E prea târziu.
Căci doamna de Neubourg a Spaniei
regină nu mai e!

Scene splendide, în felul lor, dar, pentru un ochi inteligent, complet goale de conținut. Hugo invocă doar forma dramei, nu și substanța ei. Acțiunea e pusă în mișcare de forțele hazardului absolut și ale intrigii inconsistente. Conflictele privesc onoarea abstractă sau privilegiile dinastice (notă castiliană recurentă); ele nu angajează caractere sau convingeri bine conturate. Întregul nostru interes este solicitat de maniera în care e țesută intriga, nu de semnificația ei intrinsecă. Va suna oare goarna fatală înainte ca Hernani să poată găsi fericirea cu Doña Sol? Va reuși Ruy Blas să-l ucidă pe satanicul său stăpân la timp pentru a o salva pe regina compromisă? Deznodământul nu e condiționat de hotărâri ale eticii sau ale inteligenței, ci de ceasornice care arată apropierea miezului nopții, de uși zăvorâte, de mesageri galopând spre eșafoduri. Chiar și versificația este mai mult teatrală decât dramatică. Romanticii au păstrat versul alexandrin al predecesorilor și rivalilor lor neoclasici, dar ceea ce la Racine fusese formă dramatică, acum este formalism retoric. La Corneille și Racine, unde argumentația este strânsă și rapidă, distihul formează o unitate naturală. Rima accentuează sfârșitul ideii; și puține versuri sunt întrerupte. În dramele lui Victor Hugo, versul este mereu rupt și împărțit între mai mulți vorbitori, ceea ce dă formei un caracter declamator și artificial. Rima se realizează printr-un salt acrobatic peste golul logicii. Ea nu are o utilitate reală. Ca și acțiunea, limba este plină de gesturi mari, goale.

Acolo unde elementul teatral ajunge să domine complet elementul dramatic, avem de-a face cu o melodramă. Și tragediile romantice franceze asta și sunt: melodrame în stil grandios. Repudiind ideea clasică a răului din om, Victor Hugo și contemporanii săi au înlocuit tragicul cu hazardul. Evenimentele intrigii sunt provocate de fatalitatea unor ciocniri sau afronturi întâmplătoare. Ele nu exprimă conflicte umane firești. De aceea, ele ne provoacă un șoc momentan, un fior de-a lungul șirii spinării – ceea ce romanticii numeau *le frisson* –, dar nu teroarea profundă a tragediei. Și această distincție dintre oroare și teroarea tragică este fundamentală pentru orice teorie a dramei. „Teroarea", după cum ne-o amintește Joyce, „este sentimentul care pune stăpânire pe spiritul nostru în prezența a tot ce e grav și constant în suferința umană." În suferințele prezentate pe scena romantică nu există nici gravitate, nici constanță, ci doar o frenezie de mantii și spade. Iată deosebirea dintre melodramă și tragedie.

Tipul de teatru cultivat de Victor Hugo culminează cu piesa de o captivantă stupiditate a lui Rostand. Cyrano este adevăratul moștenitor al tuturor acelor figuri cu mască și cu pene la pălărie care se strecoară pe lângă ferestre luminate de lună, în zăngănitul și clinchetul rimelor. Dar în tehnica ei, o dramă ca *Ruy Blas* prefigurează în mod clar „piesele bine făcute" de la sfârșitul secolului al XIX-lea. *Antony* (1831) al lui Dumas este puntea de legătură dintre romantismul pur și melodrama domestică. Aici, cultul romantic al pasiunii devine prozaic și e situat într-un cadru burghez. Transpuse în sfera intrigii domestice și psihologice, imbrogliourile eroice din *Hernani* și *Ruy Blas* devin precisele situații lumești ale dramei lui Sardou și Dumas-fiul. E un fapt paradoxal, deoarece acești dramaturgi s-au pretins antiromantici, mândrindu-se cu realismul lor rece. Dar, de fapt, ei au folosit o tehnică a tensiunii și a revelației împrumutată direct din dramaturgia romantică.

Tragedia romantică franceză a inițiat și o altă orientare: ea a dus la opera fastuoasă de stil prewagnerian. Multe dintre aceste piese supraviețuiesc nu ca drame, ci ca librete de operă. În versiunea lui Verdi, *Hernani* are o rezonanță mai bogată și mai nobilă. Piesa lui Hugo *Regele se amuză* este un insuportabil *guignol*; transformată în *Rigoletto,* ne farmecă. Eugène Scribe, un excelent tehnician al dramei romantice târzii, a devenit cel mai de seamă libretist al vremii. Relația e firească. În teatrul romantic francez, miezul dramatic este îngropat sub mecanismele prezentării pasionate. Prin adăugarea muzicii, calitatea fundamentală a operei nu e violată. Dimpotrivă, muzica dă logică și coerență elementelor de pură gesticulație și de fantezie inerente materialului. Liniile melodice pot duce cu ușurință o mare povară de absurditate. Astfel, concepția lui Victor Hugo despre forma dramatică a fost realizată pe deplin în operele lui Donizetti, Meyerbeer și Verdi.

Teatrul german din secolul al XIX-lea ridică probleme mai variate și mai complexe. O literatură care, după Goethe și Schiller, i-a dat pe Kleist, Büchner, Grillparzer și Hebbel, și în cadrul căreia s-au maturizat elemente ce au condus la Wedekind și Brecht, deține, în mod firesc, un loc important în concepția noastră despre teatrul modern. Acum însă vreau să mă ocup de un singur aspect: locul lui Goethe și Schiller în domeniul pe care-l cercetăm, acela al tragediei.

Reticențele lui Goethe față de acest domeniu sunt notorii. *Faust* nu reprezintă decât încununarea acelei evitări a tragediei care e evidentă pretutindeni în complexa lui operă. Declarațiile făcute de Goethe însuși sunt cât se poate de clare: modul tragic contrazicea anumite înclinații dominante ale geniului său. În desele lui meditații asupra lui Goethe, Thomas Mann a emis opinia că în olimpianul scriitor a existat o categorică *Bürgerlichkeit.* O traducere exactă a acestui cuvânt e aproape imposibilă. Găsim în el ideea solidității burgheze, a unei bunecuviințe luminate, a încrederii în rânduielile lumii. El trimite la acele aspecte ale personalității lui Goethe care au făcut din el un foarte bun funcționar civil, un om de curte satisfăcut și un patrician convins totuși că norocul său se datora, în mare parte, solidelor virtuți ale mediului burghez din care provenea. În tragedie, există o furie și un spirit de nesupunere complet străine sensibilității burgheze. Tragedia se naște din ultragiu; ea protestează împotriva condițiilor existenței; ea poartă în sine posibilitatea dezordinii, căci toți poeții tragici au ceva din caracterul răzvrătit al Antigonei. Goethe, dimpotrivă, a avut oroare de dezordine. O dată chiar a declarat că dezordinii îi preferă nedreptatea, prin această crudă afirmație vrând să-și exprime nu acordul cu idealurile politice reacționare, ci convingerea că nedreptatea este temporară și reparabilă, în timp ce dezordinea distruge însăși posibilitatea progresului omenirii. Din nou, avem de-a face cu o concepție antitragică. În tragedie, tocmai cazul nedreptății individuale este cel care infirmă pretenția generală de ordine. Un singur Hamlet este suficient pentru a condamna un stat putred.

Personalitatea lui Goethe prezintă un echilibru deosebit. Energiile, țelurile și actele acestei mari vieți par să constituie o sferă în jurul unui centru luminos. Nici o forță nu e irosită, nici un țel nu este abandonat. Finalul triumfător al lui *Faust* îmbrățișează întreaga creație a poetului. Dar acest echilibru nu e obținut printr-o poziție dogmatică sau prin ignorarea superficială a crizei morale și intelectuale. În cazul lui Goethe, avem dovezi grăitoare ale luptei pe care a dus-o pentru a-și învinge îndoielile și descurajarea. Știm că operele lui de tinerețe reflectă multe aventuri personale, insuficient digerate, și multe remușcări obiectivate în formă poetică. În viața personală a lui Goethe există zone de umbră și perioade în care acea minte incredibil de productivă a stat părăginită, pradă deprimării. Și deoarece seninătatea creatoare a anilor de maturitate și-a dobândit-o cu prețul unor mari eforturi, poetul se ferește să se apropie de abis. Tragedia este o înaintare deliberată spre marginea prăpastiei, unde mintea trebuie să privească hăul întunecat cu riscul de a fi cuprinsă de amețeală. Goethe era hotărât să se îndrepte spre înălțimi și, de aceea, și-a ațintit privirea spre lumină.

Acestea sunt, dacă vreți, slăbiciuni, deși de un ordin superior. Ele investesc personalitatea lui Goethe cu o anumită răceală stranie. Dar faptul că el a respins tragedia a avut și aspecte pozitive. Activitatea lui în domeniul literelor, științei și vieții publice proclamă două valori principale: a dezvoltării și a educației. Firește, între acestea există o legătură. Glasul lui Goethe devine mai cald, trădând o emoție aparte, ori de câte ori abordează tema dezvoltării organice, a evoluției spre autodesăvârșire a materiei, plantelor, poeziei sau procesului istoric. El simțea energiile dezvoltării aproape direct, senzorial. Viața însăși însemna pentru el însumarea dezvoltării generale, capacitatea organismului de a se perfecționa prin creștere și schimbare. Viziunea lui Goethe a fost darwinistă *avant la lettre*. În scrierile lui de botanică și de mineralogie, în teoriile lui privind forma literară și în conservatorismul său politic există o notă evoluționistă. El a fost conservator tocmai pentru că avea convingerea că revoluțiile, servind interesele unui partid, nu fac decât să denatureze sau să stânjenească marile armonii ale progresului, prin care istoria își capătă, treptat, adevărata ei formă.

De aici, interesul de o viață al lui Goethe pentru educație, privită ca mijloc de dirijare a dezvoltării naturale. În concepția sa, scânteia divină din om este tocmai faptul că el poate fi educat. Acolo unde această scânteie dăinuie, ca în bătrânul Faust, nu există motiv de disperare sau de damnațiune. Literatura trebuie să educe, dacă nu prin precepte explicite, cel puțin subliniind, prin acțiune și prin personaje, calitatea autoperfecționării. Acesta e laitmotivul din *Anii de ucenicie ai lui Wilhelm Meister*, *Ifigenia* și *Faust*. Este, de asemenea, speranța exprimată în finalul lui *Torquato Tasso*.

E clar că, în acest ideal al dezvoltării și educației există un refuz implicit al tragediei. În tragedii percum *Oedip* și *Regele Lear* găsim, fără îndoială, un anumit progres spre autocunoaștere. Dar el e realizat cu prețul unor cumplite suferințe. Personajele tragice sunt educate de dezastru și ating desăvârșirea în moarte. Numai *Orestia* (opera preferată de Goethe dintre toate tragediile grecești) se termină cu afirmarea unui progres categoric; dar *Orestia* reprezintă un caz aparte.

De aceea, extraordinar nu este faptul că Goethe n-a izbutit să scrie piese distinct și complet tragice, ci mai degrabă că a lăsat atâtea opere care se apropie mult de modul tragic. Prima parte a lui *Faust* e, în fond, plină de cruzime. În povestea lui Faust și a Margaretei, contemporanii lui Goethe au văzut însăși întruchiparea tragediei romantice. Berlioz l-a făcut pe Faust să se îndrepte spre damnațiune și, astfel, a obținut din drama lui Goethe o adevărată formă tragică. Cei care au văzut *Ifigenia* pe scenă nu vor putea uita cât chin se acumulează înainte de gestul final al îndurării. Ifigenia invocă zeii în cuvinte nu foarte deosebite de cele ale lui Lear:

Cu frică de zei
Să fie tot omul!
Ei țin și păstrează
Puterea eternă,
De care dispun
Așa cum le place.

Dar celui pe care-l ridică
Să-i fie de două ori frică!*

În finalul lui *Torquato Tasso* domnește calmul, dar un calm precar, însoțit de presimțirea dezastrului viitor. Dacă în piesă se simte o oarecare evitare a tensiunii, motivul este că aici, mai mult poate decât în oricare altă operă literară, drama s-a mutat în plan lăuntric. Acțiune găsim doar în sfera stărilor sufletești și a sentimentelor. *Torquato Tasso* e o piesă emoționantă, dar aici Goethe comite, în stilul său ales, eroarea romantică a egotismului. Opera capătă sens datorită faptului că este un autoportret. Ea ni-l prezintă pe Goethe dând viață unei viziuni asupra propriei sale naturi duale. Este o meditație lirică, exprimată în formă dramatică. Piesa nu ne poate

* *Ifigenia în Taurida*, trad. Al. Philippide, în Goethe, *Opere*, vol. 3, Editura Univers, București, 1986, p. 94.

transmite un șoc tragic precis, pentru că noi știm că Goethe, spre deosebire de Tasso, nu va ajunge la dezastru, ci va merge înainte, victorios, fiind în același timp Tasso și Antonio. Dacă ar fi mai puțin legată de identitatea autorului ei, piesa ar avea o semnificație mai gravă.

Fiica naturală, o altă dramă din perioada de la Weimar, pare să fie și ea orientată într-o direcție tragică. Aici ne aflăm însă în fața uneia dintre cele mai derutante opere ale lui Goethe. Efectul difuz și cam artificial al piesei este departe de a reflecta măiestria și energia investite în ea. Ne găsim la începutul unor conflicte majore: pe un fundal de frământări politice, ni se prezintă, puternic reliefată, drama complexă a unor vieți particulare. Goethe pare să se îndrepte spre un comentariu dramatic esențial privind Revoluția Franceză. Dar drama își schimbă direcția, ocolește intriga și se termină pe o notă de mister. Aceasta se datorează, în parte, faptului că *Fiica naturală* este prima piesă dintr-o plănuită trilogie pe care Goethe n-a continuat-o. Dar indiciile pe care le avem ne fac să bănuim că deznodământul ar fi adus împăcarea, afirmând forța progresului. Ca și în celelalte scrieri ale lui Goethe, tragicul ar fi precedat o rezolvare pozitivă.

Totuși, chiar și ca fragment, *Fiica naturală* este fascinantă, pentru că ilustrează o trăsătură caracteristică a operelor lui Goethe. Toate scrierile lui, chiar și cele mai splendide, ne dau senzația că ar fi neterminate, că ar reprezenta realizări parțiale ale unui proiect lăuntric, mai bogat și mai concludent. Privind statuia terminată, ne copleșește sentimentul că avem în față marmură cioplită, dar incomplet utilizată. Între operele lui Goethe există rezonanțe complexe, ca și când fiecare și-ar găsi completarea în ecourile celorlalte. În ultimă analiză, ansamblul lor reprezintă viața omului. Felul în care Goethe și-a folosit multiplele lui energii constituie cea mai mare operă de artă a sa, ea dând sens tuturor expresiilor fragmentare ale forței lui creatoare. Nu încape îndoială că tragicul a fost un mod de înțelegere a vieții pe care Goethe l-a luat în considerare, dar l-a subordonat unor valori mai pozitive și mai tonice. Chiar și personajul în care a incarnat răul, Mefisto, e înzestrat cu un fel de veselie sinistră. Focul iadului nu-l arde; el își încălzește mâinile la flăcările lui.

Dacă există opere în care idealurile diferite ale romantismului și tragediei se îmbină, acestea sunt dramele lui Schiller. Fiind cel mai complex dramaturg pe care l-a dat literatura occidentală în perioada dintre Racine și Ibsen, masiva lui operă nu se poate discuta într-un spațiu restrâns. De aceea, și de data aceasta, mă voi limita la un aspect precis: Schiller și conceptul de tragedie. În cazul său, o asemenea abordare teoretică are o anumită justificare, căci în el a înflorit acea conștiință duală pe care am observat-o pentru prima dată la Dryden. Schiller a fost și poet, și critic. El a meditat profund asupra problemelor formei poetice și ne-a lăsat lucrări de critică filozofică de o valoare deosebită. În Schiller, dramaturgul a răspuns tot timpul diferitelor provocări ale criticului.

Schiller a fost în permanență conștient de faptul că spiritul modern se deosebea net de cel care generase teatrul clasic și teatrul shakespearian. El a trăit în toată intensitatea ei – de fapt, a și provocat, în parte – criza sensibilității de la sfârșitul secolului al XVIII-lea, orientarea spre viața sentimentului și a patosului. Prima lui dramă, *Hoții* (1781), a fost publicată la scurt timp după *Werther* (1774) și, împreună cu romanul lui Goethe, a devenit purtător de cuvânt al romantismului. Ea proclama, în accente de un lirism frenetic, drepturile pasiunii împotriva celor ale moralității convenționale și ale castelor. În timp ce pentru Goethe romantismul a fost o dispoziție trecătoare sau întâmplătoare, una dintre formele de sensibilitate în care și-a putut transpune geniul proteic, pentru Schiller el a constituit un cadru natural. Schiller a fost romantic în virtutea liberalismului său militant, a dragostei lui pentru sălbăticia și pitorescul naturii, a sensibilității deosebite cu care a receptat culoarea locală și tensiunea istoriei. În dramele și în baladele sale eroice, generația romantică și-a găsit întregul repertoriu de emoții. Până aproape de sfârșitul vieții, când boala l-a înnegurat, Schiller și-a păstrat un optimism rousseauist. El a privit omul ca fiind, prin natura lui, virtuos, și a crezut în posibilitatea dreptății sociale. Ca un adevărat romantic, și-a proiectat personalitatea în tot ce a creat. Chiar și operele istorice, cronicile Războiului de treizeci de ani și ale răscoalei din Țările-de-Jos, poartă pecetea naturii lui înflăcărate. Ele sunt proza imaginației sale. În plus, după cum am văzut, Schiller a manifestat pasiunea tipic romantică pentru opera lui Shakespeare. Vocile lui Iago, Edmund și Richard al III-lea se aud distinct în prima lui piesă; iar problemele de tehnică teatrală ridicate de *Coriolan* și *Iuliu Cezar* se regăsesc în fragmentele piesei neterminate, *Demetrius*.

Totuși, mai ales în urma discuțiilor cu Goethe, Schiller a sesizat contradicția dintre idealurile romantice și tragedie. El știa că între liberalism și viziunea tragică nu există o afinitate naturală. A studiat cu pasiune teatrul elen, iar modul în care a tratat mitologia greacă constituie una dintre sursele acelui tip special de elenism care a subjugat cu vraja lui spiritul german, de la Winckelmann la Nietzsche. L-a tradus pe Racine și a înțeles drama neoclasică franceză mult mai profund decât majoritatea contemporanilor săi romantici. În *Logodnica din Messina*, a dat o expresie extremă ambiției de a introduce pe scena modernă formele exacte ale tragediei antice.

Astfel, în piesele lui Schiller există o mișcare de maree, un flux și un reflux de valori romantice. În *Hoții*, romantismul este în stare de flux; în *Logodnica din Messina*, apele s-au retras complet și ne găsim într-un peisaj atic rece, luminos. În paginile cele mai bune ale lui Schiller, presiunea exercitată de sentimentul romantic asupra idealului obiectivității dramatice și a concepției tragice despre viață produce o tensiune caracteristică. Schiller însuși și-a dat seama de acest lucru cu atâta claritate, încât a încercat să elaboreze o modalitate aparte de tratare a tragicului. El și-a numit mai multe piese „tragedii ale împăcării“, căutând să găsească o replică modernă la acea trecere de la dezastru la iertare care are loc la sfârșitul *Orestiei* și în *Oedip la Colonos*. Pe scurt, Schiller este cel care a inițiat căutarea explicită a unor forme tragice potrivite temperamentului rațional, optimist și sentimental al omului postpascalian.

Don Carlos, prima lui dramă importantă, este o piesă excelentă, dar greu de manevrat. Textul integral e prea lung pentru o reprezentație suportabilă. Totuși, aproape fiecare scenă e încărcată de forță dramatică. În această dramă găsim titlurile de glorie mai mici ale romantismului, paiele din care Victor Hugo și-a făcut cărămizile lui strălucitoare: sângele și catifeaua cadrului spaniol, pompa mantiilor și spadelor, scenele de revelație și de iubire deznădăjduită. Dar găsim și altceva, mult mai valoros. În personajul întunecat al lui Filip al II-lea (negrul veșmântului său punându-și pecetea pe fiecare dintre cuvintele lui reci, somptuoase), Schiller a introdus o notă distinct modernă: el e tipul omului rău, dar la care răul e vrednic de milă deoarece reprezintă o infirmitate, indiciul morții din suflet. În spatele lui, în umbrele Escorialului, par să aștepte John Gabriel Borkman și toate celelalte personaje cu inimă moartă din drama modernă. Unul dintre momentele de mare intensitate din piesă este cel în care Contele de Lerma iese în grabă de la rege, aducând vestea că suveranul plânge. Curtenii sunt cuprinși de oroare. Căci în asemenea lacrimi există ceva oribil și obscen; e ca și când fantoma sensibilității îngropate ar apărea, pentru o clipă, pentru a chinui spiritul plin de cruzime.

Momentele dramatice abundă în *Don Carlos*. Ele traduc crizele exterioare ale melodramei romantice în conflicte autentice între personaje și idealuri. Problemele sunt reale, iar mecanismele tensiunii dramatice sunt folosite numai pentru a le da o formă expresivă. În *Don Carlos,* defectul nu constă în excesul de melodramă, ci mai degrabă în faptul că forma poetică este sacrificată cerințelor ideologiei. Sfidând realitățile istorice, Schiller a făcut din Don Carlos o victimă a luptei politice dintre absolutism și libertate. Iar prin intermediul Marchizului de Posa (adevăratul erou al piesei), a dat viață imaginii pe care și-o făcuse despre omul ideal, nobil, cu vederi largi, înzestrat cu o imensă vitalitate, dar totuși gata să-și sacrifice viața pentru idealurile romantice de libertate și prietenie bărbătească. Marchizul creează în piesă un permanent dezechilibru. Desfășurarea acțiunii este întreruptă de masive interludii de retorică și de dezbateri filozofice. Nimic din ceea ce se mai întâmplă până la sfârșitul piesei nu poate depăși intensitatea emoției cheltuite în marea înfruntare dintre Filip și Posa. Opunând vocea autocrației și pesimismului celei a eliberării rousseauiste, Schiller a scris unele dintre cele mai vestite versuri din literatura germană:

Marchizul: Priviți
Natura-n toată măreția ei!
Pe libertate este-ntemeiată.
Și ce bogată-i ea prin libertate!
El, Ziditorul cel atotputernic,
Arunc-un vierme într-un strop de rouă
Și chiar în spațiul mort al putrezirii
Dă drumul unei libere voințe.
Creațiunea dumneavoastră însă
Ce strâmbă e și ce săracă este!
O frunză dacă a foșnit, stăpânul
Creștinătății tremură de frică.
Orice virtute-o contemplați cu teamă.
El însă, ca să nu neliniștească
Ființa splendidă a libertății,
Mai bine lasă-n cosmosul său hoarda
Cumplit-a răului dezlănțuită.
Artist suprem, pe El nu-l vede nimeni;
Se-nvăluie modest în legi eterne.
Un om cu spirit liber pe acestea
Le vede, dar pe Dânsul nu, și-și spune:
„De ce un Dumnezeu? Lumea și-ajunge
sieși".

Și nici un gând creștin nu-L proslăvește
Mai mult decât această blasfemie
Rostită de un spirit liber.

Regele: Și ai vrea
Să-ncerci să-ntruchipezi acest model
Sublim în oameni din regatul meu?

Marchizul: Aceasta, sire, numai dumneavoastră
Puteți s-o faceți. Hărăziți puterea
Regească numai fericirii
Popoarelor, puterea asta care
Fu pân'acuma hărăzită numai
Splendorii tronului. Dați omenirii
Noblețea ei pierdută. Cetățeanul
Să fie iar ce-a fost, adică țelul
Coroanei. Să n-aibă nici o altă
Îndatorire decât să respecte
În ceilalți drepturi ca și ale lui.
Când omul sie însuși o să fie
Redat și va ști iar cât prețuiește
Și va-nflori pe lume libertatea;
Când, sire, din regatul dumneavoastră
Veți face cea mai fericită țară
Din lumea-ntreagă, da, atunci veți fi
Dator să cuceriți întreaga lume.[8]*

Am dat un citat destul de lung pentru a arăta ce a vrut să spună Thomas Mann când a afirmat că nici măcar Shakespeare n-a fost un mai mare maestru al retoricii dramatice. Dar în *Don Carlos* retorica ajunge să eclipseze drama. În lumina unor conflicte filozofice de o atât de mare importanță, personajele

---

[8] În tratarea noțiunilor de natură, libertate și rău există un element de personificare. În retorica lui Schiller, aceste abstracțiuni au un rol plastic. Nivelul alegoriei este întotdeauna apropiat de cel al acțiunii realiste.

* *Don Carlos*, trad. Al. Philippide, în Friedrich Schiller, *Hoții, Don Carlos*, E.L.U., București, 1969, pp. 276–277.

tind să devină abstracțiuni. Viețile lor sunt prea puternic dominate de un anumit mod de a gândi. Schiller trebuie considerat unul dintre primii scriitori din categoria celor pe care Eric Bentley i-a numit „dramaturgi-gânditori“.

Între *Don Carlos* și trilogia *Wallenstein* s-au scurs zece ani (1787–1796). În această perioadă, Schiller a scris multe dintre eseurile lui istorice și filozofice. El a studiat *Poetica* lui Aristotel, tragedia greacă și piesele istorice ale lui Shakespeare. În 1794, a început prietenia din ce în ce mai strânsă cu Goethe, care i-a împărtășit idealul său de formă literară clasică. Schiller a ajuns să privească *Don Carlos* cu nemulțumire, văzând în această piesă un exces de ideologie și de sentimente personale. *Wallenstein* urma să fie o „dramă obiectivă“ de tip sofoclean și shakespearian, prezentând personajele doar prin intermediul acțiunii dramatice. Mai presus de orice, poetul trebuia să-și refuze plăcerile egotismului romantic; trebuia să stea departe de invenția sa. În noiembrie 1796, Schiller scria cu mândrie despre *Wallenstein*: „Aș putea chiar să spun că subiectul nu mă interesează.“

Dar și aici bogăția de-a dreptul uimitoare a cunoștințelor istorice ale lui Schiller și amploarea forței lui imaginative au depășit limitele formei dramatice. În cele două părți ale lui *Henric al IV-lea*, Shakespeare a construit dubla intrigă în așa fel încât să unifice diferitele episoade. În trilogia *Wallenstein*, liniile acțiunii sunt atât de complexe și de încurcate, încât interesul nostru se dispersează. Atenția noastră se îndreaptă când spre erou, când spre bătrânul sau spre tânărul Piccolomini; afacerile de stat alternează uluitor cu chestiuni sentimentale particulare. Abia spre sfârșit, în ultimele două acte din *Moartea lui Wallenstein*, principalele fire ale acțiunii sunt strânse, ducând la deznodământul fatal. Drama se termină într-un iureș impresionant, shakespearian. Dar, în ansamblu, *Wallenstein*, ca și *Don Carlos*, este o piesă care dobândește cea mai mare vitalitate atunci când e citită.

Vrând parcă să arate că era capabil să-și adapteze inspirația debordantă la restricțiile necesare ale scenei, Schiller a trecut, imediat după *Wallenstein*, la drama lui cea mai concentrată și mai bine închegată. *Maria Stuart* este o perlă incomparabilă. Alături de *Boris Godunov*, ea reprezintă singurul caz în care romantismul s-a ridicat pe deplin la înălțimea tragediei. Figura nobilei doamne a obsedat imaginația romantică; în ea, se uneau virtuțile romantice ale vinovăției misterioase, ale unei cauze pierdute și ale unei inimi pasionate. Roșul eșafodului pe care a murit și negrul rochiei ei formează un blazon purtat de romanul romantic de la Walter Scott până la Dumas. Swinburne a scris o *Mary Stuart*; Alfieri, o *Maria Stuarda*. Muzica durerii ei răsună în opere romantice uitate, printre care și o operă de Donizetti.

Dar nici o altă prezentare a sclipitoarei și tragicei ei istorii nu se compară cu cea a lui Schiller – pentru că el a văzut în moartea ei o dublă tragedie. Regina Elisabeta scapă, în fine, de rivala sa, dar în cursul luptei își pierde multe dintre calitățile umane. Asemenea omului de stat al lui Corneille, ea își pune conștiința în slujba necesității politice. La sfârșitul piesei, rămâne în picioare, ca un mare edificiu pustiit de foc: neagră și rece. Tragedia Elisabetei o egalează pe cea a victimei sale, iar acțiunea subliniază în fiecare moment echilibrul precis al damnării. Avem parcă de-a face cu o parabolă inspirată de observația lui Nietzsche că, dacă privim în abis, abisul privește și el în propriul nostru spirit.

Întreaga piesă – și, de fapt, tot ceea ce s-a realizat până atunci în drama romantică – pare să pregătească întâlnirea celor două femei în grădina din Fotheringhay. O asemenea confruntare nu a avut loc în realitate, iar Goethe se întreba cum va trata Schiller această scenă. A tratat-o superb. Este o scenă în care înțelegerea naturii dialectice a realității, a conflictului dintre „eu“ și „celălalt“, dintre minte și inimă, dintre atitudinea impusă și reacția spontană capătă o deplină expresie dramatică. În grădina aceea ni se dezvăluie ceva din ceea ce este ireconciliabil în substanța vieților noastre.

În timp ce în *Don Carlos* lupta dintre rege și marchiz angajează ideologii rivale, doctrina fiind mult mai vie decât vocea care o exprimă, înfruntarea dintre cele două regine este izbitor de omenească; în cuvintele rostite curge sângele lor. Scena e pură și magnifică. Maria Stuart se apropie de adversara ei cu o supunere pe care și-a impus-o. Elisabeta îi aruncă în față acuzația de a fi conspirat, de a fi urzit mereu împotriva tronului. Regina captivă renunță la pretențiile ei dinastice. Ea cere doar să fie eliberată și să i se permită să-și încheie în pace zbuciumata existență. Scena pare să ducă la aplanarea marelui conflict. Dar în regina victorioasă se ivește femeia, o femeie căzută pradă unei crunte ironii erotice. După ce a spulberat în Maria Stuart visul coroanei, ea vrea să-i distrugă și acea calitate a pasiunii care i-a fascinat pe atâția bărbați. Regina virgină încearcă să-și despoaie rivala înfrântă de farmecul ei senzual. Dar Elisabeta lovește prea tare, și Maria ripostează. Ea îi azvârle reginei în față cunoscuta acuzație de a fi bastardă, pierzându-și, prin această insultă ireparabilă, orice șansă de supraviețuire. Prezența lorzilor din suită a aprins în cele două femei o ură sexuală pe care nici considerentele politice, nici cele umanitare n-o pot înăbuși.

Pentru a reda măiestria acestei scene, ar trebui s-o cităm în întregime. În întâlnirea dintre Brutus și Cassius (unul dintre puținele momente dramatice care ne oferă o complexitate similară a revelației), mișcarea se desfășoară de la înaltă tensiune la calm. În *Maria Stuart*, ea este mereu ascendentă. La început, Maria e îngenuncheată; la sfârșit, ea stă semeață, în picioare. Elisabeta este cea care se grăbește să părăsească scena. Și, ca în orice ciocnire a două mase egale, ambele suferă din cauza loviturii; ambele au fost rănite până în străfundurile ființei lor. Maria Stuart strigă în urma dușmancei ei: „În inimă ea poartă moartea." E adevărat, dar este și moartea Mariei.

Restul dramei reprezintă coborârea inexorabilă de pe acest pisc. Tragedia apasă din ce în ce mai greu asupra Elisabetei.

Chiar și când semnează condamnarea la moarte, ea știe că femeia din ea nu va putea fi niciodată pe deplin răzbunată sau reabilitată:

> Maria Stuart se cheamă
> Tot nenorocul ce mă copleșește.
> Dacă dintre cei vii ar dispărea,
> Liberă-aș fi ca vântul printre piscuri.
> Cu cât dispreț ea m-a privit, de sus,
> Cu ochi ce să mă fulgere parcă voiau!
> Neputincioaso! Am mai bune arme,
> Lovesc de moarte ele – și-ai încetat să fii!

Echilibrul dintre cele două centre de greutate tragică este păstrat până la sfârșit. Pe Maria Stuart o vedem îndreptându-se spre eșafod, iar pe Elisabeta spre o singurătate stearpă.

Când nu poți face un studiu minuțios, pe text, nu-ți rămân de spus prea multe lucruri despre o operă a cărei perfecțiune este atât de evidentă. Economia structurii dramatice – a se observa ritmul ultimelor două acte – scoate în evidență caracterul implacabil al adevăratei tragedii. La căderea cortinei, rămânem, ca și după *Antigona,* cu sentimentul că am asistat la un crud, și totuși firesc, dezastru. Răsplata oferită de *Maria Stuart* este acea rară viziune pe care Melville o numea „învățătura supremă". În om, în cea mai desăvârșită expresie a sa, sesizăm distrugerea care-l pândește.

Nici *Fecioara din Orléans,* nici *Wilhelm Tell* nu sunt de talia *Mariei Stuart.* Schiller rămâne un virtuoz al limbii și al structurii dramatice, dar pamfletistul și sentimentalul din piesele de început se afirmă din nou. Ambele opere sunt niște basme scânteietoare. Ele conțin o morală răspicată privind conștiința națională și libertatea politică. Finalul *Fecioarei din Orléans* este un fel de feerie de Crăciun, indicațiile scenice cerând ca bolta cerească să fie inundată de o lumină trandafirie. Acest final trece îngustul hotar, mereu prezent în romantism, care desparte sensibilitatea de sentimentalism. În ultimul act din *Wilhelm Tell*, logica și ritmul acțiunii sunt în mod deliberat sacrificate, pentru ca poetul să poată face o distincție morală între două tipuri de crime politice – cele comise din ură personală și cele făptuite în mod just, împotriva tiraniei.

Această dispersare a forței tragice este, totuși, intenționată. După *Maria Stuart*, Schiller a fost preocupat din ce în ce mai mult de ideea tragediei parțiale sau întrerupte, de tipul celei din *Ifigenia* lui Goethe. El a subliniat valorile morale și estetice ale reconcilierii și și-a exprimat convingerea că atunci când se apropie de forma ideală, opera de artă trebuie să exprime o bucurie care să înfrumusețeze realitatea. Pe măsură ce existența lui materială devenea mai precară, exaltarea spiritului său creștea. În dramaturg, el a ajuns să vadă un creator de epopei naționale și un scriitor care, recurgând la mit, putea deveni purtătorul de cuvânt al idealului. Vom reîntâlni aceste idei la Bayreuth și în teatrul lui Brecht.

Dar *Don Carlos*, *Moartea lui Wallenstein* și, mai ales, *Maria Stuart* aparțin lumii tragediei. E adevărat că romantismul a fost antitragic; însă epoca romantică a fost și cea a lui Beethoven.

VI

În orice mișcare literară există o parte de revoltă și o parte de tradiție. Romantismul a apărut ca un protest împotriva idealurilor rațiunii și a formei raționale, care dominaseră literatura de la sfârșitul secolului al XVII-lea până spre sfârșitul secolului al XVIII-lea. În mitologia lui Blake, aripile imaginației sunt eliberate de mălura rece a rațiunii cu care fuseseră acoperite de Newton și Voltaire. Poeticile romantismului au avut, în mod necesar, un caracter polemic, fiind elaborate în cursul unui atac împotriva principiilor neoclasice. Prefața lui Wordsworth la *Baladele lirice* și manifestele critice ale lui Victor Hugo conțin atât proclamarea unor proiecte de viitor, cât și condamnarea explicită a trecutului literar imediat. Dacă Pope și Voltaire n-ar fi existat, romanticii ar fi trebuit să-i inventeze, ca să-și poată afirma, în opoziție cu ei, propriile lor valori.

Dar, în același timp, curentul romantic s-a străduit să-și stabilească o ascendență maiestuoasă. Romanticii n-au aspirat doar la moștenirea lui Shakespeare și a Renașterii. Ei au pretins că printre strămoșii lor se numără Homer, tragicii greci, profeții ebraici, Dante, Michelangelo, Rembrandt – pe scurt, toți creatorii în operele cărora au găsit proporții grandioase și un ton liric înalt. Panteonul romantic este o galerie a sublimului. Victor Hugo a parcurs-o adesea, făcând apelul Titanilor, ca și când ar fi vrut să-și fixeze propriul său loc viitor:

Homer, Iov, Eschil, Isaia, Ezechiel,
Lucrețiu, Iuvenal, Sf. Ioan, Sf. Paul, Dante,
Rabelais, Cervantes, Shakespeare.

> Acesta este șirul titanilor de neclintit ai spiritului uman.
> Geniul este o dinastie. Alta nu există. Toți cei care
> fac parte din ea poartă o coroană, inclusiv una de spini.

Terenul sterp al secolului al XVIII-lea rupsese lanțul creației sublime. Romanticii se vedeau pe ei înșiși ridicând torța de acolo de unde căzuse după Shakespeare și Michelangelo. Așa a conceput Delacroix rolul pictorului, iar Berlioz, rolul muzicianului. Romantismul însemna tradiția geniului.

Dar această concepție implica un uimitor paradox. Cum puteau romanticii să se prezinte drept descendenți ai poeților greci, repudiind, în același timp, neoclasicismul? Când invoca, pentru inspirația lui, prezența lui Eschil sau Sofocle, cum putea poetul romantic să nu fie de acord cu Racine și chiar și cu Voltaire? Cum putea fi împăcat idealul shakespearian cu cel antic? Primul care a ridicat această problemă a fost Lessing. El i-a dat o soluție care a influențat enorm toate teoriile ulterioare despre teatru și care face parte integrantă din propria noastră imagine, modernă, asupra trecutului.

Preocuparea imediată a lui Lessing a fost crearea unui teatru național german. În deceniul 1760–1770, teatrul german se afla sub completa dominație a dramei neoclasice franceze și, în special, a tragediilor franceze scrise după Racine. Căci în timp ce Racine n-a trecut frontiera, fiind prea solid și autonom în supremația lui, palizii lui succesori au pătruns și în alte țări. În teatrele germane de curte și orășenești tronau operele lui La Harpe și Voltaire, piese reci, declamatoare, în care formele și regulile neoclasicismului erau respectate cu o pedanterie servilă. Examinând aceste piese, Lessing a ajuns la o concluzie revoluționară.

Conform acesteia, neoclasicismul nu era un *nou* clasicism, ci un *fals* clasicism. Castelvetro, Boileau și Rymer n-au fost interpreți fideli ai idealului clasic. Ei și-au însușit litera moartă a teatrului grec, fără să reușească să-i înțeleagă spiritul autentic. Arta lui Eschil și Sofocle nu putea fi înviată prin simpla aderare la preceptele formale ale lui Aristotel și Horațiu. Geniul tragediei grecești nu se afla în convenția celor trei unități, în folosirea unor intrigi mitologice sau în prezența corului, ci în altă parte. Dintr-o singură lovitură, Lessing contesta valabilitatea unor principii care dominaseră două sute de ani de teorie poetică. Neoclasicismul nu era o continuare a tradiției atice, ci un travesti al acesteia.

În opinia lui Lessing, întregul conflict dintre idealul clasic și cel shakespearian era artificial. El se născuse dintr-o mare eroare de perspectivă. Milton a greșit când l-a condamnat pe Shakespeare în numele lui Eschil. Dryden a fost indus în eroare de o falsă imagine când a încercat să aleagă între idealul elisabetan și cel antic. Distincția pe care s-a bazat, în mare parte, teoria artei și a teatrului – Sofocle *sau* Shakespeare – era eronată. Încă în 1759, Lessing a stabilit o înrudire de importanță crucială, spunând: Sofocle *și* Shakespeare.

În aceasta constă esența reevaluării făcute de Lessing. Ea arăta că, în istoria teatrului occidental, cumpăna apelor nu trebuia situată între teatrul antic și cel elisabetan, ci între teatrul lui Shakespeare și cel neoclasic. *Orestia* și *Hamlet* stăteau alături, făcând parte din aceeași sferă a tragicului.

În *Dramaturgia de la Hamburg* (1767–1768), Lessing a aplicat concepția sa revoluționară la critica de teatru curentă. Analizând piese de Voltaire și de Thomas Corneille (fratele mai mic al ilustrului Corneille), el a susținut că ele violau adevărata intenție a *Poeticii*. Idealul aristotelic de tragedie nu se realiza în aceste opere neoclasice, ci în dramele lui Shakespeare. Lessing ne dă un exemplu elocvent al opticii sale noi atunci când studiază efectul aparițiilor spectrale pe scena modernă. Stafia lui Darius din *Perșii* ne convinge, pentru că în spatele ei se află forța credinței religioase autentice. Aceeași senzație de autenticitate ne-o transmite și fantoma din *Hamlet*, pentru că imaginației elisabetane îi era proprie acceptarea prezenței în lume a spiritelor incarnate. În schimb, fantoma din *Semiramida* lui Voltaire este un efect teatral, rococo, introdus de un poet necredincios într-o intrigă de necrezut.

Nesusținută de practica rituală sau de convingerea imaginativă, prezența spectrului e un simplu artificiu literar.

În mod similar, Lessing arată că nu în teatrul neoclasic vom găsi o versiune corectă a concepției aristotelice despre milă și spaimă. Eroii impunători ai lui Thomas Corneille și Voltaire stârnesc o admirație rece. Aceste personaje s-ar simți jignite de mila noastră. Pentru a fi cuprinși de compasiune tragică, trebuie s-o privim pe Desdemona. Pentru a regăsi acea teroare elementară pe care o provoacă *Cei șapte contra Tebei* sau *Medeea* lui Euripide, nu trebuie decât să ne adresăm *Regelui Lear* și lui *Richard al III-lea*. Iar dacă vrem unitate de acțiune, continuă Lessing, nu în drama neoclasică o vom găsi. Aici există o unitate exterioară, obținută cu prețul unor incredibile coincidențe dramatice și deformări de perspectivă (acrobațiile la care a fost nevoit să recurgă Thomas Corneille). Ceea ce înțelegea Aristotel prin unitate era coerența internă și logica poetică, însușiri pe care le au *Othello* sau *Macbeth*. Accentul pus de *Poetica* pe mai puțin importantele unități de timp și de loc a avut în vedere aspectele tehnice ale teatrului atenian. Acestea nu posedau o autoritate eternă sau exclusivă.

Ideea lui Lessing a devenit unul dintre strigătele de luptă ale romantismului francez și german. Încercarea de a-l privi pe Shakespeare prin prisma *Poeticii* lui Aristotel a fost curând abandonată. Ceea ce importa era înrudirea de geniu și de spirit tragic dintre drama greacă și cea elisabetană. Pentru a-și fundamenta concepția despre sublim, romanticii au invocat numele lui Eschil și Shakespeare. După părerea lui, neoclasicismul s-a îndepărtat la fel de mult de ambii dramaturgi. Victor Hugo a făcut o comparație exaltată între cei doi maeștri ai tragediei:

> Scoateți din dramă Orientul și înlocuiți-l cu Nordul, scoateți Grecia și introduceți Anglia, scoateți India și puneți în locul ei Germania (acea altă mamă uriașă, Alemagnia, *All-men*), scoateți-l pe Pericle și înlocuiți-l cu Elisabeta, scoateți Partenonul și introduceți Turnul

> Londrei, scoateți plebeii și puneți în locul lor gloata, scoateți fatalitatea și introduceți melancolia; scoateți Gorgona și înlocuiți-o cu vrăjitoarea, scoateți vulturul și puneți în locul lui norul, scoateți soarele și înlocuiți-l cu câmpul măturat de vânt sub lumina palidă a lunii – și-l veți obține pe Shakespeare.
> Ambii făcând parte din dinastia geniului – și fiecare păstrându-și în întregime originalitatea –, poetul temperamentului germanic trebuia să-i urmeze poetului lui Zeus, ceața gotică trebuia să-i urmeze misterului antic – iar Shakespeare este Eschil al doilea.

Și alți poeți au exprimat aceeași convingere, dar într-un stil mai ponderat. Schiller a văzut în poetul tragic modern succesorul firesc atât al creației lui Sofocle, cât și al celei shakespeariene. Teoria wagneriană a dramei și viziunea teatrului de la Bayreuth au la bază ideea continuității spiritului tragic, care unește lumea lui Oedip cu cea a lui Lear, excluzând formalismul și raționalismul neoclasicilor. În imaginația secolului al XIX-lea, tragicii greci și Shakespeare stau alături, afinitatea lor depășind toate imensele deosebiri legate de cadrul istoric, credința religioasă și forma poetică.

Noi nu mai folosim termenii lui Lessing și Victor Hugo, dar suntem de acord cu punctul lor de vedere. Pentru noi, cuvântul „tragedie“ cuprinde, în aceeași îmbrățișare, atât exemplul elen, cât și pe cel elisabetan. Sentimentul înrudirii acestora sfidează adevărul istoric, care arată că Shakespeare n-a cunoscut aproape deloc operele propriu-zise ale lui Eschil, Sofocle și Euripide; el nu ține seama de constatarea clară că elisabetanii amestecau tragedia și comedia, în timp ce grecii făceau o distincție categorică între aceste două specii; și nu e influențat de faptul că suntem perfect conștienți de enorma deosebire dintre forma și structura celor două limbi și stiluri de prezentare dramatică. Impresia că ne aflăm în fața unor spirite înrudite, care au același mod de ierarhizare a valorilor umane, este mai puternică decât orice senzație de nepotrivire. *Antigona* și *Romeo și Julieta* exprimă viziuni asemănătoare asupra vieții. Înțelegem imediat ce vrea să spună Victor Hugo când îl numește pe Macbeth un descendent nordic al casei lui Atreu. Elsinore nu pare departe de Micene, iar soarta lui Oreste răsună în cea a lui Hamlet. Dulăii iadului își caută prada în sanctuarul lui Apolo, tot așa cum o caută și în cortul lui Richard al III-lea. Oedip și Lear ajung, prin același tip de orbire, la revelații similare. Spiritul occidental s-a îndepărtat de sentimentul tragic al existenței exprimat de antici nu în perioada dintre Euripide și Shakespeare, ci la sfârșitul secolului al XVII-lea. Spun sfârșitul secolului al XVII-lea, pentru că Racine (pe care Lessing nu l-a cunoscut cu adevărat) se află de cealaltă parte a abisului. Imaginea despre om care se afirmă în piesele lui Eschil este încă vie în *Fedra* și în *Atalia*.

Punctul rupturii categorice a fost marcat de triumful raționalismului și al metafizicii laice. Shakespeare este mai aproape de Sofocle decât de Pope și Voltaire. A afirma acest lucru înseamnă a ignora realitatea cronologică; și totuși, afirmația e corectă. Tipul de imaginație care se manifestă în tragedia ateniană a continuat să domine viața spirituală până în epoca lui Descartes și a lui Newton. Abia atunci vechiul mod de a simți și ordonarea clasică a materialului și a experienței psihologice au fost abandonate. Odată cu *Discurs asupra metodei* și cu *Principiile matematice ale filozofiei naturale*, lucrurile pe care filozofia lui Horațio nu și le putea închipui par să părăsească lumea noastră.*

În tragedia greacă și în cea shakespeariană, omul e înconjurat de forțe care-l depășesc. Realitatea lui Oreste aduce după sine realitatea Furiilor; Parcele așteaptă să ia sufletul lui Macbeth. Nu-l putem concepe pe Oedip fără Sfinx, și nici pe Hamlet fără Stafie. Personajele dramei grecești și shakespeariene aruncă

---

* Vezi *Hamlet*, I, 5, ed. cit., p.350: „Mai multe-s pe pământ și-n cer, Horațio / Decât închipuie filozofia."

umbre prelungi, care se pierd într-un întuneric încă și mai mare. Iar la acțiune participă întreaga natură. Bubuitul tunetului deasupra pădurii sacre de la Colonos și furtunile din *Regele Lear* nu sunt simple fenomene meteorologice. În tragedie, fulgerul e un mesager. Dar el nu mai putea îndeplini acest rol după ce Benjamin Franklin (incarnarea omului nou, rațional) a înălțat un zmeu ca să-l atragă. Scena tragică este o punte șubredă, care se întinde între cer și iad. Cei ce calcă pe ea pot întâlni, la orice pas, soli ai harului divin sau ai damnațiunii. *Oedip* și *Regele Lear* ne arată cât de puțin din lume îi aparține omului. Viața muritorilor este o veghe scurtă și primejdioasă; și pentru orice santinelă, indiferent dacă se află la Elisinore sau pe crenelurile din Micene, apropierea zorilor își are răsuflarea ei plină de miracol. Ea îi trimite pe cei ce rătăcesc noaptea spre focul iadului sau spre odihnă. Dar la apariția lui Hume și Voltaire, nobilele sau hidoasele arătări care obsedaseră mintea oamenilor din clipa în care sângele lui Agamemnon a cerut răzbunare au dispărut complet ori s-au refugiat, stridente, printre lămpile de gaz ale melodramei. Cocoșii moderni și-au pierdut arta de a trimite, cu cântatul lor, spiritele zbuciumate înapoi în Purgatoriu.

În Atena, în Anglia lui Shakespeare și la Versailles, ierarhia puterii lumești era stabilă și evidentă. Roata vieții sociale se învârtea în jurul centrului constituit de rege sau de aristocrație. De aici, spițe indicând ordinea și rangul duceau la cercul exterior, al omului de rând. Tragedia presupune o asemenea configurație. Sfera ei este cea a curților regale, a conflictelor dintre dinastii și a ambițiilor îndrăznețe. Metaforele ascensiunii rapide și declinului dezastruos sunt valabile pentru Oedip și Macbeth, deoarece au fost valabile și pentru Alcibiade și Essex. Iar soarta unor astfel de oameni are implicații tragice pentru că este publică. Agamemnon, Creon și Medeea își trăiesc viețile tragice sub ochii *polis*-ului. La fel, dramele lui Hamlet, Othello sau Fedra afectează întreaga soartă a țării. Ele se desfășoară în inima statului. De aceea, cadrul firesc al tragediei este poarta palatului, piața publică sau curtea regală. Traiul grecesc și elisabetan și, într-o anumită măsură, și cel de la Versailles au avut acest caracter de intensă „publicitate". Prinții și facțiunile luptau în plină stradă și mureau pe eșafod, în văzul lumii.

Odată cu venirea la putere a burgheziei, centrul de greutate al vieții umane s-a mutat din sfera publică în cea particulară. Arta lui Defoe și a lui Richardson se bazează pe conștiința acestei mari schimbări. Până atunci, o acțiune poseda anvergură tragică numai dacă antrena personaje de rang înalt și se desfășura în public. În spatele eroului tragic stătea corul, mulțimea sau curteanul. Ideea tragediei particulare a apărut pentru prima dată (sau aproape pentru prima dată, deoarece în epoca elisabetană au existat câteva tragedii domestice ca, de exemplu, vestita *Arden din Feversham*) în secolul al XVIII-lea. În *Noua Eloiză* și în *Werther*, tragedia a căpătat un caracter intim. Iar tragedia particulară a devenit terenul preferat nu al teatrului, ci al noii arte a romanului, care se afla în plină dezvoltare.

Romanul n-a avut doar calitatea de a prezenta noua lume particulară, laică și raționalistă a burgheziei, ci și pe aceea de a fi o specie literară deosebit de potrivită pentru publicul fragmentat al culturii urbane moderne. Am arătat anterior că este foarte greu să se facă vreo afirmație precisă în legătură cu caracterul publicului grec și elisabetan. Dar există un fapt important care pare incontestabil: până la apariția empirismului rațional, spiritul occidental a fost dominat de înclinația spre simbol și alegorie. Datele privind lumea naturii, cursul istoriei și tipurile de comportament uman erau traduse în creații ale fanteziei sau în mitologii. Mitologia clasică și creștinismul reprezentau asemenea arhitecturi ale imaginației. Ele așezau nivelurile multiple ale realității și ale valorii morale de-a lungul unei axe a existenței care se întindea de la materia brută la stelele imaculate. Între înțelegere și exprimare nu intervenise încă limbajul nou al matematicii și al formulelor științifice. Poetul era, prin definiție, realist, creațiile imaginației sale și parabolele lui constituind sisteme naturale de organizare a realității. Iar în aceste sisteme, anumite idei fundamentale jucau rolul de focar, fiind atât izvoare de lumină, cât și centre spre care convergeau toate perspectivele. Am în vedere concepte precum prezența supranaturalului în viața oamenilor, taina grației și pedepsei divine, ideea predestinării (oracolul privitor la Oedip, profeția făcută de vrăjitoare lui Macbeth sau legământul lui Dumnezeu cu poporul Său din *Atalia*). Mă refer la viziunea conform căreia structura societății era un microcosmos alcătuit după modelul cosmosului, iar istoria ilustra principiul răsplății și pedepsei, ca și când ar fi fost o moralitate pusă în scenă de zei, ca să tragem învățăminte.

Aceste concepții și modul în care au fost transpuse în poezie sau generate de forma poetică au făcut parte integrantă din viața Occidentului, din timpul lui Eschil până în cel al lui Shakespeare. Și cu toate că în epoca lui Racine poziția lor era, după cum am arătat, din ce în ce mai precară, ele sunt încă vii în teatrul lui. Aceste concepții constituie forța esențială care susține convențiile tragediei. Prezența lor este tot atât de decisivă în *Orestia* și *Oedip*, ca și în *Macbeth*, *Regele Lear* și *Fedra*.

După secolul al XVII-lea, publicul a încetat să mai fie o comunitate organică pentru care aceste idei și deprinderile de exprimare figurată corespunzătoare să pară firești sau imediat familiare. Concepte ca grația divină, damnațiunea, purificarea, blasfemia sau lanțul existenței, care în tragedia clasică și în cea shakespeariană sunt permanent subînțelese, își pierd vitalitatea. Ele devin abstracții filozofice, cu o semnificație particulară și problematică, sau simpli termeni ai practicilor religioase, ce purtau în ei din ce în ce mai puțină credință activă. După epoca lui Shakespeare, spiritele conducătoare ale conștiinței europene nu mai sunt vizionarii orbi, profeții sau Orfeu cântând în infern. Ele sunt Descartes, Newton și Voltaire. Iar cronicarii ei nu mai sunt poeții dramatici, ci romancierii.

Romanticii au fost martorii imediați ai acestei extraordinare schimbări. Ei nu erau încă pregătiți s-o accepte ca pe un fapt iremediabil. Primitivismul lui Rousseau, mitologia antinewtoniană a lui Blake, metafizica organicistă a lui Coleridge, imaginea poetului ca mag, care apare la Victor Hugo, și ca „legiuitor nerecunoscut", pe care o găsim la Shelley, sunt elemente înrudite, arme în lupta de ariergardă dusă de romantici împotriva noului raționalism științific. Din această luptă s-a născut ideea unirii dramei elene cu cea shakespeariană într-o formă nouă, totală, capabilă să readucă la viață reacțiile morale și poetice din trecut. Din epoca lui Shelley și Victor Hugo până în cea a teatrului de la Bayreuth, visul realizării unei sinteze între geniul sofoclean și cel shakespearian a însuflețit ambiția tuturor poeților și compozitorilor. El n-a putut fi îndeplinit, căci convențiile cărora romanticii încercau să le dea viață nu mai corespundeau realităților gândirii și sensibilității. Dar din această tentativă s-au născut câteva opere strălucite, care fac trecerea de la perioada romantică timpurie la epoca nouă, a lui Ibsen și Cehov.

Unirea geniului elen cu cel nordic a fost unul dintre motivele dominante din gândirea lui Goethe. Călătoria lui în Italia a reprezentat versiunea dată de un poet acelor necontenite treceri peste Alpi ale împăraților germani din Evul Mediu. Visul descinderii în grădinile sudului a atras întotdeauna ambițiile germane spre Roma și Sicilia. În *Wilhelm Meister*, Goethe ne întreabă dacă cunoaștem țara unde-nfloresc lămâii; lumina Mediteranei străbate, strălucitoare, *Torquato Tasso* și *Elegiile romane*. Goethe credea că spiritul germanic, cu forța lui gravă, dar cu note flagrante de brutalitate și intoleranță, ar trebui temperat cu vechea înțelepciune senzuală și cu vechiul umanism al spiritului elen. Pe tărâmul mai îngust al formei poetice, el a simțit că, în drama viitorului, concepția greacă despre soarta tragică ar trebui îmbinată cu viziunea shakespeariană asupra voinței tragice. Pariul dintre Dumnezeu și Satana determină destinul lui Faust, dar Faust își asumă rolul în mod voluntar.

Actul III din a doua parte a lui *Faust* oficiază unirea germanicului cu clasicul, a spiritului lui Euripide cu cel al dramei romantice. Motivul iubirii lui Faust pentru Elena din Troia ne conduce spre sursele legendei faustice. El ne vorbește despre vechea dorință a oamenilor de a vedea înțelepciunea supremă unindu-se cu cea mai desăvârșită frumusețe senzuală. Nu poate exista o magie mai mare decât să smulgi din moarte pe femeia în care carnea a fost totul, în care frumusețea era pe de-a-ntregul pură, pentru că era pe de-a-ntregul coruptibilă. Acesta este modul în care strălucirea Elenei trece prin *Faust* al lui Marlowe. Goethe a dat mitului semnificații mai complexe. Faust, care o salvează pe Elena de răzbunarea lui Menelau, este geniul Europei renascentiste, care reînvie tradiția clasică. Trecerea necromantică de la palatul din Sparta la castelul gotic al lui Faust ne indică semnificația estetică a mitului – transpunerea dramei antice într-o formă shakespeariană și romantică.

Această transpunere sau, mai degrabă, fuziunea celor două idealuri creează *das Gesamtkunstwerk,* „opera de artă totală". Întreagă această secțiune din partea a doua a lui *Faust* reprezintă un efort de realizare a unei sinteze a tuturor formelor de teatru precedente. Este un straniu amestec de stiluri poetice, muzică și balet. Într-o convorbire cu Eckermann, Goethe era de părere că a doua jumătate a actului dedicat Elenei ar trebui interpretată de cântăreți. Nu suntem departe de aspirațiile „totalitare" ale lui Wagner.

Elena și Faust dau viață unui fiu, Euphorion. El este simbolul frumuseții supreme și forței lirice care se naște din unirea clasicului cu modernul:

Elena: Omenesc desfăt iubirea
Pune-n Doi cu mâna ei;

Dar zeiască-i fericirea
Și splendidă, când sunt Trei.
Faust: Toate, împlinite, sună:
Sunt al tău, tu ești a mea;
Și stăm bine împreună;
O, de-ar fi mereu așa![9]*

Dar, ca un nou Icar, sublimul copil se prăbușește curând în moarte. Căci Euphorion nu este numai un simbol al unirii spiritului elen cu cel germanic, ci și omagiul adus de Goethe lui Byron și morții lui tragice pe pământul Greciei.

Goethe l-a considerat pe Byron drept cel mai mare talent al veacului. Eckermann i-a consemnat părerea că poetul englez n-a fost nici clasic, nici romantic, ci întruchiparea noii armonii dintre spiritul antic și cel modern. Faptul că Byron a apărat libertatea Greciei, sacrificându-și viața înflăcărată pentru această cauză, constituia un exemplu al modului în care forța Europei de nord trebuia să aducă libertatea și o nouă viață sudului clasic. Dramele lui, credea Goethe, încearcă să îmbine elementul ritual din tragedia elenă cu lirismul și cu vigoarea invenției personajelor din opera lui Shakespeare. În personalitatea lui Byron, el a sesizat atât nota gotică, prezentă în *Manfred*, cât și senzualitatea luminoasă a insulelor grecești. La rândul său, Byron i-a răspuns lui Goethe cu aceeași admirație, recunoscând în el și în Napoleon pe singurii săi egali. El a dedicat *Sardanapal* „ilustrului Goethe... suzeranul, cel mai mare dintre scriitorii prezentului".

Astăzi, dramele lui Byron nu se mai joacă aproape deloc, majoritatea criticilor considerându-le eșecuri ambițioase. Totuși, ele sunt de cel mai mare interes pentru oricine studiază tema tragediei în literatura modernă. Și întorcându-ne la ele, înțelegem

---

[9] Fapt exasperant, orice încercare de a reda în engleză lirismul gnomic al lui Goethe face ca originalul să sune cam stupid. Ponderea logicii este mică și în germană, dar aici sensul e îmbogățit prin muzica versurilor.

* Goethe, *Faust*, trad. Ștefan Aug. Doinaș, Editura Grai și Suflet – Cultura Națională, București, 1996, p. 236.

ce a vrut să spună Goethe. Gama îndrăznelii tehnice are o întindere extremă. Ea ne duce de la neoclasicismul strict din *Marino Faliero* la aproape suprarealismul ultimelor lui mistere. Byron a încercat adesea, în mod deliberat, să depășească limitele teatrului tradițional, pentru a ajunge la forme de acțiune simbolică mai libere și mai ample. La fel ca Eschil și Goethe, el era pregătit să-și asume riscuri considerabile, introducând în teatru teme religioase și filozofice. Byron a fost primul mare poet englez de după Milton care și-a pus problema dramei biblice. Și dacă dramele lui sunt eșecuri, ele conțin totuși preliminariile unora dintre cele mai radicale aspecte ale dramei moderne. În comparație cu viziunea lui Byron, ideile despre teatru ale lui Victor Hugo și chiar și cele ale lui Schiller ne par demodate.

Byron a pornit de la convingerea că tragedia engleză putea să revină la viață numai dacă se desprindea de precedentul shakespearian. Referindu-se la *Sardanapal* și la *Cei doi Foscari*, el declara:

> Veți constata că toate acestea nu se aseamănă deloc cu teatrul lui Shakespeare; cu atât mai bine, într-un anumit sens, căci după părerea mea el este *cel mai prost* model, deși cel mai extraordinar scriitor.

Imitarea de către romantici a elisabetanilor și a dramaturgilor epocii lui Iacob I îi părea absurdă. El a cerut ca *Marino Faliero* să nu fie judecat „după vechii voștri dramaturgi exaltați... acei saltimbanci nebuloși – exceptându-l mereu pe B. Jonson, care a fost un erudit și un clasic". Desigur, cuvintele lui Byron trebuie interpretate nuanțat. Știind că, în el, contemporanii vedeau însăși incarnarea romanticului, i-a plăcut să susțină că, de fapt, era un clasic și un augustan, un creator în tradiția lui Horațiu și Pope. Într-un post-scriptum la dedicația de la începutul lui *Marino Faliero*, a sugerat că întregul conflict dintre ideile clasice și romantice nu era altceva decât invenția unor „scriitorași", care i-au criticat pe Pope și Swift pentru că ei înșiși „nu știau să scrie nici proză, nici versuri". Dar chiar și dacă luăm în considerare faptul că lui Byron i-a plăcut să deruteze opinia publică, este clar că el a încercat să îndepărteze drama engleză de Shakespeare, apropiind-o de clasicismul lui Jonson și Otway. Alt mijloc de a o scoate din mormânt n-a văzut. Scriindu-i lui Murray în ianuarie 1821, Byron își exprima speranța că tragedia engleză putea fi, într-adevăr, înviată:

> Sunt, totuși, convins că acest lucru nu se va realiza urmând exemplul vechilor dramaturgi, care sunt plini de greșeli grosolane, ce le sunt iertate numai pentru frumusețea limbii lor; ci scriind firesc și *riguros*, și dând tragedii concepute cu *rigoare*, așa cum au făcut grecii; dar *nu imitându-i*, ci luând doar metoda lor generală, adaptată la epoca și la împrejurările actuale și, desigur, fără folosirea corului.

Tocmai această adaptare a formei clasice la gustul modern a căutat Byron s-o realizeze în cele două tragedii venețiene și în *Sardanapal*. Atât în *Marino Faliero*, cât și în *Cei doi Foscari*, adevăratul subiect este Veneția însăși. Pentru Byron, Veneția – precum Roma, pentru Corneille – a fost locul în care imaginația lui cu aripi mari a poposit adesea. Veneția i-a oferit o piatră de încercare pentru înțelegerea istoriei și a conduitei umane. Aici, poate datorită puternicei lumini marine, pasiunile omenești păreau să capete contururile cele mai clare:

> O, ea mi-a fost, iubind-o din pruncie,
> A inimii cetate minunată;
> Cu târg bogat, priveliști – bucurie,
> Precum coloane de-apă din mare înălțată.
> De către Otway, Radcliffe, Schiller, Shakespeare, vie
> Imaginea-i în piept îmi fu-ncrustată.
> Deși schimbată e acum, alături o să-mi fie,
> Mai scumpă, poate-n zile de durere
> Decât când fu miracol și falã și plăcere.

Intriga din *Marino Faliero* are drept sursă afrontul particular și conspirația publică. Ea nu e convingătoare. Ne este greu să acceptăm ideea unui doge care e gata să-și distrugă propria clasă socială și să pună în primejdie statul doar pentru a răzbuna o mojicie banală. Dar privită ca un studiu a ceea ce Henry James a numit „spiritul locului", ca o meditație asupra modului în care Veneția dă vieții oamenilor un ton tragic special, *Marino Faliero* este o operă emoționantă. Tensiunea piesei rezidă în contrastul dintre cadrul somptuos, romantic și laconismul aspru al limbajului. Dogele Faliero se întâlnește cu Bertuccio, șeful conspiratorilor, în piațeta San Giovanni e San Paolo. Deasupra lor se înalță, impunătoare, statuia ecvestră a lui Colleoni:

Dogele: Suntem pândiți, și-am fost.
Bertuccio: Ba noi pândeam!
Să-i văd doar – și această lamă de oțel...
Dogele: Stai liniștit!
Nu oameni ne-urmăresc. Privește-acolo!
Ce vezi?
Bertuccio: Statuia unui 'nalt oștean
Încălecat pe-un mândru armăsar, în raza
ștearsă
A palidei luni.
Dogele: Acel oștean a fost străbunul
Străbunilor mei. Iar lui i-a ridicat statuia asta
Cetatea cea de două ori salvată.
Tu ce crezi? Ne privește oare de sus sau nu?
Bertuccio: O, doge, acestea-s simple năluciri; marmura
n-are ochi!
Dogele: Dar moartea, moartea are!

Nici un dramaturg englez de la începutul secolului al XIX-lea n-ar fi putut egala acest dialog și nici n-ar fi putut găsi acel epitet roman, „de două ori salvată". Cadența este cea a lui Milton, dar frântă și accelerată de o nervozitate caracteristică lui Byron. Iar în jurul asprei acțiuni clasice, joacă lumina romantică a lunii.

În *Cei doi Foscari*, iubirea pentru acest oraș capătă o expresie extremă. Jacopo Foscari preferă să moară într-un beci din Veneția decât să trăiască liber în altă parte:

> Atât cer: un venețian mormânt,
> Sau temnița – cum vor, însă *aici.*

În anumite momente, forța exterioară a poeziei face credibil chiar și un sentiment ca acela exprimat în versurile:

> O, tu nicicând n-ai fost
> Departe de Veneția; nicicând
> Tu de pe punte n-ai privit ale ei mândre turnuri,
> Când orice dâră ce-o lăsa corabia în urmă
> Părea o brazdă adâncă în inima ta trasă;
> Nici n-ai văzut cum cade apusul peste turle,
> Atât de calm în strălucirea-i roșie-aurie –
> Nu știi cum e în vis să vezi toate acestea
> Și-apoi, trezindu-te, să nu le mai găsești.

Dar, în ansamblu, *Cei doi Foscari* ilustrează convingător ce a vrut să spună Aristotel când a recomandat dramaturgilor să evite acele întâmplări din istorie care sunt mai puțin plauzibile decât ficțiunea. Adevărul poate fi absurd.

Dându-și seama că tipul de dramă cultivat de el nu putea avea succes pe scena contemporană – *Marino Faliero*, jucat fără consimțământul autorului, a fost un eșec total –, Byron s-a orientat spre ceea ce a numit „un teatru mintal“. Astfel, *Sardanapal* a devenit un exercițiu de virtuozitate în respectarea rigidă a unităților neoclasice. Bătăliile se dau în sălile palatelor, răsturnările de dinastii se petrec în câteva ore. Totuși, piesa răspândește o lumină festivă. În nici o altă dramă Byron nu-și stăpânește mai deplin mijloacele de exprimare. Aproape că se poate spune că aici el scrie unicul vers alb dramatic din limba engleză din care Shakespeare a fost complet exorcizat. Acest vers preia și duce mai departe tot ce este mai bun în stilul lui Ben Jonson:

De ce-l iubesc pe-acest bărbat?
Fiicele țării mele iubesc numai eroi.
Eu însă țară n-am! Pierdut-am totul, și-n sclavie,
Cătușele doar mi-au rămas. Eu îl iubesc;
Și asta-i cea mai grea verigă din lungul lanț –
Să îl iubești pe cel pe care nu-l respecți!
Dar, fie! Aproape-i ceasul când, de dragoste-nsetat,
Un strop nu va afla.

Cuvintele scurte, simple și rapide, lasă să se vadă tendoanele acțiunii dramatice. Ca în multe dintre cele mai frumoase versuri ale lui Byron, nu suntem departe de un teren intermediar între poezie și o proză plină de intensitate. Îl recunoaștem aici pe admiratorul lui Horațiu.

Elementul horațian rămâne puternic chiar și acolo unde piesa e brusc luminată de scânteieri romantice. Sardanapal afirmă că razele ochilor Myrrhei își sporesc strălucirea în

Argintul tremurând pe val de Eufrat,
Când boarea cea ușoară a miezului de noapte
Al apei rostogolitor întins îl încrețește.*

Întregul efect se bazează pe sonoritatea tăioasă și rece a cuvântului *crisps* (încrețește). Acest cuvânt îl găsim și la Ben Jonson, într-o figură de stil de sorginte clar latină, în care vântul încrețește „fața" râurilor. Sau să luăm răspunsul mândru dat de Sardanapal celor care citesc în stele semne ale căderii lui:

Chiar dac-ar coborî, și-n rând solemn
Drumul mi l-ar deschide cu strălucirea lor,
Nu le-aș urma.**

---

* În original: „The tremulous silver of Euphrates' wave, / As the light breeze of midnight crisps the broad / And rolling water."

** În original: „Though they came down / And marshall'd me the way in all their brightness, / I would not follow."

Ceea ce dă o notă convingătoare acestei lăudăroșenii romantice este sonoritatea lui *marshall'd*. Ar fi putut oare vreun alt poet englez de după Milton să scrie acest vers? De-a lungul întregii piese, strălucirea temei orientale și calitatea exotică, senzuală, a eroului sunt ținute sub control de către tonul clasic. *Sardanapal* se aseamănă cu un tablou de Delacroix – vibrant în culoare, dar ferm în desen.

Cele două tragedii venețiene și *Sardanapal* sunt ceea ce germanii numesc *Lesedramen*, drame scrise pentru a fi citite sau, cel mult, recitate ceremonios, într-un stil străin tradiției teatrului englez. Ele sunt exemple târzii, somptuoase ale acelui ideal al formei antice care a început să se manifeste odată cu tragediile senecane ale clasiciștilor elisabetani. În ele găsim îmbinarea măiestriei clasice cu temperamentul romantic. Vom regăsi această îmbinare la Alfieri și la Kleist. Dar în ceea ce privește relația lor cu scena propriu-zisă, aceste opere strălucitoare reprezintă un impas. Ele privesc categoric spre trecut.

În schimb, „misterele“ lui Byron conțin anticipări clare ale viitorului. În literatura engleză, nu există alte piese de o factură absolut similară cu a acestora. *Manfred* este cel mai puțin original, constituind o variație pe tema lui Faust și a remușcării romantice (deși Byron respinge soluția facilă a mântuirii). *Cain*, *Cerul și pământul* și *Cocoșatul îndreptat* alcătuiesc o constelație aparte. Scrise dintr-un singur impuls, în 1821–1822, aceste „drame sacre“ întorc spatele realismului. Ele sunt vaste prezentări epice ale misterului răului. La baza lor se află *Faust*, *Prometeu* și Cărțile IX–XII din *Paradisul pierdut*. Sunt procesiuni strălucitoare ale imaginației religioase. Iar aici Byron este, în modul cel mai profund, neshakespearian. Căci unul dintre principiile fundamentale ale artei lui Shakespeare este acela că elementul religios trebuie să fie difuz, provizoriu și intrinsec poeziei, nu evident în intrigă sau în morală. *Regele Lear* este o tragedie religioasă, dar din ea lipsește, în mod crud, alinarea adusă de rit sau de o doctrină explicită. Byron, dimpotrivă, se încadrează în tradiția ciclului de mistere medieval.

În construcție însă, *Cain* și *Cerul și pământul* sunt futuriste. Ele necesită tipul de scenă panoramică conceput de Norman Bel-Geddes pentru o dramatizare a *Infernului* lui Dante. Scriind un teatru doar pentru minte, Byron a imaginat efecte fantastice. Întâlnirea dintre Lucifer și Cain, punctul central al piesei, are loc în Hades și în „Abisul spațiului". Nici o recuzită scenică de tip obișnuit n-ar putea crea iluzia necesară a vastității lumii stelelor și a oceanului:

Cain: E ca o altă lume; un soare lichid...
Și ce-s acele uriașe creaturi care se mișcă
Pe suprafața lui strălucitoare?
Lucifer: Sunt chiar locuitorii lui,
Leviathanii de odinioară.

Cerul și pământul este încă și mai departe de convențiile practice ale teatrului. Bazată pe *Cartea Facerii* și pe *Cartea lui Enoch,* piesa e un fel de cantată dramatică, oarecum în maniera lui Berlioz. În timp ce potopul se înalță spre crestele Caucazului, Iafet și Corul muritorilor intonează un *Dies Irae:*

Nori grei se năpustesc ca vulturii spre pradă,
Iar alții, ca de piatră, așteaptă doar cuvântul
La care răzbunarea să-și reverse.
Dispare vălul de azur al bolții
Și stele pier: atotstăpână-i moartea:
În locul soarelui, un licăr palid
Și înspăimântător s-a-ncolăcit
În jurul vastului văzduh în agonie.

Inevitabil, dincolo de cuvinte auzim acorduri de orgă și sunet de trompetă. Într-o conversație cu Thomas Medwin, Byron a arătat cum urma să se termine piesa (ceea ce avem este doar prima parte):

Adah e acum în pericol de a pieri sub ochii celor din arcă. Iafet este disperat. Ultimul val o smulge de pe stâncă, și corpul ei neînsuflețit plutește pe lângă corabie în toată frumusețea lui, în timp ce deasupra lui se aud țipetele unei păsări de mare, care pare să fie spiritul îngerului ei păzitor.

Tabloul este victorian, semănând cu una din acele mari și întunecate pânze de Haydon. Dar, în același timp, el prefigurează opera wagneriană. Zbuciumul apei pe lângă arcă, fata cea frumoasă și țipătul păsării de mare ne conduc direct spre lumea scenei de la Bayreuth. Și chiar și mai departe, căci asemenea efecte au fost pe deplin realizate abia în teatrul modern. De exemplu, în *Cristofor Columb* al lui Claudel, unde posibilitățile scenei se îmbină cu cele ale filmului și ale microfonului.

Cocoșatul îndreptat trădează o epuizare a puterii de invenție. În această piesă există prea multe elemente din *Faust*-ul lui Goethe și dintr-un roman gotic obscur, *Cei trei frați*, de Joshua Pickersgill. Scriind această operă curioasă, Byron s-a jucat cu cruzime cu nervii săi. Tema diformității fizice l-a obsedat, iar versurile cu care începe piesa cuprind amintiri vii din propria lui copilărie:

Bertha: Afară, cocoșatule!
Arnold: Așa am venit pe lume, mamă!
Bertha: Afară,
Duh necurat ce ești! Coșmar! Din șapte fii,
Doar tu-ai ieșit lepădătură!
Arnold: Măcar dac-aș fi fost bun lepădat,
Să nu mai fi văzut lumina zilei!
Bertha: Și eu zic tot așa!

Arnold încheie un pact faustic și-și alege înfățișarea strălucitoare a lui Ahile (nu trebuie să fii freudian pentru a observa relația ascunsă dintre călcâiul lui Ahile și diformitatea lui Byron). Diavolul își ia fosta înfățișare a lui Arnold și numele de Cezar. Amândoi intră în armata care asediază Roma în mai 1527. Personajele istorice se amestecă cu cele fantastice. Arnold se duelează cu Cellini și salvează o tânără femeie de furia mercenarilor care invadează orașul. Apoi piesa se întrerupe, într-o atmosferă pastorală, la castelul din Apenini al contelui Arnold.

Dar Byron a lăsat o schiță a desfășurării ulterioare a acțiunii. Olimpia, tânăra salvată, devine logodnica lui Arnold, dar rămâne indiferentă la iubirea lui, comportându-se ca „o fată de marmură". Ea e o femeie modernă, de tipul eroinelor lui Ibsen sau Shaw: ceea ce o atrage este lumina inteligenței, chiar și când aceasta e diabolică, simpla frumusețe masculină lăsând-o rece. Olimpia e fascinată de diformul Cezar, iar Arnold devine gelos pe vechiul lui trup schilod. El a scăpat de cocoașă renunțând la mântuirea sufletului și acum, prin acest târg, este de două ori damnat. Notele lui Byron sugerează că Arnold va căuta să-și recapete diformitatea. Este o întorsătură surprinzătoare, exact în maniera lui Pirandello. Iar comentariile lui Cezar au o savoare distinct modernă, observațiile critice pe care le face pe marginea intrigii amintindu-ni-l pe Shaw. Când Arnold îi spune să se ducă în grabă la palatul Colonna, diavolul îl asigură: „O, cunosc Roma foarte bine."

Amestecul de fantezie lirică, spirit sclipitor și melodramă ne fac să ne gândim la *Don Juan*. În opera lui Byron, *Cocoșatul îndreptat* marchează tranziția de la dramatic la eroi-comic. Rămânem însă cu impresia pregnantă că acest ciudat fragment a lăsat o urmă și în dramă; el este, fără îndoială, un fel de prolog la *Peer Gynt*. Ambele reclamă lărgirea convențiilor și resurselor teatrului, lucru care astăzi a devenit posibil. N-ar trebui oare ca aceste piese târzii ale lui Byron să fie supuse testului reprezentației – poate, așa cum sugerează G. Wilson Knight, pe o scenă proiectată special pentru ele, într-un „Byron *Festspielhaus*"?

Odată, vrând să-și ilustreze concepția despre tragedie, Byron recomanda: „Citiți o traducere din Alfieri." Cred că este un lucru pe care nu-l facem prea des. Chiar și în Italia, Alfieri ocupă un loc cam izolat; deși se bucură de stimă, nu are mulți cititori. Și totuși, este cel mai viguros tragediograf italian și, în mod sigur, singurul talent dramatic important produs de Italia în perioada care-l desparte pe Goldoni de Pirandello. Alfieri aparține acelei școli de dramă care a încercat să îmbine formele clasice cu valorile romantice. În teatrul său, ca și în cel al lui Byron, convențiile neoclasice intră în conflict direct cu un temperament intens liric și romantic. Acest fapt conferă pieselor sale un caracter cu totul special: ele au un fel de răceală febrilă.

Gama subiectelor abordate de Alfieri constituie un fel de indice tematic al imaginației romantice. El a dramatizat ciclul teban și *Orestia,* în ambele subliniind puternic aspectele oribile. În *Agamemnon,* Egist înaintează spre spectatori, ținând în mână sabia pe care se prelinge sângele lui Agamemnon. În *Antigona,* trupul eroinei este adus pe scenă, iar actele de violență finale, care în tragedia greacă sunt povestite, se săvârșesc sub ochii noștri. La fel ca Schiller, Alfieri a scris o dramă, *Filip,* al cărei erou este Don Carlos, și o *Maria Stuart.* Aceasta din urmă are un patos deosebit, deoarece poetul a fost iubitul contesei de Albany, soția greu încercată a lui Charles Edward Stuart, poreclit „Tânărul Pretendent". Alfieri s-a inspirat apoi din istoria Florenței renascentiste, scriind o dramă despre conjurația familiei Pazzi împotriva guvernării familiei Medici. Dar spre deosebire de *Lorenzaccio*, *Conjurația familiei Pazzi* aderă pedant la unitățile de timp și loc. Aceasta face ca modul în care e tratată acțiunea, o intrigă politică tumultuoasă și complexă, să fie extrem de artificial. O altă sursă de inspirație folosită de Alfieri a fost Biblia, și aici Byron i-a urmat exemplul. *Saul* (1782–1784) este o piesă frumoasă. În țesătura textului sunt introduși psalmi ai lui David, ceea ce dă stilului neoclasic ceremonios al lui Alfieri o ușoară strălucire orientală. Scena în care David cântă, încercând să aducă lumină în întunecimea inimii regelui, ne reamintește că romanticii au văzut în Rembrandt un precursor.

Capodopera lui Alfieri este *Mirra,* o tragedie scrisă între 1784 și 1786. Byron situa această piesă deasupra oricăror altor drame moderne, cu excepția lui *Faust.* Astăzi, ea este o piesă de muzeu – în parte, desigur, din cauza subiectului ei. Tema incestului a obsedat imaginația romanticilor; căci incestul dădea o expresie drastică anumitor atitudini pe care romantismul le exalta: sfidarea convențiilor sociale, căutarea trăirilor neobișnuite și interzise, dorința realizării intimității și unirii depline a sufletelor în actul iubirii. Este un motiv favorit al lui Shelley, Byron și Wagner. Dramatizând legenda iubirii nemărturisite a Mirrei pentru tatăl ei, Alfieri a exprimat, în stil neoclasic, unele dintre cele mai pasionate și mai decadente note ale temperamentului romantic. Ca și în *Atalia,* convențiile teatrale devin ele însele mijloace de exprimare ale semnificației dramatice. Întreaga tragedie are ca suport hotărârea Mirrei de a nu destăinui hidoasa ei iubire. Este un studiu al înfrânării, iar elementele neoclasice – retorica formală, suspendarea acțiunii exterioare, scurtimea timpului de care dispun personajele – contribuie, toate, la crearea senzației de presiune insuportabilă. Când, în cele din urmă, Mirra sugerează adevărul, acțiunea se îndreaptă rapid spre un sfârșit sumbru:

Ciniro: acum pierdut-ai pe vecie
a tatălui tău dragoste.
Mirra: Ce crudă
amenințare! Adaug la suflarea morții,
pe lângă-amar de chinuri,
și a părintelui cumplită ură?
Departe-mi este dat să mor de tine?
O, fericită mamă!... Cel puțin
Ție ți-e dat... să mori... cu el alături...

A se observa cât de ironic e pregătită revelația prin strigătul: „O, fericită mamă!“ (*Oh madre mia felice!*). Tonul este extrem de romantic, dar stilul propriu-zis se trage din cel al lui Ovidiu.

Alfieri încearcă întotdeauna să toarne sentimentele furtunoase într-un tipar clasic dur.

Ne este greu să ne imaginăm că *Mirra* ar putea fi jucată într-un teatru modern. Ea necesită un stil de interpretare emfatic, pe care noi nu-l mai apreciem. Dar în cadrul convențiilor epocii, piesa trebuie să fi fost extraordinar de emoționantă. Byron a împrumutat din ea numele eroinei lui din *Sardanapal* și odată, în timp ce asista la reprezentația *Mirrei,* acest bărbat cu nervi puternici a leșinat.

În *Cocoșatul îndreptat* există o scenă în care Olimpia încearcă să se sinucidă, nevrând să supraviețuiască devastării Romei. Arnold se apleacă neliniștit asupra corpului ei, aparent lipsit de viață:

Arnold: Ce palidă! Ce minunată! Fără viață!
Esență-a frumuseții, vie, moartă,
Eu doar pe tine te iubesc!
Cezar: La fel
Iubi Ahile pe Pentesileea:
Având înfățișarea lui, se pare
Că ai și inima cu-a lui asemeni –
Și n-avu el o inimă duioasă.

Eruditul diavol se referă la cel mai fascinant dintre toți „clasiciștii romantici“ și la piesa în care acesta a dramatizat strania și respingătoarea legendă a lui Ahile și a reginei amazoanelor. *Pentesileea* lui Kleist are un ton mai frenetic decât cel al oricăreia dintre piesele scrise de Byron sau Alfieri, dar încercarea de a îmbina moștenirea clasică cu spiritul romantic capătă aici o finalitate logică.

Împreună cu Lenz, Büchner și Hölderlin, Kleist face parte din familia geniilor zbuciumate produse de literatura germană după Goethe și Schiller, genii care apar ca niște mari incendii după o splendidă amiază. Acești scriitori au murit tineri, răpuși de nebunie sau de propria lor mână. În arta lor, găsim o tensiune extremă, generată parcă de dorința lor de a descoperi punctul de rupere al resurselor limbii și formei poetice moștenite de la Goethe și Schiller. Talentele li s-au maturizat cu o repeziciune fantastică – Büchner nu avea încă douăzeci și unu de ani când a scris *Moartea lui Danton* –, dar a fost o maturizare fără împlinire. În plus, în operele lor găsim acel dezechilibru dintre acțiune și repaus, dintre exaltare și reținere, care urma să devină caracteristic pentru dezvoltarea ulterioară a spiritului german. Această generație agitată de romantici târzii a readus în atmosfera Europei o notă de isterie pe care Renașterea și raționalismul laic al secolului al XVIII-lea o ținuseră în frâu. Odată cu mesajul superiorității naționale sau rasiale, aceste voci noi au introdus nebunia în politica europeană. Și ele se aud clar în *Bătălia lui Arminius* a lui Kleist.

Deși s-a sinucis la treizeci și patru de ani, Kleist a lăsat în urma vieții lui chinuite șapte drame terminate și o serie de nuvele, care sunt capodopere ale acestei specii exigente. Tot ce a scris, chiar și eseul despre metafizica teatrului de păpuși, trădează o imensă agitație interioară și o exacerbare a sensibilității. Kleist a privit problemele umane în lumina puternică, dar instabilă, a extremului. Viziunea lui se poate rezuma în vestita scenă de început a *Cutremurului din Chile*, în care ni se prezintă un tânăr spaniol pe cale să se spânzure în închisoarea din Santiago, chiar în momentul marelui cutremur din 1647. Kleist a fost dramaturg prin însăși natura sa – pentru că drama este întruchiparea formală a crizei. Chiar și operele lui în proză nu sunt altceva decât drame cu o acțiune încetinită. Stilul și tehnica dramatică au, la el, o intensitate neîntreruptă: totul este nerv, vibrație. Acțiunea înaintează în străluciri intermitente, ca și când în spatele personajelor s-ar aprinde și s-ar stinge, brusc, o torță. Romanticii au avut o predilecție excesivă pentru clarobscur; în dramele lui Kleist, ca și în gravurile contemporane, mase de umbră sunt despicate de lumina fulgerelor.

Datorită extremismului său, Kleist s-a apropiat mai mult decât Goethe sau Schiller de o abordare fără compromisuri a formei tragice. *Pentesileea* și marele fragment din *Robert Guiskard* conțin o viziune arhaică a lumii, care apare dominată de violență și de absurd. Ciuma ce amenință armata normandă în *Robert Guiskard* are acea inumană, aproape cosmică hidoșenie a ciumei care îi mână pe locuitorii Tebei spre palatul lui Oedip:

> De nu ne scapă iute el de ciuma
> Trimisă peste noi de iadul nemilos,
> Din mare se va înălța pe-acest pământ,
> Movila funerară a-ntregii lui oștiri!
> Dă buzna molima cu pași de spaimă
> Prin rândurile noastre îngrozite,
> Suflând din buzele-i umflate aburii
> Otrăvitori ce-i fierb mereu în piept![10]

Tocmai această notă de teroare pură a fost cea care i-a inspirat repulsie lui Goethe. El recunoștea existența sălbăticiei și haosului în experiența umană, dar avea convingerea că secolele de meditație rațională au reușit să arunce o punte peste abis. Kleist îi părea că submineazză fragila construcție. El dădea o versiune de coșmar acelui dezechilibru al imaginației pe care Goethe căutase să-l domine în sine însuși și pe care îl prezentase sub masca lui Torquato Tasso. De aceea, Goethe nu i-a acordat poetului mai tânăr bunăvoința sa.

Deși Kleist a adus în literatura germană nota tragediei absolute, nu în aceasta constă originalitatea operei sale. În drame precum *Käthchen din Heilbronn* și *Prințul Friedrich de Homburg*, distincția dintre tragic și comic își pierde semnificația pe care o avusese încă din Antichitate. Kleist a fost primul care a folosit, în teatrul modern, terenul complex al

---

[10] În *Robert Guiskard*, Kleist obține, prin modul în care folosește limba germană, efecte grave și solemne de tipul celor pe care le găsim la Milton. Ambii poeți au avut predilecție pentru o sintaxă extrem de complicată, pe care însă au stăpânit-o perfect.

seriozității imprecise. Ambiguitatea este prezentă și la Shakespeare, în așa-numitele „comedii sumbre“ sau „piese problematice“. Natura intrigii și utilizarea derutantă a convențiilor dramatice dă unor piese ca *Troilus și Cresida* și *Măsură pentru măsură* gustul lor dulce-amar. Dar Kleist merge mai departe. El urmărește să realizeze o polifonie în care ironia și seriozitatea, gravitatea și bucuria să fie implicate în mod egal. Intrigile lui par să se desfășoare la niveluri diferite ale realității, și nu știm niciodată cu precizie care este, într-un anumit moment, cel mai „real“. În aproape toate dramele lui Kleist există episoade cruciale de somn sau de inconștiență; ele reprezintă trecerea de la un nivel al realității la altul, prin porți de întuneric momentan. La Kleist, acea viziune tipic modernă a pluralității conștiinței individuale capătă o expresie dramatică.

Instabilitatea deliberată a punctului de vedere al lui Kleist face ca piesele lui să fie ciudat de tulburătoare. *Amfitrion, Käthchen din Heilbronn* și *Prințul Friedrich de Homburg* au un sfârșit plin de bucurie. În fiecare din ele, ultima cortină cade pe o scenă sărbătorească. Și totuși, spectatorul rămâne cu un gust ciudat, cu senzația că bucuria a fost prea scump plătită. În *Amfitrion,* vechea temă a confundării identităților devine un simbol al misterului fundamental al conștiinței. În această piesă minunată, lumina pâlpâie tot timpul, nelăsându-ne să vedem clar hotarul dintre real și imaginar. Scena în care Amfitrion încearcă să-și dovedească identitatea înfruntându-l pe Jupiter deghizat este aproape insuportabilă. Când zeii iau înfățișarea oamenilor, aceștia își pot dovedi calitatea umană numai prin slăbiciunea lor. În adâncul ființei ei, Alcmena știe, prin sângele ei răscolit, că a fost vizitată de un nemuritor. Silită să aleagă între cei doi Amfitrioni rivali, ea îl alege pe impostorul divin. Apoi, brusc, Jupiter își dezvăluie prezența uriașă, aducând împăcarea. Dar deși îl omagiază pe zeu, iar acesta îi promite că-l va avea ca fiu pe Hercule, Amfitrion rămâne umilit cu cruzime. El și-a împărțit cu altul propriul nume; și acum, când Alcmena îl rostește, la cine se gândește ea de fapt? Comandanții tebani îl felicită pe Amfitrion pentru destinul său neobișnuit, dar, cunoscând adevărul, cuvintele lor sună fals. Pentru Alcmena, gloria e o rană; și ea nu se mai simte în largul ei în lume. Piesa se termină cu strigătul ei ambiguu:

Întâiul general: O, ce triumf! Într-adevăr...
Al doilea general: Ce faimă!
Întâiul colonel: Da, suntem copleșiți...
Amfitrion: Alcmena!
Alcmena: Ah![11]

Este o bucurie ciudată, amară; iar sentimentul nostru de stânjeneală e sporit de faptul că Kleist adaugă mitului grec ecouri din istoria lui Cristos. Jupiter vorbește despre venirea lui Hercule pe un ton de bună vestire. După moartea lui cruntă, îl va primi în Olimp ca pe un zeu. Ironiile se multiplică, așa cum se întâmplă cu imaginea din două oglinzi puse față-n față.

Amfitrion ne arată că viziunea despre lume a lui Kleist e foarte diferită de cea a lui Racine, și chiar și de cea a lui Schiller. Poate că ea se apropie mai mult de cea a lui Giraudoux. Studiul concepției „ortodoxe" despre teatrul tragic ar putea să se încheie, pe bună dreptate, cu Kleist.

Acest lucru este valabil și într-o altă privință. Înainte de Kleist, tragedia întruchipa ideea de responsabilitate morală. Între caracterul moral al personajului tragic și destinul său există o concordanță. Uneori această concordanță e greu de sesizat. Suferințele lui Oedip sau cele ale lui Lear sunt mult mai mari decât viciile lor. Dar chiar și în aceste cazuri derutante, presupunem existența unei dependențe cauzale și raționale între caracterul omului și ceea ce i se întâmplă. Eroul tragic poartă o răspundere, căderea lui fiind legată de prezența în caracterul său a unei infirmități morale sau a unui viciu. Suferințele unui om inocent sau virtuos sunt, așa cum

---

[11] Acest *Ah!* al Alcmenei are inflexiuni bogate, exprimând atât uimire, cât și durerea ascuțită a unui regret.

a observat Aristotel, patetice, dar nu tragice. Iar Lessing are dreptate când susține că punctul de vedere aristotelic privind responsabilitatea tragică se regăsește la Shakespeare, de exemplu în *Othello* și în *Macbeth*.

Dar Kleist se îndepărtează de această tradiție. Eroul kleistian nu este direct răspunzător de ceea ce se întâmplă. Conflictul se naște din ciocnirea unor aspecte opuse ale realității. Käthchen din Heilbronn și prințul de Homburg sunt asaltați de vise profetice. Ei trăiesc iluminări ale conștiinței, care îi fac orbi la realitățile înconjurătoare. Întreaga dramă constă în faptul că ei se încăpățânează să creadă în adevărul viziunii. În cele din urmă, reveriile lor intense se dovedesc mai puternice decât realitatea. Nu ei sunt cei care cedează, ci lumea. Realitatea se schimbă complet și intră în țesătura viselor lor. Personajul kleistian este răspunzător de dezordinea propriei lui conștiințe; eroismul său este eroismul vizionarului. La Kleist, piesa e literalmente înconjurată de somnul eroului*, iar intriga – lucru și mai important – are lipsa de logică și straniul caracter abrupt al viselor. Dramele lui ar putea avea drept motto versurile lui Keats:

O nălucire-a fost, sau a fost vis?
Pierit-a cântecul: sunt treaz, sau dorm?**

Destrămarea coerenței dă artei lui Kleist o notă distinct modernă. Ea explică de ce acest poet naționalist prusac a putut juca un rol în existențialismul francez și de ce s-au scris eseuri despre „Lumea existențială din *Prințul de Homburg*". În operele lui Kleist, existențialiștii văd acea discontinuitate dintre cauza morală și efectul material și acea răsturnare a așteptărilor

* *Cf. Furtuna*, IV, 1: „Plămadă suntem precum cea din care / Făcute-s visele; și scurta viață / Înconjurată ni-e de somn" (trad. Leon Levițchi, în Shakespeare, *Opere complete*, vol. 8, Editura Univers, București, 1990, p. 397).

** Versurile finale din *Odă unei privighetori*. Vezi și John Keats, *Versuri*, trad. Aurel Covaci, Editura Tineretului, București, 1969, p. 30.

raționale pe care o numesc „absurd". Prințul de Homburg, care visează în timp ce se îndreaptă spre moarte, a devenit un simbol al conștiinței dezmoștenite a anilor 1950.

Dramele lui Kleist nu sunt drame ale acțiunii, ci ale puterii de a îndura. Astfel, *Käthchen din Heilbronn* este, în parte, un studiu al masochismului. Este o operă plină de forță și, totuși, oarecum respingătoare, în care Kleist preia basmul prințesei pierdute și al cavalerului ei strălucitor pentru a-l trata în maniera sa excentrică. Contele vom Strahl (nume care înseamnă „strălucitorul") i-a apărut lui Käthchen într-o viziune angelică. Acum, omul în carne și oase se oprește la fierăria tatălui ei. Fata recunoaște bărbatul din vis și, din acel moment, îl urmează ca un câine. Contele face totul ca să scape de prezența ei abjectă. Îi aruncă în față disprețul lui și o dă afară din casă. Puțin lipsește ca să recurgă și la bici. Dar Käthchen bea umilința de parcă ar fi apa vieții. Ea știe că viziunea ei se va impune. În Actul IV, realitatea se schimbă. Vom Strahl își dă seama că visul nebunesc al fetei se potrivește exact cu o viziune pe care a avut-o într-o noapte când a suferit de febră mare. El recunoaște că o anumită parte a sufletului său a fost plecată într-o călătorie fantastică:

Alături stați-mi, zei! Sunt dedublat!
Acum sunt spirit și cutreier noaptea!

Este un gând teribil, care poate duce la nebunie:

Vai mie! Duhul meu, orbit de magică lumină,
Se clatină în pragul crunt al nebuniei.

Dar Contele face acea alegere care pentru Kleist este piatra de încercare a eroismului: el acordă încredere intuiției misterioase, nu faptului evident. Vom Strahl devine cavalerul fetei și, supus batjocurii și unor grele încercări în luptă, suferă chinuri cumplite, până când se descoperă că fata e fiica împăratului. Viața cedează în fața insistenței visului. Drama se încheie în timp ce Käthchen coboară scara castelului, pentru a se uni cu Contele prin căsătorie.

Această scară apare și în *Prințul Friedrich de Homburg*, în prima și în ultima scenă. Ea este o punte între realitatea împrejurărilor externe și realitatea, mai importantă, a viziunii. Intriga e pură fantezie, deși e străbătută de o notă stridentă de naționalism prusac. Adormit în grădina palatului, prințul are un vis extraordinar de viu, care îi anunță gloria și o căsătorie regească. El se trezește, dar spiritul său e răvășit de minunile pe care le-a visat. Fără să mai aștepte, pleacă la luptă, riscând să compromită victoria printr-un atac splendid, dar prematur. Condamnat la moarte de curtea marțială, la început refuză să accepte realitatea, pentru ca apoi, disperat, să ceară îndurare. Somnambul între cele două lumi, Prințul este și erou, și laș. În cele din urmă, își învinge frica, recunoaște justețea condamnării sale, refuză șansa de a fi iertat și cere ca sentința să fie executată ca o pildă pentru vitejii ce vor veni. Legat la ochi, Prințul este condus în grădina în care a avut prima viziune. El își așteaptă execuția, în timp ce tobele bat un marș funebru. Dar în clipa aceea, Electorul de Brandenburg, însoțit de curteni și de prințesa Natalia, apare pe terasa de deasupra grădinii. Purtând o coroană de lauri, prințesa înaintează spre iubitul ei condamnat. Când i se scoate legătura de pe ochi, prințul vede în fața lui imaginea exactă din visul său și cade fără cunoștință. E trezit la viață de sunetele unei muzici marțiale și de bubuitul tunurilor, iar cortina cade într-o atmosferă care anunță victoria în război.

Nici un rezumat n-ar putea reda magia ciudată a acestei scene. Ca și în *Amfitrion*, ea se datorește, în parte, faptului că acțiunea sugerează idei cu o semnificație mai înaltă. *Prințul Friedrich de Homburg* este o parabolă a învierii. În grădina visului, prințul cunoaște și căderea omului, și mântuirea lui. După scurta moarte din clipele de inconștiență, el se înalță spre slavă, în prezența celui care urmează să-i fie tată. De fapt, atinge chiar hotarul strălucitor al nemuririi:

O, nemurire! Ești a mea acum!
Prin vălul de pe ochii mei pătrunzi
Ca strălucirea unor mii de sori!
Aripi îmi cresc din cei doi umeri,
În calm eter plutește al meu spirit.
Și-așa cum o corabie, de vânt domol purtată,
În zare vede portul vesel cum dispare,
Așa-mi văd viața cufundându-se-n amurg.

Dar motivele teologice sunt împletite foarte strâns în țesătura deosebită a piesei. Tema dominantă este caracterul echivoc al noțiunii de realitate. În dramele lui Kleist, oamenii nu se trezesc din somn, ci din veghe. Ei sunt absolut treji doar când pătrund în lumea solidă a viselor. De la *Prințul Friedrich de Homburg* nu e decât un pas mic până la Pirandello.

Pentesileea a fost scrisă înaintea pieselor onirice și nu are nimic din ambiguitatea lor. Kleist tratează aici mitul într-un mod arhiromantic. Regina războinică îl vede pe Ahile și e imediat cuprinsă de o pasiune vecină cu nebunia. Dorința ei depășește eroticul; este acea obsesie a absolutului pe care o găsim în povestirile lui Poe și Balzac. Cei doi îndrăgostiți se înfruntă în luptă, și Kleist exploatează strălucit tema învecinării, în suflet, a patimii totale și a urii totale. El a știut înaintea lui Strindberg că pasiunea sexuală și lupta cu armele sunt moduri de înfruntare înrudite. Piesa e gândită ca un dans al săbiilor. Ahile și amazoana avansează și se retrag într-un flirt ucigaș. În cele din urmă, poftele nebune ale Pentesileei țâșnesc într-o manifestare de canibalism real. Stilul operei oglindește cu precizie formalismul crud al acțiunii. Versul are o strălucire sălbatică, rece. Yeats, acel maestru al violenței formale, ar fi putut scrie *Pentesileea* dacă ar fi știut cum să dea construcției dramatice amploarea necesară.

Dar piesa are viciile marii sale forțe. Ea prezintă grozăvii cu atâta insistență, încât se transformă într-o mostră de *grand guignol* exaltat; ca multe dintre creațiile romantismului german, duce prea departe ideea că iubirea și moartea sunt înrudite;

iar bine-cunoscutul punct culminant – Pentesileea sfâșiind cu dinții pieptul doborâtului Ahile – e unul pe care imaginația noastră, cuprinsă de oroare, refuză să-l accepte. Goethe a avut, indiscutabil, dreptate când a observat în *Pentesileea* semne ale decadenței. Tragedia reflectă curentul de isterie și sadism care străbate romantismul, la un nivel ușor de identificat, din epoca romanului gotic până în cea a lui Flaubert și a *Salomeei* lui Oscar Wilde.

Totuși, în ciuda extravaganței ei sumbre, opera rămâne de mare interes. Kleist, mergând încă și mai departe decât Alfieri, folosește mitologia clasică pentru a exprima o viziune foarte personală, excentrică. El este un precursor direct al acelor dramaturgi moderni care toarnă în vechile sticle ale legendei grecești vinurile noi ale psihologiei freudiene sau ale politicii contemporane. Din ce în ce mai incapabilă să-și creeze un ansamblu adecvat de mituri proprii, imaginația modernă jefuiește tezaurul imaginației clasice.

Pentesileea a fost publicată în 1808. În 1821, Grillparzer și-a terminat trilogia *Lâna de aur*. Byron a cunoscut numele poetului și a prezis că va ajunge să se bucure de o mare faimă. Deși acest lucru nu s-a întâmplat, Grillparzer este un dramaturg de prima mână. El nu are incandescența lui Kleist, iar amărăciunea seacă a operei sale oglindește condiția intelectualului din timpul lui Metternich. Spre deosebire de Kleist, Grillparzer și-a stăpânit pe deplin mijloacele de exprimare, iar versiunea pe care a dat-o legendei Medeei rivalizează cu cea a lui Euripide prin demnitatea ei viguroasă. Grillparzer dezvoltă două motive principale. Medeea este persoana din afară, străina dezrădăcinată. Ea mânjește lumina cadrului grecesc prin simpla ei prezență, căci poartă cu sine întunecimea exilului. Mai mult, de dragul lui Iason, a făptuit numeroase crime, iar el, din chiar acest motiv, nu mai are încredere în ea. Medeea, care a trădat un tată și un frate pentru a urma un pirat grec, l-ar putea trăda și pe el. Ferocitatea primitivă a iubirii Medeei îi inspiră lui Iason repulsie. Iason nu mai este înflăcăratul căpitan al Argonauților, ci un om obosit, bănuitor, în căutarea unui loc unde să poată ancora. Aceste elemente sunt prezente și în mit, și în versiunea lui Euripide; dar concentrându-se asupra lor, Grillparzer pune tragedia într-o lumină ironică, modernă.

Este greu să citezi din Grillparzer, pentru că versurile lui au o muzicalitate tipic austriacă; iar momentele succesive din dramele sale sunt foarte strâns legate. Dar în Actul III din *Medeea* există un dialog în care principalele virtuți ale lui Grillparzer se văd clar:

Medeea: M-ai înrobit iubirii – și-acum fugi?
Iason: Trebuie s-o fac!
Medeea: Tu tatăl mi-ai răpit!
Acum și soțul mi-l răpești?
Iason: Silit doar!
Medeea: Din vina ta căzut-a al meu frate.
Și fugi?
Iason: Nevinovat, cum el căzut-a.
Medeea: Să te urmez, mi-am părăsit și țara.
Iason: Tu vrerii tale i-ai urmat – nu mie.
Te-aș fi lăsat, dacă te-ai fi căit.
Medeea: Din vina ta sunt azi blestemul lumii.
Eu însămi mă urăsc din vina ta –
Și tot mă părăsești?
Iason: Nu eu: poruncă
Mai înaltă mă ia de lângă tine.
Tu ți-ai pierdut norocul... Al meu unde-i?
Dă-mi chinul tău, pe-al meu în schimb primește-l!
Medeea: O, Iason!
Iason: Ce-i? Ce mai dorești acum?
Medeea: Nimic, mi-a și trecut!

În felul lui, stilul este aici mai izbutit decât la Kleist. Exprimarea e mai clară și urmărește mai hotărât ideea centrală. Prozodia e plină de măiestrie, Grillparzer reușind să obțină efecte puternice fără să forțeze tonul. El are o ureche perfectă și o folosește pentru a ușura povara complicatei sintaxe germane. Argumentația se mulează pe forma rapidă, subtilă, a versului. Virtuozitatea invenției metrice și modul în care cei doi interlocutori preiau, alternativ, accentul frazei, ne amintește cele mai bune poezii ale lui Tennyson. Ca și acesta, Grillparzer a folosit, în limba sa, resursele versificației latine.

Fiind atât de lucid, atât de neîmpovărat de ornamente mitologice sau de retorică de stil vechi, dialogul e de o pregnantă modernitate. El ar putea fi contemporan cu *Medeea* lui Anouilh:

> Unde să mă duc? Unde mă trimiți? Să mă îndrept spre râul Fasis, spre Colhida, regatul tatălui meu, spre câmpurile scăldate de sângele fratelui meu? Mă gonești. Încotro îmi poruncești să plec fără tine? Spre ce mări libere? Spre strâmtorile Pontului, prin care am trecut urmându-te, înșelând, mințind, furând pentru tine; spre Lemnos, unde oamenii desigur că nu m-au uitat; spre Tesalia, unde mă așteaptă, pentru a se răzbuna, fiii unui tată pe care l-am ucis pentru tine? Toate drumurile pe care ți le-am deschis, mie mi le-am închis. Eu sunt Medeea cea împovărată de oroare și de crime.

Tonul și direcția argumentației sunt exact aceleași.

Kleist și Grillparzer au fost dramaturgi de tranziție. Ei au încercat să îmbine moștenirea elenă cu cea shakespeariană, creând o formă de dramă tragică potrivită teatrului modern. De aceea, modul în care au folosit mitologia greacă și stilul clasic era experimental. În raport cu linia care desparte concepția lui Racine despre Antichitate de cea a lui Hofmannsthal sau Anouilh, ei se află de partea modernilor. Dar nu putem încheia discutarea elenismului romantic fără să ne referim la cele două piese care, alături de *Samson Luptătorul,* se apropie cel mai mult, în literatura europeană, de o reincarnare a idealului grecesc.

Încă din anii 1780, Schiller hotărâse să scrie o piesă care să întruchipeze conceptul de tragedie greacă, preluând chiar și forma tehnică propriu-zisă a acesteia. După perioada lui shakespeariană – *Wallenstein*, *Maria Stuart*, *Fecioara din Orléans* –, el era decis să dea teatrului german un exemplu de dramă sofocleană. Aceasta însemna adaptarea corului la scena modernă. În prefața la *Logodnica din Messina*, Schiller face o analiză lucidă a rolului corului. El îl privește ca pe un instrument menit să creeze irealitatea necesară. Drama poetică prezintă o acțiune care este, în același timp, reală și iluzorie sau, mai degrabă, care e reală numai în cadrul ficțiunii speciale a reprezentației teatrale. Înconjurând acțiunea cu un zid de vorbire solemnă și mișcări ceremonioase, corul îi dă spectatorului impresia necesară de distanță. El face ca realul să apară imaginar. Această idee a lui Schiller anticipează concepția lui Brecht, conform căreia între spectator și piesă trebuie să existe o „înstrăinare". În al doilea rând, Schiller vede în prezența corului o somptuoasă „tapiserie lirică" (*lyrisches Prachtgewebe*). Pe acest fond, acțiunea se poate desfășura cu maiestatea cuvenită. Prin recitare, corul înalță evenimentul dramatic deasupra planului vorbirii obișnuite. În fine, după părerea lui Schiller, corul aduce în drama tragică un element de ușurare. El rotunjește colțurile ascuțite ale violenței și, astfel, îi permite spiritului să privească orori tragice fără să fie cuprins de disperare. Corul supraviețuiește morții lui Agamemnon sau Oedip și poate să tragă o concluzie morală care depășește dezastrul imediat. Astfel, el contribuie la realizarea idealului lui Schiller, acela al unei tragedii a împăcării.

Logodnica din Messina nu este o piesă atrăgătoare. Inspirându-se din legenda rivalității dintre fiii lui Oedip și a morții lor, Schiller a construit o intrigă foarte simetrică. Pentru ca destinul să pară inevitabil, evenimentele se leagă unele de altele prin coincidențe exasperante. Deși piesa are o formă sever clasică, ea este de fapt construită în jurul unei serii de hazarduri melodramatice. Acțiunea se bazează în întregime pe întâlniri întâmplătoare, pe dispariții bruște și pe recunoașteri întârziate. Dacă se poate vorbi de existența unei melodrame sofocleene, o găsim aici. Iar sfârșitul tragic este neconvingător. Don Caesar este hotărât să se omoare pentru a restabili un echilibru precis al dreptății. El își îndeplinește hotărârea, deși știe că numai supraviețuirea lui ar putea repara răul provocat de el și de crudul său frate. Marioneta sortită pieirii începe să gesticuleze țeapăn de sub masca de om. În plus, după cum și-a dat seama însuși Schiller, corul se îndepărtează de rolul său formal și contemplativ. Împărțit în facțiuni rivale, el intervine în intriga criminală.

Și totuși, în *Logodnica din Messina* există momente care sunt la înălțimea pieselor lui Sofocle. Corul folosește atât rima, cât și un vers alb al cărui ritm variază. Anumite pasaje se apropie mai mult decât oricare alte versuri scrise într-o limbă modernă de presupunerile noastre privind modul în care trebuie să fi sunat corul grecesc:

Dar și-nfricoșătoare lucruri
Învață să aștepți în viața pământească!
Cu silnică mână,
Chiar sfinte legături crima sfărâmă.
Pe a Stixului barcă
Moartea încarcă,
Vai, și tinere vieți în floare!
Turnuri negre de nori când umplu cerul,
Când, crunt, tunetul spart departe-i,
Simt în inimă toți jungherul
Și-ngrozitoarea putere a Soartei.[12]

---

[12] Cuvântul cel mai greu de tradus este *das Ungeheure*. El înseamnă „ceea ce e înfricoșător de straniu și de imens". Este „inumanul", exterior omului și mai mare decât el. Sensul ar putea fi redat mai fidel printr-o perifrază, dar ritmul cere folosirea unui singur cuvânt emfatic.

Dincolo de cuvinte, răsună ritmul dansului. În concepția lui Schiller, recitarea trebuia să fie pe jumătate cântată. El a demonstrat că, tratată cu suficient meșteșug poetic, drama însoțită de cor rămânea o opțiune viabilă. *Logodnica din Messina* este cheia de boltă în lungul arc care unește *Samson Luptătorul* cu *Omor în catedrală*.

În versiunile succesive, fragmentare, ale poemului dramatic al lui Hölderlin *Empedocle*, nu există cor (deși în schița pentru *Empedocle pe Etna* se prevede prezența lui). Acest poem reprezintă însă apogeul elenismului romantic. *Empedocle* n-a fost scris pentru a fi jucat pe scenă și ne-a rămas doar ca o serie de mari fragmente asupra nedesăvârșirii cărora cade umbra nebuniei poetului. El ne arată însă cât de profund și-a putut însuși un poet modern tonul și viziunea teatrului tragic grec. Să observăm că Hölderlin a ales cea mai îndepărtată și mai dificilă versiune a spiritului clasic. Drama neoclasică și modernă le este îndatorată mai ales lui Sofocle și Euripide. Hölderlin se inspiră din Eschil și din acele forme predramatice de tânguire sau de incantație pe care le deslușim, vag, în pragul tragediei eschiliene. De la *Prometeu* încoace, drama n-a cunoscut o pasiune atât de austeră. *Moartea lui Empedocle* și cele trei scene terminate din *Empedocle pe Etna* se numără printre piscurile literaturii – reci, greu accesibile și de o noblețe incomparabilă:

O, Jupiter liberator! – e-aproape,
Tot mai aproape ceasul meu. Al nopții
Trimis, trimisul dragostei, spre mine
Acum se și îndreaptă din genune.
Sosit-a clipa! Inimă, să bați,
Stârnindu-ți valurile; spiritul
Deasupra ta-i – o spuză de luceferi,
Pe când, pe boltă, norii fără țară
Ca-ntotdeauna rătăcesc, plutind.
....
Sunt mulțumit; acuma nu mai caut

Decât un loc să mă jertfesc. Mi-e bine.
Arc al lui Iris, cum ești tu când apa
Tresaltă-n nori de stropi de-argint pe unde
Învolburate, așa mi-e bucuria![13]

Drama nu s-a mai apropiat niciodată atât de mult de idealul grecesc. *Empedocle* se află mai departe de vraja lui Shakespeare decât oricare altă tragedie europeană. Dar nici *Logodnica din Messina*, nici *Empedocle* n-au putut contribui la vitalizarea teatrului; splendoarea lor era la o înălțime prea mare. Pentru ca teatrul să-și ducă viața mai departe, imaginația trebuia să coboare spre câmpii.

---

[13] Frumusețea stranie și concisă a stilului lui Hölderlin nu se poate reda. Prin *Geist* (spirit), Hölderlin înțelege probabil grecescul *psyche*.

VII

Toate piesele de care ne-am ocupat până acum sunt scrise în versuri. Acest fapt își are explicațiile lui. Timp de peste două mii de ani, noțiunea de vers a fost aproape inseparabil legată de cea de teatru tragic. Ideea de „tragedie în proză“ e ciudat de modernă și pentru mulți poeți și critici, ea rămâne paradoxală. Avem aici de-a face cu rațiuni istorice și rațiuni legate de tehnica literară. Dar există și cauze adânc înrădăcinate în modul nostru comun de a înțelege calitatea limbajului. Am spus „vers“ și nu „poezie“ deoarece poezia poate fi o virtute a prozei, a matematicii sau a oricărei activități spirituale creatoare. Poeticul e un atribut; versul este o formă tehnică.

În literatură, versul a precedat proza. Literatura înseamnă izolarea limbii de cerințele utilității și comunicării imediate. Ea ridică discursul deasupra vorbirii obișnuite, pentru a-l folosi în invocații, pentru a-l transforma într-un ornament sau pentru a-l face memorabil. Mijloacele firești de realizare a acestei elevații sunt ritmul și prozodia explicită. Prin faptul că nu e proză, că folosește metrul sau rima sau un motiv formal care se repetă, limba impune spiritului sentimentul că se află în fața unui fapt neobișnuit, iar forma ei rămâne întipărită în memorie. Ea devine vers. Noțiunea de proză literară este deosebit de sofisticată. Mă întreb dacă avea vreo semnificație înainte de apariția discursurilor consemnate sau inventate de Tucidide în relatarea Războiului Peloponesiac și înainte de dialogurile lui Platon. Acestea sunt operele în care întâlnim pentru prima dată sentimentul că proza poate aspira la demnitatea și la „distincția“ literaturii. Dar Tucidide și Platon își fac apariția târziu în evoluția literaturii elene, și nici unul nu s-a ocupat de teatru.

Este sigur că tragedia greacă a fost scrisă, de la bun început, în versuri. Ea s-a născut din ritualuri arhaice, cu caracter festiv sau de lamentație, și era inseparabilă de folosirea limbii într-o cadență lirică accentuată. Drama atică reprezintă convergența vorbirii, muzicii și dansului. În toate acestea, centrul vital este ritmul, și atunci când limba capătă un caracter ritmic (cuvintelor imprimându-li-se o mișcare ordonată), ea devine vers. În *Orestia*, nu mai puțin decât în *Bacantele*, poate ultima dintre marile creații ale imaginației tragice grecești, acțiunea dramei și experiența morală a personajelor sunt perfect contopite cu forma metrică. Tragedia greacă e cântată, dansată și declamată. În ea, nu rămâne loc pentru proză.

De altfel, încă de foarte timpuriu, spiritul uman a sesizat o legătură între formele poetice și acele categorii ale adevărului care nu pot fi verificate direct. Noi continuăm să vorbim despre „adevăr poetic“ atunci când vrem să spunem că o afirmație care, judecată după criteriul dovezii empirice, e falsă sau absurdă, poate totuși conține un adevăr important și incontestabil într-un domeniu moral, psihologic sau formal. Adevărurile mitologiei și ale experienței religioase aparțin, în mare parte, acestei categorii. Proza își supune afirmațiile unor criterii de verificare lipsite, de fapt, de legătură cu realitățile mitului sau inaplicabile acestora. Dar tragedia greacă se bazează tocmai pe asemenea realități. Subiectul legendei tragice, indiferent dacă ne vorbește despre Agamemnon, Oedip sau Alcesta cea smulsă din infern, nu poate fi supus examenului prozaic. După cum spune Robert Graves, imaginația are drepturi extrateritoriale, și acestea sunt apărate de poezie.

Poezia își are propriile ei criterii ale adevărului. De fapt, ele sunt mai severe decât cele ale prozei, dar au o natură diferită. Criteriul adevărului poetic ține de logica interioară și de convingerea psihologică. Atunci când tensiunea imaginației e bine susținută, acordăm poeziei cele mai mari libertăți.

În acest sens, putem spune că poezia e matematica pură a limbii. Ea e mai exactă decât proza, mai autonomă și mai capabilă de a construi forme teoretice independente de baza materială. Ea poate „minți" în mod creator. Lumile mitului poetic, ca și cele ale geometriei neeuclidiene, ne conving de adevărul lor atât timp cât aderă la propriile lor premise imaginative. Proza, dimpotrivă, este matematică aplicată. Aserțiunile pe care le face trebuie să corespundă, la un moment dat, percepțiilor noastre senzoriale. Casele descrise în proză trebuie să stea pe temelii solide. Proza măsoară, înregistrează și anticipează realitățile vieții practice. Ea este haina pe care o poartă spiritul când își face munca de toate zilele.

Totuși, astăzi lucrurile nu mai stau chiar așa. Literatura modernă a elaborat conceptul de „proză poetică", o proză eliberată de cerința de a fi verificabilă și de jurisdicția logicii întruchipate în sintaxa comună. Ideea acestei proze o găsim prefigurată la Rabelais și la Sterne. Dar ea nu capătă cu adevărat importanță decât odată cu Rimbaud, Lautréamont și Joyce. Până în epoca lor, distincția dintre rolul poeziei și cel al prozei era categorică.

Versul nu este numai apărătorul cel mai important al adevărului poetic împotriva criticii empirismului; el constituie elementul esențial care separă lumea tragediei înalte de cea a existenței obișnuite. Regii, profeții și eroii vorbesc în versuri, arătând astfel că personajele exemplare dintr-o societate comunică într-un stil mai nobil și mai vechi decât cel rezervat oamenilor de rând. Tragedia nu are nimic democratic în viziunea ei. Personajele regale și eroice pe care zeii le onorează cu răzbunarea lor sunt situate, în lanțul existenței, mai sus decât noi, iar stilul în care se exprimă trebuie să reflecte această elevație. Oamenii simpli sunt prozaici, iar revoluționarii își scriu manifestele în proză. Regii răspund în versuri. Shakespeare a știut bine acest lucru. *Richard al II-lea* este drama unor limbaje care nu reușesc să comunice unul cu altul. Richard are un sfârșit tragic pentru că vrea să impună cu forța criteriile adevărului poetic în fața pretențiilor brutale și rebele ale realității politice. El e un rege-poet înfrânt de o rebeliune a prozei.

Versul, întocmai ca și muzica, ridică o barieră între acțiunea tragică și public. Chiar și acolo unde nu mai există un cor, el creează acel necesar sentiment al distanței și al înstrăinării la care s-a referit Schiller. Deosebirea dintre limbajul de pe scenă și cel al publicului din sală modifică perspectiva și conferă personajelor și faptelor lor o măreție deosebită. Obligând mintea să depășească o barieră formală momentană, versul ne impresionează și ne maturizează emoțiile. Ne putem identifica cu Agamemnon, Macbeth sau Fedra, dar numai parțial și după un efort preliminar. Faptul că ei folosesc un limbaj mai nobil și mai complicat decât al nostru ne obligă să rămânem la o distanță respectuoasă. Nu putem să intrăm în pielea lor, așa cum ne invită s-o facem drama naturalistă. Astfel, versul împiedică transformarea simpatiei noastre în familiaritate. La curțile marilor monarhi, cei din mica nobilime și din starea a treia nu aveau voie să stea prea aproape de persoana regelui. Proza este însă un nivelator; ea se apropie foarte mult de obiectul ei.

Versul simplifică și, în același timp, complică prezentarea conduitei umane. Acesta este aspectul crucial. El simplifică, deoarece eliberează viața de povara contingențelor materiale. Când oamenii vorbesc în versuri, nu fac gripe și nu suferă de indigestie. Ei nu se întreabă ce vor mânca la masa următoare și nu sunt preocupați de mersul trenurilor. Am citat, într-un capitol precedent, versul cu care începe *Cromwell* al lui Victor Hugo. El i-a înfuriat pe criticii contemporani deoarece folosea un alexandrin – adevărat semn distinctiv al vieții nobile și eterne –, pentru o enunțare temporală precisă. Versul tragic a fost astfel coborât la nivelul lumii vulgare a ceasornicelor și calendarelor. Precum bogăția în poeticile lui Henry James și Proust, versul eliberează personajele teatrului tragic de complicațiile nevoilor materiale și fizice. Tocmai pentru că dispun de averi care le satisfac toate necesitățile materiale, personajele jamesiene și proustiene sunt libere să trăiască din plin în sfera sentimentelor și inteligenței. Același lucru se întâmplă și în tragedie. Într-un sens foarte real, eroul tragic își lasă servitorii să trăiască în locul lui. Ei sunt cei care iau asupra lor poverile corupătoare ale foamei, somnului și bolilor. Aceasta este una dintre deosebirile hotărâtoare dintre lumea romanului, care e cea a prozei, și lumea teatrului tragic, care e cea a versului. În roman, după cum a remarcat D.H. Lawrence, „știi că în locuință există și un closet". Când ne aflăm însă la Micene sau la Elsinore, nu ni se pretinde să avem în vedere asemenea dependințe. Dacă în casele tragediei apare o baie, aceasta e prezentă doar pentru ca Agamemnon să fie ucis în ea.

Tocmai această distincție stă la baza convingerii neoclasicilor că versul nu trebuie făcut să exprime fapte mărunte. De la Wordsworth și ceilalți romantici încoace, noi nu mai acceptăm această convenție. Din epoca *Baladelor lirice* până în cea a lui *Prufrock*, poezia a luat în stăpânire toate domeniile vieții, oricât de sordide sau de familiare ar fi. Ideea de la care se pleacă este că oricărui aspect al realității i se poate da o formă poetică adecvată. Mă întreb însă dacă lucrurile stau într-adevăr așa. Dryden a admis că într-un vers s-ar putea spune „închide ușa", dar se îndoia că faptul ar fi recomandabil. Căci îndeplinind asemenea sarcini, versul se coboară în haosul obiectelor materiale și funcțiilor corporale, unde domnește proza. Anumite stiluri de acțiune sunt mai potrivite decât altele pentru o incarnare poetică. Deoarece noi am negat acest lucru, o foarte mare parte din ceea ce trece drept poezie modernă este, de fapt, doar proză umflată și confuză. În drama contemporană în versuri, constatăm frecvent incapacitatea autorilor de a face distincție între folosirea adecvată și folosirea improprie a formei poetice. Piesele recente ale lui T.S. Eliot demonstrează clar ce se întâmplă când versului alb i se cere să îndeplinească funcții domestice. El se răzvrătește.

Dacă versul simplifică redarea realității, eliminând din viață subsolul și dependințele, el complică, în schimb, imens, gama și valoarea manifestărilor spirituale pe care le poate prezenta. Prin eliziune, concentrare, exprimare indirectă, precum și prin capacitatea ei de a transmite o pluralitate de sensuri, poezia oferă o imagine a vieții mult mai densă și mai complexă decât cea oferită de proză. Dezvoltarea firească a prozei este liniară; ea înaintează prin afirmații logice. Ceea ce s-a spus anterior e modificat sau contrazis de ceea ce urmează. Poezia poate exprima, simultan, convingeri discordante. Metaforele, imagistica și tropii retoricii poetice pot purta încărcătura unor semnificații simultane și totuși diferite, exact așa cum muzica poate transmite, în aceeași clipă, energii ritmice contrastante. Sintaxa prozei reflectă rolul principal pe care-l joacă relațiile cauzale și logica temporală în procesele gândirii obișnuite. Sintaxa versului este, în parte, eliberată de cauzalitate și de timp. Ea poate așeza cauza înaintea efectului, permițând argumentației să se desfășoare cu fantezie, nu în ordinea de marș a logicii tradiționale. Iată de ce poezia bună nu poate fi tradusă în proză. Să luăm un exemplu din *Coriolan* (o piesă în care, pentru a obține efectul dorit, Shakespeare se bazează în mare măsură pe prerogativele formei poetice):

> Ba nu, n-am isprăvit, mai ascultați!
> Să facă zeii ca orice cuvânt
> Ce poate fi rostit, cu jurăminte
> Să întărească cele ce vă spun:
> Această stăpânire îndoită,
> Întâia plină de dispreț, cealaltă
> Sfruntând pe cea dintâi: o stăpânire
> În care ce e nobil și-nțelept
> Nimic nu poate hotărî, mulțimea
> Cea fără minte dacă nu pronunță
> Un *da* sau *nu*; această stăpânire
> Uitând ce este mai de trebuință
> Doar șovăială scoate la lumină.
> Când drumul către țintă e oprit,
> Nimic nu-i săvârșit precum se cere.

Voi, cari întreceți prin curaj prudența,
Iubind a țării sfântă temelie
Atât de mult, încât n-ați pregeta
S-o puneți în primejdie, dorind
Să o vedeți mai tare și mai mândră,
Voi, cei ce prețuiți mai mult noblețea
Decât o viață lungă, ne-nfricați
Și gata sunteți să scăpați de moarte
Un trup bolnav, prin leacuri potrivite,
Spre voi îndrept fierbinte rugăciune:
Smulgeți deodată limba despicată
Și n-o lăsați să lingă mierea care-i
Otravă pentru voi.*

Nici o parafrază în proză nu ne-ar putea oferi un echivalent satisfăcător. Tot astfel, nu putem „traduce" într-o limbă mai simplă monologurile lui Hamlet, meditația despre moarte a lui Macbeth sau versurile în care Cleopatra își plânge iubitul căzut.

Pe măsură ce matematica se îndepărtează de ceea ce este evident, ea devine din ce în ce mai puțin traductibilă în altceva decât ea însăși. Pe măsură ce poezia se îndepărtează de prozaic, pe măsură ce câștigă în subtilitate și concentrație, ea devine ireductibilă la orice alt mijloc de exprimare. Versurile proaste, cele care conțin elemente de umplutură, au de profitat de pe urma unor parafrazări bune sau chiar de pe urma traducerii într-o altă limbă. Poe, de exemplu, sună mult mai frumos în franceză decât în original. Dar, în parafrază sau traducere, versul de calitate, adică poezia, se pierde aproape complet.

Astfel, în măsura în care teatrul tragic înseamnă înălțarea unei acțiuni deasupra fluxului dezordinii și compromisului predominant în viața de toate zilele, el trebuie să îmbrace forma versului. Stilizarea și simplificarea impuse de această

---

* *Coriolan*, III, 1, trad. Tudor Vianu, în Shakespeare, *Opere complete*, vol. 7, Editura Univers, București 1988, p. 562.

formă aspectelor exterioare ale conduitei umane permit prezentarea, în drama înaltă, a unor complexe probleme morale, intelectuale și emoționale. Convențiile poetice lasă liber terenul pentru jocul nestingherit al forțelor morale. Actorii tragici greci purtau coturni și vorbeau prin măști mari, având astfel o statură mai înaltă și o voce mai sonoră decât oamenii obișnuiți. Versul oferă o elevație și o rezonanță similare.

Prin aceasta, nu vreau să spun că proza nu și-ar avea propriul ei registru tragic. N-ar fi fost de dorit ca Tacit să fi scris în versuri, iar scrisorile lui Keats ating profunzimi ale sentimentului chiar mai mari decât cele din poezia sa. Dar avem de-a face cu două sfere diferite, iar hotărârea anumitor dramaturgi de a transfera tragedia din domeniul versului în cel al prozei este unul dintre evenimentele decisive din istoria teatrului occidental.

Prin tradiție, frontiera dintre vers și proză coincide cu cea care separă tragicul de comic. Comediile grecești și latine care ni s-au transmis sunt în versuri. Aceiași metri sunt folosiți, în mare măsură, atât de către Aristofan, cât și de către tragicii greci, lucru valabil și pentru Plaut și Terențiu. Dar, după toate probabilitățile, sub nivelul teatrului literar a înflorit tradiția comediei și farsei populare în proză. Faptul că nici un text de acest fel n-a supraviețuit reflectă o situație generală: prozei nu i se acordase încă demnitatea beletristicii. Ea era improvizată și, în cel mai bun caz, se transmitea oral. Nu încape însă îndoială că asocierea comediei cu proza este foarte veche și firească. Versul și tragedia stau la un loc, în domeniul vieții aristocratice. Comedia este arta categoriilor mai joase de oameni. Ea încearcă să prezinte sub formă dramatică acele împrejurări materiale și funcții organice care nu-și au locul pe scena tragică. Personajul comic nu se ridică deasupra cărnii; el este complet absorbit de ea. În palatele tragice nu există closete, dar chiar de la apariția ei, comedia a utilizat cu succes oalele de noapte. În tragedie, nu vedem oameni mâncând și nici nu-i auzim sforăind. Dar polonicul și tichia de noapte fac carieră strălucită în arta lui Aristofan și Menandru. Și ele ne împing în jos, spre lumea prozei.

Literatura medievală a avut și ea o bogată producție comică de tip inferior. Formele neliterare de spectacol teatral – pantomima, jongleria, bufoneria – erau foarte populare. Ele pătrund în ciclurile de mistere sub forma interludiilor comice. Înlocuirea pruncului Isus cu o oaie, în „Piesa Păstorilor"*, este un exemplu notoriu. Fără îndoială că asemenea piese se bazau pe o îndelungată tradiție a farsei dramatice. Cu timpul, proza scrisă în dialectele locale a câștigat în forță și și-a îmbogățit resursele. Odată cu Renașterea, ea era pregătită să se bucure de drepturile depline ale literaturii. Pe acestea le-a căpătat prin *Celestina* lui Rojas (1499), o operă în parte roman, în parte teatru, și prin *Mătrăguna* lui Machiavelli (1522), prima comedie modernă de valoare. *Mătrăguna* a deschis drumul care duce la proza comică a lui Molière și Congreve.

Asocierea tradițională a comicului cu proza este prezentă în întregul teatru elisabetan. Adesea intriga dublă a unei piese din epoca elisabetană sau din cea a lui Iacob I este pusă în evidență prin folosirea distinctă a comediei în proză și tragediei în versuri. Clovnii, bufonii, servitorii și țăranii vorbesc în proză în aceleași scene în care stăpânii lor vorbesc în vers iambic. Această separare în funcție de rang social și de atmosferă dramatică este frecventă la Shakespeare. În *Visul unei nopți de vară*, Tezeu și curtenii lui folosesc versul. La fel și zânele, la care în orice cuvânt izbucnește flacăra poeziei. În schimb, Peter Quince și trupa lui se exprimă într-o proză greoaie, butucănoasă. Plăcerea pe care ne-o produce piesa se datorește în mare măsură acestui contrapunct. Când meșteșugarii își

---

* Păstorii caută o oaie furată, și o găsesc în casa hoțului, ascunsă într-un leagăn în care li se spusese că se află un prunc nou-născut. Urmează pedepsirea burlescă a hoțului, după care păstorii, osteniți, se culcă. Sunt treziți de un înger, care le vestește nașterea Mântuitorului și-i îndeamnă să plece spre Bethleem.

joacă piesa în fața lui, Tezeu le face favoarea de a se coborî la exprimarea în proză (cum altfel i-ar putea ei înțelege mulțumirile?). Dar este o proză străbătută de cadența stilului său poetic firesc: „Cea mai bună din toate piesele acestea nu e decât o amăgire. Și cea mai proastă devine frumoasă, dacă o înfrumusețează fantezia“*. În *Zadarnicele chinuri ale dragostei,* umorul este generat, în parte, de proza fantezistă a lui Armando. El „vorbește de parcă nu-l făcu tot Domnul“**, deoarece chinuie proza, căutând să-i dea formele înflorite ale poeticului. În piesele târzii ale lui Shakespeare, distincția dintre vers și proză e atenuată, poetul căutând o formă complexă, care să se adapteze instantaneu condițiilor acțiunii și atmosferei dramatice. Dar chiar și aici observăm vechea uzanță. Comedia și proza aparțin vieții de rând, durerea și poezia, lumii nobile. În ultimul act din *Cymbeline*, proza caustică și sentențioasă a temnicerului întretaie unele dintre cele mai melodioase versuri scrise vreodată de Shakespeare. În *Poveste de iarnă*, folosirea prozei marchează precis limitele pastoralei. Bufonul, servitorul și păstorii vorbesc în proză, deși poezia bate la fiecare ușă. În *Furtuna*, această veche diviziune este cât se poate de clară. Pe insulă răsună cea mai aleasă muzică, dar creaturile josnice care se află aici – Caliban, Trinculo și Stephano – fac tărăboi și uneltesc într-o proză grosolană. Caliban, în care există un fel de poezie furioasă, devine prozaic sub influența sticlei cu băutură a lui Stephano. Totuși, nici unul dintre aceste exemple nu este concludent. În *Cymbeline*, Cloten folosește aproape întotdeauna proza, ca pentru a ni se arăta că, deși personaj regal, este josnic și diform. *Poveste de iarnă* începe cu o scenă în care doi curteni discută în

---

* *Visul unei nopți de vară*, V, 1, trad. Dan Grigorescu, în Shakespeare, *Opere complete*, vol. 3, Editura Univers, București, 1984, p. 296.

** *Zadarnicele chinuri ale dragostei*, V, 2, trad. Ion Frunzetti și Dan Grigorescu, în Shakespeare, *Opere complete*, vol. 2, Editura Univers, București, 1983, p. 418.

proză. Iar nobilii naufragiați din *Furtuna* abandonează și ei, uneori, versul.

Subiectul folosirii alternative de către Shakespeare a versului și a prozei este complex și fascinant. În ciuda existenței unui mare volum de critică shakespeariană, el nu s-a bucurat de o tratare temeinică. Există aici și o dificultate tehnică. Separarea versului alb de proză ținea uneori de capriciile tipografului și de caracterul imprecis al punctuației elisabetane, nu de intențiile poetului. În anumite piese, de exemplu în *Cum vă place* și în *Coriolan*, tipograful pare să fi lucrat extrem de neglijent, făcând paragrafe în proză din pentametri iambici sau versuri hipermetrice din ceea ce trebuia să fie proză. De altfel, se cuvine să ținem seama și de faptul că în epoca elisabetană și în cea a lui Iacob I proza adopta adesea cadența versului alb.

Dar aceste accidente au fost mult exagerate. În majoritatea cazurilor, Shakespeare știa exact ce urmărește când trecea de la vers la proză și înapoi. El modula forma expresivă în funcție de cerințele personajului, atmosferei și contextului dramatic. Este o chestiune de tact poetic, limba fiind pentru Shakespeare un instrument la care a cântat, după ureche, cu un talent incomparabil. La atingerea lui, atât versul, cât și proza s-au dovedit la fel de maleabile. Shakespeare a fost perfect conștient de posibilitățile dramatice oferite de trecerea de la o modalitate la cealaltă. El știa ce efecte de ironie sau de contrast se puteau obține prin confruntarea bruscă dintre vocea poetică și cea prozaică. Iar în piese ca *Regele Lear* și *Coriolan*, a început să exploreze acele resurse speciale ale prozei de care poezia nu dispune nici chiar atunci când e deosebit de complexă.

Folosirea versului și prozei pentru obținerea unui contrast este foarte bine ilustrată de *Mult zgomot pentru nimic*. Aproape întreaga piesă e scrisă în proză. Puținele pasaje în versuri au doar rolul unor formulări concentrate, menite să grăbească desfășurarea acțiunii. De fapt, prin această piesă, proza engleză și-a câștigat drepturi categorice în domeniul comediei intelectuale. Congreve, Oscar Wilde și Shaw sunt moștenitorii direcți ai modului în care Shakespeare i-a prezentat pe Beatrice și Benedick. Versul ar altera caracterul sprinten și tonic al iubirii lor. Cei doi tineri sunt stăpâniți de o pasiune de intensitate mijlocie, nici carnală, nici cu totul sentimentală, fiecare fiind fascinat, în primul rând, de spiritul celuilalt. Duelurile lor scânteietoare arată că inteligența îi dă prozei muzica ei adevărată. Dar în ultimul act, poezia își face o apariție memorabilă. Decorul reprezintă presupusul mormânt al lui Hero. Claudio și Don Pedro, însoțiți de muzicanți, vin să-i aducă omagiul lor îndurerat. Ei intonează un cântec liric plin de jale: „Iartă-i, zeiță a nopții." Apoi prințul se adresează muzicanților:

> Prieteni, stingeți torțele acum,
> Căci lupii au plecat, iar dimineața,
> Vestind al soarelui rădvan, în drum
> A început să risipească ceața.*

Versurile răspândesc o vrajă vindecătoare. Ele alungă mașinațiile murdare ale intrigii. La ivirea poeziei, întreaga piesă trece într-o gamă mai luminoasă. Știm că dezvăluirea este iminentă și că totul se va termina cu bine. Pe de altă parte, acest salut adresat dimineții conține o dojană blândă la adresa lui Beatrice și Benedick. Don Pedro invocă ordinea pastorală și mitologică a lumii. Ea nu are nimic din sofisticarea prozei celor doi îndrăgostiți; dar este mai durabilă.

Un alt exemplu de contrast intenționat ne este oferit de cele două discursuri funebre din *Iuliu Cezar*. Brutus vorbește în proză:

> Ați fi voit ca Cezar să trăiască, dar să muriți cu toții ca sclavi, sau Cezar să moară, pentru ca voi să puteți trăi ca oameni liberi? Fiindcă Cezar m-a iubit, îl plâng;

---

* *Mult zgomot pentru nimic*, V, 3, trad. Leon Levițchi, în Shakespeare, *Opere complete*, vol. 4, Editura Univers, București, 1985, p. 307.

> fiindcă a fost fericit, mă bucur; fiindcă a fost viteaz, îl cinstesc; dar fiindcă a fost însetat de putere, l-am ucis. Așadar, lacrimi pentru iubirea lui, bucurie pentru fericirea lui, cinste pentru vitejia lui și moarte pentru setea lui de putere.*

O clipă mai târziu, Antoniu se lansează într-un vers retoric de o abilitate inegalabilă. Nu putem să nu observăm întreaga forță a contrastului. Stilul lui Brutus este sec și nobil, luat parcă dintr-un tratat de drept; pleacă de la rațiune și se adresează minții. Antoniu aruncă foc în sânge. El folosește toate licențele formei poetice pentru a biciui sentimentele gloatei, aducând-o într-o stare de frenezie. „Nu sunt un orator, cum este Brutus", ne spune el. Are dreptate: este un magician al cuvântului, un poet. Ca toți oamenii pentru care proza e vocea firească a afacerilor publice, Brutus nu-și dă seama cât de multă absurditate elocventă există în politică. Chiar înainte ca Antoniu să-și fi terminat discursul, Brutus și Cassius trebuie „să fugă-n goana cailor prin porțile cetății". Pe urmele lor se află o poezie înverșunată.

Uneori, Shakespeare folosește înfruntarea dintre vers și proză pentru a sublinia sensul principal al piesei. În *Henric al IV-lea,* există conflicte multiple: dintre nobilime și coroană, dintre Nord și Sud, dintre viața curții regelui și cea a tavernelor. Deasupra tuturor acestora, se află ciocnirea dintre idealul cavaleresc de comportament, deja în declin, și noul empirism mercantil anunțat de Falstaff. Hotspur, Northumberland și Regele folosesc versuri pompoase, bogate în procedeele alegorice ale retoricii feudale. Falstaff vorbește într-o proză isteață, carnală. În ea, auzim vocea Londrei elisabetane. Cele două limbaje sunt în permanență opuse unul celuilalt. Hotspur face să răsune, invariabil, coarda medievală:

> Și-acuma, *Esperance*! Percy! Și-nainte!
> Să sune mândre goarne de război,

* *Iuliu Cezar*, III, 2, trad. Tudor Vianu, în Shakespeare, *Opere complete*, vol. 5, Editura Univers, București, 1986, p. 50.

Și să ne-mbrățișăm la glasul lor;
Căci unii dintre noi n-o să mai facă
A doua oară-acest gest prea gentil.*

Strigătul de luptă galic** și aerul prăfuit al acelui „gest prea gentil" (*courtesy*) fac ca stilul să fie la fel de medieval ca o armură completă. Falstaff dă replica omului de rând modern:

> Poate onoarea să-ți tămăduiască un picior rupt? Aș! Sau o mână? Aș! Sau să-ți aline durerile unei răni? Aș! Care va să zică onoarea nu are nici o pricepere doftoricească. Nici una. Ce-i onoarea? O vorbă. Ce se află în această vorbă: onoare? Văzduh. Grozavă socoteală!***

Nota mercantilă din cuvântul „socoteală" (*reckoning*) e deliberată. Aici auzim deja vocea lui Sancho Panza și a soldatului Svejk. Ea contrazice idealul eroic. Este drept ca Falstaff să-i supraviețuiască lui Hotspur, și tocmai el să-i scoată leșul de pe câmpul de luptă. Hotspurii sunt demodați.

Prințul Hal se mișcă între vers și proză cu calm, știind să folosească în orice împrejurare limbajul cel mai adecvat. În aceasta constă forța lui deosebită. Pentru a-și realiza ambițiile, el se poate servi atât de lumea curții, cât și de cea a tavernelor. Cunoscându-le bine și nelăsându-se înșelat de pretențiile lor rivale, nu este sclavul nici uneia. La începutul dramei, Prințul îi permite lui Falstaff să dea tonul. Când se întâlnesc în timpul bătăliei de la Shrewsbury, Hal adoptă stilul lui Hotspur:

Atâția oameni vrednici zac în praf,
Striviți sub goana cailor dușmani,
Nerăzbunați de noi; dă spada-ncoace!****

---

* Vezi și *Henric al IV-lea*, Partea I, V, 2, trad. Dan Duțescu, în Shakespeare, *Opere complete*, vol. 4, Editura Univers, București, 1985, p. 81.

** *Esperance*: deviza familiei Percy.

*** *Henric al IV-lea*, Partea I, V, 1, ed. cit., p. 78.

**** *Ibid.*, V, 3, pag. 83.

Dar Falstaff este imun la cavalerism. El răspunde în proză: „Dacă vrei, uite, ia pistolul." Proza și armele de foc merg împreună. Ele aparțin, categoric, lumii moderne. În Partea a II-a, dimpotrivă, înfruntarea dintre vers și proză se termină cu triumful necesar al poeticului:

> Cumva dac-o s-auzi că sunt ce-am fost,
> Întoarce-te la mine, și vei fi
> Din nou al desfătării mele dascăl.
> Dar pân-atunci, sub strășnicia morții,
> Cum am făcut cu toți corupătorii,
> Îți poruncesc să pleci la zece mile
> Departe de palatul meu.*

Versurile cad ca niște lovituri de baston pe spinarea bătrânului chefliu. Dar cu superbul lui simț al complicației controlate, Shakespeare îi permite lui Falstaff să rostească un cuvânt de despărțire: „Master Shallow, îți sunt dator o mie de lire"**. Rândul e în proză, iar subiectul îl constituie banii. El ne vorbește despre viața modernă, în timp ce asupra lui Henric al V-lea, care pleacă spre Franța, în ultimul dintre războaiele medievale, strălucește gloria unui veac ce apune.

În *Troilus și Cresida,* ciocnirea dintre idealul eroic și realismul prozaic are loc pe un teren mai îngust și într-un stil mai acrimonios. Oglinda pe care Tersit o pune în fața acțiunii cavalerești este pătată și deformantă. Dar în imagine există un anumit adevăr abject. Tersit este, poate, primul dintre cei pe care Dostoievski îi numește „oameni ai subteranei"; el proferează injurii la adresa societății, pentru că este ipocrită în idealurile ei declarate, și revarsă asupra altora drojdia disprețului pe care-l are față de sine însuși. Tersit e mai mult decât un personaj care vorbește în proză; este incarnarea antipoeticului. Proza lui înflorește pe gunoaiele limbii; e plină

* *Henric al IV-lea*, Partea a II-a, V, 5, trad. Leon Levițchi, în Shakespeare, *Opere complete*, vol. 4, Editura Univers, București, 1985, p. 209.

** *Ibid.*

de fiere și caută să despoaie stilul curtenesc de ornamentele și de convențiile lui. În Actul V, cele două viziuni asupra vieții sunt puse față în față, într-o scenă în care timbrul vocilor este ales cu o precizie minunată. Troilus s-a convins de falsitatea Cresidei și, condus de gazde, urmează să părăsească lagărul grecesc (acest interludiu în plin război este el însuși o convenție a cavalerismului). El vorbește în stilul complicat al iubirii curtene și își formulează sfidarea adresată lui Diomede în termeni care evocă viu războiul feudal și imagistica heraldică. Dar Tersit a ascultat în întuneric. În timp ce nobilii se retrag, el rostește un epitaf grosolan la adresa întregii tradiții a romanului cavaleresc eroic. Într-o singură clipă, limbajul se schimbă complet:

Troilus: Plecată slugă. Prinț iubit, adio!
Adio, trădătoare! Diomede,
Fii treaz și poartă un castel pe creștet!
Ulise: Te însoțesc la porți.
Troilus: Îți mulțumește-un om ieșit din minți.
Tersit: Tare mi-ar mai părea bine să-l întâlnesc pe acest tâlhar de Diomede! Aș croncăni ca un corb; aș cobi întruna. Patroclus ar fi în stare să-mi dăruiască tot ce-mi poftește inima ca să-i vorbesc despre târfa aceasta. Papagalul nu se dă mai mult în vânt după migdale decât el după o curtezană ieftină. Dezmăț, dezmăț – veșnic războaie și dezmăț; altceva nimic nu mai are trecere. Dracul să-i ia pe toți!*

Apariția prozei din *Regele Lear* pare să fie pregătită de tot restul prozei shakespeariene și, în special, de stilul lui Tersit. Folosirea prozei ca mijloc de a obține un contrast ironic sau de a pune în evidență condiția socială a personajelor este acum depășită, aici realizându-se, pentru prima dată în istoria

---

* *Troilus și Cresida*, V, 2, trad. Leon Levițchi, în Shakespeare, *Opere complete*, vol. 6, Editura Univers, București, 1987, p. 94.

teatrului, disocierea tragediei de forma poetică. În *Regele Lear*, proza este un mijloc de exprimare complet tragic, care ocupă o poziție centrală în economia piesei. Ea prezintă virtuți care se deosebesc de acelea ale versului alb dramatic nu prin mărimea, ci prin esența lor. Această viziune absolut nouă a lui Shakespeare a făcut accesibilă o idee pe care teatrul tragic, de la Eschil până în epoca elisabetană, n-o examinase: aceea a tragediei în proză. Iar *Regele Lear*, care oferă cea mai cuprinzătoare imagine a condiției umane din întreaga operă a lui Shakespeare, pare să mobilizeze toate resursele limbajului. Cele două voci, a poeziei și a prozei, răsună aici în întregul lor registru.

Prozei din *Regele Lear* i s-au încredințat sarcini multiple. Ea exprimă răutatea calculată a lui Edmund, confuzia inspirată a bufonului, nebunia simulată a lui Edgar și nebunia reală a lui Lear. În piesă, există versuri superbe. Puținele cuvinte pe care le rostește Cordelia sunt impregnate de muzicalitatea concisă tipică manierei poetice de maturitate a lui Shakespeare. Dar povara suferinței este exprimată în proză. Acest lucru este valabil mai ales pentru scenele care se petrec pe câmpul pustiu și în timpul furtunii. Aici natura însăși a sfărâmat tiparul ordinii – și, în măsura în care versul înseamnă ordine, a-l folosi ar fi însemnat a face o nemeritată favoare acțiunii și cadrului în care se desfășoară. Deposedat de onorurile, satisfacțiile și autoritatea regalității, Lear renunță la demnitatea versului. Spiritul său rătăcit strigă acum într-o proză gata să rupă lanțurile rațiunii și sintaxei:

> Tu nu-i datorezi viermelui mătasea, sălbăticiunii blana, oii lâna, moscului parfumul. Ha! Noiăștia trei falși mai suntem! Tu ești omul adevărat; omul ne-mbrăcat nu-i decât un biet animal, gol și-n două labe, ca tine. Jos, jos, lucruri de-mprumut! Hai, descheie-mă aici.*

* Vezi și *Regele Lear*, III, 4, trad. Mihnea Gheorghiu, în Shakespeare, *Opere complete*, vol. 7, Editura Univers, București, 1988, p. 161.

El a învățat că, în gura unei Regan sau a unei Goneril, cuvintele pot deveni masca celei mai mari falsități. De aceea, în chinul lui cumplit, el le folosește cu o ură ce se revarsă continuu. Rănit nespus de dureros de vorbe frumoase, dar trădătoare, Lear caută acum să degradeze limbajul, cufundându-l în grosolănie și cruzime:

> Uitați-vă la doamna prefăcută, c-o față care-ți zice că-ntre craci e precum neaua; care din vârful buzelor îți tot vorbește de virtute, și nici nu vrea s-audă de plăcere. Să știți, nici dihorița și nici iapa nu-s mai pofticioase decât ea. În jos de brâu sunt centauri, deși în sus arată a femei; până la cingătoare sunt cu Domnul, din jos de ea, cu dracul. În ele-i iadul, bezna, hăul de pucioasă; foc, fierbere, duhoare, mistuire. Pfui, pfui, pfui!*

Acest pasaj este adesea tipărit în versuri neregulate. Dar urechea ne face să optăm pentru forma din prima ediție *in-quarto*. Ororile acumulate în piesă impun exprimarea unui dezgust suprem; grația formei poetice, chiar momentană, ar atenua sensul monstruos al cuvintelor lui Lear. Aceste scene de pe câmpul pustiu ne fac să ne gândim la ceea ce Coleridge a numit „adunarea mondială a suferințelor omenești". Shakespeare a considerat că, în acea întunecime absolută, proza e cel mai potrivit mijloc de exprimare.

Dar această îmbogățire a resurselor formale ale dramei tragice a trecut în mare parte neobservată. Nici în timpul secolului al XVIII-lea, nici în perioada romantică, critica nu s-a ocupat de proza lui Shakespeare. Editorii au preluat-o fără s-o discute sau au căutat s-o rearanjeze în vers alb. În comentariul său asupra *Regelui Lear*, Coleridge nu se oprește nici o clipă asupra caracterului special al mijloacelor de expresie. El arată că nebunia lui Lear este ca „un vârtej care nu înaintează", dar nu reușește să-și dea seama că acest efect

* Vezi și ed. cit., IV, 6, p. 188.

de frenezie statică depinde într-o măsură foarte mare de calitatea specifică a prozei. Avem de-a face cu un fapt caracteristic. Shakespeare a sădit în minţile poeţilor englezi de după el ideea că tragedia este ferm asociată cu versul. Forma limbii engleze părea să fie dominată de versul său alb. A scrie tragedie însemna a scrie dramă în versuri. Neglijarea prozei shakespeariene este uşor de înţeles, dar ea a fost plătită scump de viitorul teatrului englez.

Ideea tragediei în proză a fost susţinută pentru prima dată în Franţa. În timpul disputei dintre antici şi moderni, Fontenelle şi La Motte au protestat împotriva tiraniei versului. În 1722, La Motte a început să scrie tragedii în proză pe teme biblice şi clasice, una dintre acestea, *Oedip*, apărând în 1730. Lui i-a lipsit însă talentul necesar pentru a demonstra forţa ideii sale. Tragedia în versuri a continuat să fie genul dominant, dar opoziţia împotriva ei n-a încetat nicicând. În anii 1820, Stendhal a declarat în repetate rânduri că, în literatura modernă, tragedia va supravieţui numai dacă va fi scrisă în proză. El ar fi putut folosi drept argument precedentul istoric, deoarece limba franceză trecuse barierele psihologice şi convenţionale dintre proză şi drama tragică încă la sfârşitul secolului al XVII-lea.

Pasul decisiv l-a făcut Molière, în *Don Juan* (1665). Piesa nu este o tragedie nici conform canoanelor epocii lui Molière şi nici, cred eu, conform vreunei definiţii mai cuprinzătoare. Ea consideră că damnarea eroului este reală, dar intriga e privită dintr-un unghi nu absolut serios. Măiestria piesei, capacitatea ei de a ne delecta şi de a ne nelinişti în acelaşi timp, constă tocmai în această uşoară deformare a perspectivei. Intriga este gravă, şi totuşi întâmplările propriu-zise ne dau o permanentă impresie de bufonerie. Aceasta se datorează faptului că ele nu sunt reliefate, autorul prezentându-le, în mod deliberat, într-o imagine plată. Don Juan nu este un personaj dramatic complet; căci el nu se poate nici schimba, nici maturiza. Reacţiile îi sunt perfect previzibile, în el existând ceva dintr-o marionetă elocventă şi plină de vioiciune. Puţine personaje dramatice de o fascinație similară au atât de puțină viață dincolo de prezența lor scenică. El trăiește numai în momentul teatral, așa cum se întâmplă chiar și cu cea mai strălucită marionetă. *Don Juan* reprezintă expresia superioară a acelui element de farsă care este întotdeauna latent în operele lui Molière. Piesa traduce în termeni retorici și psihologici vitalitatea puternică, dar oarecum superficială, a comediei bufe.

Dar chiar fără să fie o tragedie completă, *Don Juan* are, incontestabil, o forță sumbră. Iar natura acestei forțe e strâns legată de modul în care Molière manipulează proza dramatică. Unele dintre efectele cele mai izbitoare ar fi putut fi obținute și cu ajutorul versului, dar cred că ar fi sunat mai puțin natural și direct. Să luăm vestita scenă (mult timp suprimată din cauza cruzimii ei libertine) în care Don Juan îl ispitește pe un pustnic muritor de foame, încercând să-l determine să comită o blasfemie:

Don Juan: Vrei sau nu vrei să câștigi un galben de aur? Uite-l. E al tău dacă blestemi. Ne-am înțeles?
Cerșetorul: Boierule...
Don Juan: Altminteri n-ai nimic.
Sganarelle: Blestemă, omule, parcă e cine știe ce mare lucru!
Don Juan: E al tău, crede-mă că e al tău. Dar mai întâi blestemă.
Cerșetorul: Nu, boierule, mai bine mor de foame.
Don Juan: Haide, ți-l dau în numele dragostei mele de oameni.*

Tonul realizează un echilibru fin între stilul violent și cel frivol; versul ar fi înclinat puternic tonul într-o direcție sau alta. În ultimele momente ale piesei, avantajele prozei sunt din nou

* *Don Juan*, trad. Alexandru Kirițescu, în Molière, *Opere*, vol. 2, E.S.P.L.A., București, 1955, pp. 424–425.

puse în evidență. Don Juan este târât spre focul gheenei. Servitorul lui iese pe brânci dintre dărâmăturile învăluite-n fum și-și cere, strigând, simbria:

> Sganarelle: Aoleu, simbria mea, simbria mea! Poftim, prin moartea lui, toți sunt mulțumiți. Cerul înfruntat, legile pângărite, fetele seduse, familiile dezonorate, părinții insultați, femeile batjocorite, soții ajunși la capătul răbdării, toată lumea e mulțumită; numai eu sunt nenorocit. Simbria mea, simbria mea!*

Două dintre cele mai savuroase trăsături ale acestui pasaj derivă din tactica retoricii: diminuendo-ul enumerării celor ultragiați, enumerare care începe cu cerul și se termină cu soții încornorați, și dublul înțeles al termenilor cu care Sganarelle înșiruie victimele lui Don Juan. Fiecare termen se referă la un domeniu specific, dar în același timp are o conotație sexuală: „pângărite", „seduse", „dezonorate" (*violées, séduites, déshonorées*). Astfel, „pângărirea" legii o evocă imediat pe cea a femeilor; iar întregul joc de idei culminează cu acel *double-entendre* din *poussés à bout.***

Dar valoarea dramatică a izbucnirii lui Sganarelle nu constă în primul rând în aceste procedee retorice. Cu adevărat important este caracterul cu totul nepotrivit al sentimentelor lui Sganarelle, enorma lui insensibilitate la ce se petrece în jurul său. Pentru a o exprima, proza e vehiculul cel mai indicat. Tocmai indiferența servitorului face explicită damnarea stăpânului. Deoarece și-a cheltuit vitalitatea pe plăceri deșarte, Don Juan a ajuns să nu mai însemne nimic, nici chiar pentru cel mai apropiat tovarăș al său. El este doar o umbră care,

---

* Vezi și *Ibid.*, p. 466.

** Verbul *pousser* are două sensuri: a împinge; a crește. De aici, dublul înțeles al expresiei: „împinși la capătul răbdării" și „crescuți la un capăt" (cu coarne).

proiectată în agitație frenetică, dispare de îndată ce lumina se stinge. Pierzania lui și eternitatea chinurilor sale viitoare nu-l impresionează pe Sganarelle. Singurul lucru ce-l preocupă este simbria lui rămasă neplătită, și strigătul cu care și-o cere este unicul epitaf al lui Don Juan.

Faptul că ambele scene pe care le-am citat se referă la bani nu este întâmplător. Lumea prozei este o lume în care banii contează, iar afirmarea prozei în literatura occidentală a coincis cu dezvoltarea, în secolul al XVI-lea, a relațiilor economice moderne. Ca și monarhii britanici, personajele nobile ale tragediei nu umblă cu bani. Nu-l vedem pe Hamlet întrebându-se cum să-i plătească pe actori, nu ne-o imaginăm pe Fedra preocupată de cheltuielile menajului ei. Numai creaturile josnice, ca Roderigo din Othello, ne sunt prezentate punându-și bani în pungă. Dar în momentul în care factorii economici devin dominanți în societate, noțiunea de tragic se va lărgi, incluzând ruina financiară și urile generate de bani în sânul burgheziei. Molière a fost printre primii care au înțeles imensul rol pe care-l capătă, în viața modernă, relațiile monetare. La Shakespeare, aceste relații mai au încă o inocență arhaică. Bărbatul trebuie să dispună de bani, ca în *Negustătorul din Veneția*, pentru a putea fi galant cu femeia iubită sau pentru a-și mulțumi prietenii. Dar banii vin de departe, pe nave care sosesc pe neașteptate, încărcate cu mărfuri. În drama shakespeariană, banul nu este o fisă de schimb abstractă, a cărei singură valoare derivă dintr-o ficțiune a rațiunii; el este aurul-demon. Timon își cheltuiește banii dintr-un irezistibil impuls de risipă, pentru a-i regăsi apoi, îngropați misterios la marginea mării. Dintre elisabetani, scriitorul care a înțeles cel mai bine spiritul mercantil a fost Ben Jonson. Însă chiar și în *Volpone*, acea mare comedie a finanțelor murdare, banul are un nimb irațional. El e un zeu auriu, senzual, care pătrunde ca focul în venele oamenilor. Nu ni se arată cum sunt, de fapt, câștigați banii, iar rolul lor este mai degrabă magic decât economic.

Și de data aceasta sfârșitul secolului al XVII-lea constituie, în domeniul sensibilității, un hotar, el separând lumea lui Shakespeare de cea a lui Voltaire și Adam Smith. Căci atunci literatura a început să aibă o concepție realistă despre bani. Molière și Defoe își dau seama că cei mai mulți nu provin nici din orientul fabulos, nici din creuzetul alchimistului. În *Întâmplările fericite și nefericite ale vestitei Moll Flanders* întrezărim tensiunea emoțională și cerebrală a afacerilor financiare. Swift a mers mai departe. El a dezvăluit cu sarcasm rădăcinile inconștiente ale ambițiilor economice și a insistat asupra aspectelor scatologice ale avariției. Romanele lui Smollett arată cum se câștigă și se pierd bani prin mijloace raționale și tehnice, iar în *Manon Lescaut*, scenele cu jocuri de noroc sugerează acea poezie a banilor care urma să aibă un rol atât de important la Balzac, Ibsen și Zola. Dar poezia banilor este proza.

Romanul modern reprezintă o reacție directă la această orientare a conștiinței spre viața economică și burgheză. Dar această orientare, care este unul dintre evenimentele cele mai importante din întreaga istorie a imaginației, a afectat și teatrul. O putem găsi deja la George Lillo, în îngrozitor de prozaicele piese pe care le-a scris în anii 1730. Influența lui dincolo de hotarele Angliei a fost imensă: drama a devenit accentuat burgheză. Aceste „comedii sentimentale“ – sau, mai precis, *comédies larmoyantes* – ale secolului al XVIII-lea n-au rezistat prea bine timpului. Patosul și caracterul lor moralizator sunt atât de insistente, încât devin insuportabile. Noi vrem ca sentimentele să ne fie stimulate, nu luate cu asalt. Totuși, piese ca *Miss Sara Sampson* a lui Lessing și *Fiul natural* a lui Diderot sunt de mare interes istoric, pentru că au coborât nivelul teatrului, făcându-l să reflecte noile realități ale sensibilității burgheze. Ele sunt premergători îndepărtați ai lui Ibsen. Aceste parabole ale vieții și suferinței burgheze au fost scrise în proză. Lessing și Diderot au încercat să redea limbajului scenei eficacitatea vorbirii curente, căci acest tip de vorbire era complet absent din tragedia secolului al XVIII-lea. Dar poeții tragici, încă sclavi ai convențiilor neoclasice, n-au vrut să admită coborârea în prozaic. Aceasta a făcut ca până și cele mai nobile creații ale lor, *Cato* a lui Addison și *Irene* a lui Samuel Johnson, să fie piese reci, fără viață. Refuzând să se folosească de posibilitățile prozei, tragedia s-a îndepărtat de perspectivele ce i-au fost deschise de *Don Juan*. Distanța dintre teatrul tragic și centrii vitali ai interesului imaginativ s-a mărit și n-a mai fost nicicând complet anulată. Iar crearea unei proze dramatice capabile să transmită în mod adecvat emoții tragice complexe a fost întârziată poate cu un secol.

Pasul următor în direcția unei astfel de proze a fost făcut de Goethe. În *Urfaust*, versiunea inițială, fragmentară, a lui *Faust*, două scene sunt în proză. Una dintre ele, care ne-o prezintă pe Margareta în închisoare, a fost rescrisă de Goethe în versuri. Dar scena imediat precedentă, o întâlnire dintre Faust și Mefistofel, a rămas în esență intactă de-a lungul celor șaizeci de ani în care Goethe a lucrat la saga lui Faust. Ea se înalță în mijlocul poeziei ca un bloc eratic. Dar această scenă, purtând indicația „Zi mohorâtă. Câmp.“, e remarcabilă nu numai pentru caracterul singular al formei ei, ci și pentru că este, probabil, prima în ordinea compunerii. S-ar putea să fi fost scrisă încă în 1772, când poetul se afla sub impresia judecării și executării unei tinere care își ucisese copilul nelegitim. Dialogul pare să i se fi prezentat imaginației lui Goethe în formă completă și incandescentă. Faptul că l-a lăsat neschimbat de-a lungul mulților ani de revizuire a textului atestă calitatea lui inspirată. Virtuțile prozei sunt aici exprimarea concentrată și acumularea tensiunii. Pentru a le ilustra, trebuie să dau un citat ceva mai lung:

> Faust: În suferință! Și-n deznădejde. Jalnic și îndelung rătăcind pe pământ, și acum sub lacăt! Închisă ca răufăcătoare în beci, în groaznice chinuri, suava, nefericita creatură! Până aici s-a ajuns, până aci. Tu, trădător, nemernic

spirit, toate acestea mi le-ai tăinuit. Așteaptă numai, stai. Rostogolește-ți drăcești ochi în cap, înverșunându-te. Stai numai și-nfruntă-mă cu nesuferita ta prezență. Închisă, în restriște fără capăt! Lăsată în grija duhurilor rele și a omenirii care judecă nesimțitoare! Iar pe mine mă legeni în răstimp în desfătări urâte, îmi ascunzi crescânda ei jale și-o lași fără de ajutor prăpădului.

Mefistofel: Nu este ea cea dintâi.

Faust: Câine! Monstru scârbos! – Schimbă tu, nemărginitule Spirit, schimbă șarpele, dându-i iarăși înfățișarea de câine, cum adeseori noaptea îi plăcu să mă adulmece, să se rostogolească la picioarele neștiutorului călător, să sară pe umerii celui ce cădea. Schimbă-l iarăși, dându-i înfățișarea ce-i este dragă, să se târască în nisip pe burtă, să calc lepădătura cu piciorul! – N-a fost ea cea dintâi! – Ce amărăciune!*

În parte, violența scenei rezultă din contrastul dintre proză și poezia înconjurătoare. Când Faust izbucnește, cuprins de furie și de durere, suntem încă sub impresia *Nopții Valpurgice*, a cărei viziune tocmai s-a destrămat pe un ton de încântare pură. Ultimul catren cântat de spiritele care se îndepărtează este notat „pianissimo". Coborârea în proză este tot atât de bruscă și de violentă ca și schimbarea de decor: de la palatul lui Oberon la ziua mohorâtă, în câmp deschis. Dar tragismul rezidă mai ales în conflict. Acum Faust vede clar ticăloșia absolută a lui Mefistofel, simte cât de dezgustător este răul. Pactul său cu noaptea și-a pierdut grandoarea. Faust își dă seama că propria lui conștiință este târâtă în noroi. El nu mai este un rebel prometeic, ci un aventurier intrat în afacerea

---

* *Faust*, trad. Lucian Blaga, ed. cit., vol. 1, pp. 232–233.

murdară și meschină a seducerii unei fete. Răul poate micșora hotarele sufletului. Mefistofel, care în izbucnirea lui Faust vede semnele viitoarei lui supuneri, insistă în sensul abjecției, banalizând situația: Margareta nu este prima fată sedusă în acest fel. Faust îi strigă celui care-l chinuie: „Câine! Monstru scârbos!" Referirea este exactă: răul s-a apropiat de el pentru prima dată sub înfățișarea unui pudel ce se gudură. Pudelul se gudură, iar dulăii iadului vin în urma lui.

Scena se încheia într-un iureș:

Mefistofel: Te duc, și ceea ce pot să fac, ia aminte. Am eu toată puterea în cer și pe pământ? Vreau să înnegurez simțurile paznicului. Pune mâna pe chei, și scoate-o din beci cu mâna ta omenească! Eu voi veghea. Vrăjiți, caii te așteaptă. Vă călăuzesc! Aceasta pot s-o fac.
Faust: Să mergem! Să plecăm!*

Aici, proza îndeplinește anumite sarcini pe care cred că versul le-ar îndeplini cu mai puțină rigoare. Din punct de vedere metric, ritmul staccato al propozițiilor succesive și rapiditatea exprimării, ar da naștere unui vers poticnit, nefiresc. Tocmai forma colțuroasă a prozei și ruperea cadenței naturale sunt cele care explică tensiunea susținută a textului. Pe de altă parte, ironiile exprimate aici sunt de un gen care e aproape prea drastic pentru a îmbrăca forma versului. Vreau să spun că versul, fiind în mod necesar un ornament, ar rotunji colțurile violenței. Margareta trebuie să fie scoasă din închisoare „de o mână omenească" dar, de fapt, gheara diavolului este cea care va deschide porțile. „Vă călăuzesc", promite Mefistofel, *Ich entführe euch.* Verbul este foarte potrivit, pentru că el înseamnă și „a răpi".

Severul conflict din această scenă ne face să ne gândim cum ar fi putut arăta *Faust* dacă Goethe ar fi scris întreaga

---

* *Ibid*, p. 235.

dramă, sau o mare parte din ea, într-o astfel de proză. În acel caz, limba însăși ar fi conspirat împotriva evitării tragediei. Căci această scenă conține emoții tragice mai puternice decât oricare altele prezente în piesă. După ce Goethe a scris-o, în literatura germană n-a mai fost nevoie să se facă o disociere între proză și tragedie. Proza germană s-a maturizat aproape dintr-odată, fiind gata să servească cel mai înalt țel dramatic.

Acest țel a fost atins, în parte, de Georg Büchner. Numai în parte, pentru că Büchner a murit la douăzeci și trei de ani. În cartea de față, a trebuit să mă ocup și de dramaturgi care au eșuat – pentru că n-au avut talent; pentru că înclinația lor firească îi orienta spre poezie sau spre roman, nu spre teatru; sau pentru că n-au putut împăca viziunea lor ideală despre teatru cu cerințele scenei propriu-zise. Aceste motive de înfrângere nu i se pot aplica lui Büchner. Dacă ar fi trăit, istoria teatrului european ar fi fost, probabil, diferită. Dispariția lui absurd de prematură e simbolul unei pierderi mai categorice decât cele suferite în cazurile lui Mozart și Keats, pe care le invocăm atât de des ca acte de acuzare împotriva morții. Nu pentru că opera lui Büchner ar putea fi pusă alături de operele lor, spre comparație utilă; ci pentru că promisiunea geniului din scrierile sale este atât de mare și de clară, încât ceea ce ne-a rămas de la el pare doar un anunț parodic a ceea ce urma să vină. În ultimele poeme ale lui Keats, sesizăm o oarecare slăbire a forței poetului. Büchner însă a fost secerat în plină ascensiune. N-avem cum să știm în ce direcții s-ar fi maturizat un băiețandru care scrisese deja *Moartea lui Danton, Leonce și Lena, Woyzeck* și acel masiv fragment de povestire în proză, *Lenz*. La aceeași vârstă, Shakespeare era poate autorul câtorva versuri amoroase.

Maturizarea instantanee a lui Büchner e uluitoare. Măiestria artistică își face simțită prezența de la bun început. Cu greu am putea găsi vreo scrisoare sau vreun pamflet politic din adolescență care să nu poarte pecetea originalității și a deplinei stăpâniri a stilului. Dacă îl exceptăm pe Rimbaud, nu există nici un alt scriitor care, atât de tânăr fiind, să fi avut o individualitate atât de puternică. De obicei, pasiunea și elocvența apar cu mult înaintea stilului; la Büchner, ele au fost îmbinate de la început. Un alt lucru care ne uimește este întinderea registrului stilistic al lui Büchner. La Marlowe, de exemplu, găsim o voce prematur sugrumată, dar care își definise deja timbrul specific. Büchner își încearcă puterile în multe direcții diferite; totul, în opera lui, este atât realizare desăvârșită, cât și experiment. *Moartea lui Danton* îmbogățește posibilitățile dramei politice. *Leonce și Lena* este o reverie, o îmbinare de ironie și lirism care se află încă în avangarda teatrului modern. *Woyzeck* nu e numai sursa istorică a expresionismului; piesa pune în discuție, într-un mod nou, întreaga problemă a tragediei moderne. În *Lenz*, procedeele povestirii ajung până în pragul suprarealismului. Eu mă voi ocupa în special de proza dramatică a lui Büchner și de contribuția lui categorică la lărgirea sferei tragediei. Dar fiecare aspect al geniului său ne face să ne gândim că progresul conștiinței morale și estetice se sprijină adesea pe pivotul șubred al unei singure vieți.

El poate depinde, de asemenea, de accidente banale. Manuscrisul lui *Woyzeck* a dispărut imediat după moartea lui Büchner, survenită în 1837. Textul îngălbenit, aproape ilizibil, a fost redescoperit și publicat în 1879. Dramele lui Büchner au devenit bine-cunoscute abia după Primul Război Mondial, în anii 1920. Atunci, ele au exercitat o influență extraordinară asupra artei și literaturii expresioniste. Fără Büchner, poate că Brecht n-ar fi existat. Dar lunga distanță fortuită care separă opera de recunoașterea ei pune una dintre cele mai chinuitoare întrebări din istoria teatrului. Ce s-ar fi întâmplat cu arta dramatică dacă lumea ar fi văzut mai devreme în *Woyzeck* o capodoperă revoluționară? Oare Ibsen și Strindberg ar mai fi trudit la greoaiele lor drame istorice dacă ar fi citit *Moartea lui Danton*? La sfârșitul secolului al XIX-lea, numai Wedekind, acea singulară și extrem de talentată figură din lumea interlopă a teatrului legitim, a fost la curent cu exemplul lui Büchner și a profitat de pe urma lui. Și dacă n-ar fi existat un romancier austriac minor, Karl Emil Franzos, cel care a salvat manuscrisul, însăși existența lui *Woyzeck* ar fi putut fi acum doar o controversată notă de subsol a istoriei literare.

Büchner a cunoscut scena în proza din *Faust*, și în *Leonce și Lena* citează una din replicile batjocoritoare ale lui Mefistofel. I-a fost familiară, de asemenea, maniera energică, deși cam necizelată, în care e folosită proza în *Hoții* lui Schiller. Dar stilul lui *Woyzeck* este aproape autonom; el reprezintă una dintre acele rare realizări prin care un scriitor adaugă o nouă voce mijloacelor de expresie ale limbii. Van Gogh a învățat ochiul să vadă flacăra dintr-un copac, iar Schönberg i-a oferit urechii noi domenii de delectare posibilă. Opera lui Büchner a îmbogățit literatura într-un mod similar. El a revoluționat limbajul teatrului și a contestat valoarea unor definiții ale tragediei care continuau să fie în vigoare din timpul lui Eschil. Prin una dintre acele întâmplări fericite care au loc uneori în istoria artei, Büchner și-a făcut apariția la momentul potrivit. Se simțea nevoia imperioasă a unei noi viziuni asupra formei tragice, deoarece nici forma antică, nici cea shakespeariană nu mai păreau să corespundă marilor schimbări intervenite în concepțiile și în condițiile sociale moderne. *Woyzeck* a satisfăcut această nevoie. Dar s-a ridicat deasupra momentului istoric, o mare parte din revelațiile pe care le-a oferit fiind încă neexplorate. Un caz foarte asemănător este cel al matematicianului Galois, contemporan cu Büchner. În ajunul morții sale, survenită într-un duel ridicol, la vârsta de douăzeci de ani, Galois a pus bazele topologiei. Enunțurile și demonstrațiile lui fragmentare – salturi mari, prin care limitele teoriei clasice au fost mult depășite – trebuie și acum considerate ca făcând parte din avangarda matematicii moderne. În plus, însemnările lui Galois s-au păstrat doar din întâmplare. La fel stau lucrurile și în cazul lui *Woyzeck*: piesa e incompletă și a fost aproape pierdută. Totuși, acum știm că este una dintre articulațiile care au permis teatrului să se orienteze spre viitor.

Woyzeck este prima tragedie adevărată al cărei erou e omul simplu. Ea repudiază o prezumție prezentă în teatrul grec, elisabetan și neoclasic: prezumția că suferința tragică este privilegiul sumbru al celor de rang înalt. Tragedia antică a inclus și categoriile sociale inferioare, dar numai în treacăt, sub forma câte unei scântei aruncate de marile conflagrații din interiorul palatelor regale. De altfel, în durerile de ordin secundar ale claselor de jos, poeții tragici au introdus note grotești sau comice. Paznicul din *Agamemnon* și mesagerul din *Antigona* sunt luminați de focul acțiunii tragice, dar rolul lor este să ne facă sa râdem. Într-adevăr, nota comică derivă din faptul că, din cauza poziției lor sociale umile sau a puterii lor reduse de înțelegere, ei au o prezență nepotrivită cu împrejurările solemne în care apar pentru scurt timp. Shakespeare își înconjoară personajele principale cu o numeroasă suită de oameni mai puțin importanți. Dar durerile acestora nu sunt decât ecouri loiale ale suferințelor regilor, ca în cazul grădinarilor din *Richard al II-lea*, sau interludii umoristice, ca în scena portarului din *Macbeth*. Numai în *Regele Lear* sentimentul de pustiire tragică este atât de mare, încât cuprinde toate categoriile sociale (și *Woyzeck* îi este îndatorat, în anumite privințe, tocmai *Regelui Lear*). Lillo, Lessing și Diderot au lărgit noțiunea de dramă serioasă, făcând-o să includă și destinele burgheziei. Dar piesele lor sunt predici sentimentale în care se întrevede vechea prezumție aristocratică, conform căreia suferințele servitorilor sunt, în fond, comice. Diderot, în special, a reprezentat tipul caracteristic de snob radical.

Büchner a fost primul care a dat vieții celor mai joase categorii de oameni solemnitatea și compasiunea tragediei. El a avut succesori: Tolstoi, Gorki, Synge și Brecht. Dar nici unul n-a egalat forța de coșmar a lui *Woyzeck*. Drama înseamnă limbaj sub o presiune atât de înaltă a sentimentelor, încât cuvintele sugerează, în mod necesar și imediat, gestul. Büchner excelează în creșterea acestei presiuni. El a creat un stil mai expresiv decât stilul oricăror altor piese de după *Regele Lear* și a înțeles, ca și Shakespeare, că în momente de extremă suferință mintea caută să scuture lanțurile sintaxei raționale. La Woyzeck, cuvintele sunt categoric incapabile să exprime profunzimea chinului său. În aceasta constă secretul piesei. În timp ce în tragedia clasică și în cea shakespeariană atâtea personaje, purtate pe aripa versului și retoricii, vorbesc mult mai bine decât e normal s-o facă, spiritul torturat al lui Woyzeck ciocănește în van la porțile limbii. Fluența limbajului celor ce-l chinuie, Doctorul și Căpitanul, este cu atât mai oribilă, cu cât lucrurile pe care le au ei de spus n-ar trebui să se bucure de onoarea de a fi exprimate în vorbire cultă. Versiunea pentru operă a lui *Woyzeck*, datorată lui Alban Berg, este superbă atât din punct de vedere muzical, cât și ca dramă. Dar ea denaturează principalul procedeu artistic al lui Büchner. Muzica îl face pe Woyzeck elocvent; o orchestrație subtilă îi dă sufletului său darul vorbirii. În piesă, acest suflet e aproape mut, tocmai stângăcia cuvintelor lui Woyzeck fiind cea care-i transmite suferința. Totuși, stilul are o claritate extraordinară. Cum se obține aceasta? Prin folosirea unei proze incontestabil înrudite cu aceea din *Regele Lear*. Puse alături, cele două tragedii se luminează reciproc:

Gloucester: Eclipsele de soare și de lună din ultima vreme nu ne prevestesc nimic bun. Cu toate că știința naturii le explică în fel și chip, firea însăși e vătămată de efectele lor dăunătoare: iubirea se răcește, prieteniile se năruiesc, frații se ceartă și se despart; răscoale în orașe și dihonie între provincii; în palate s-a cuibărit trădarea; iar legătura dintre părinți și copii s-a frânt. Ticălosul ăsta al meu adeverește prevestirile rele: fiul se va ridica împotriva tatălui. Iată, și regele calcă legea firii: tatăl își prigonește copilul. Am văzut ce poate fi mai rău într-o vreme de cumpănă ca a noastră.*

Woyzeck: Dar cu natura e altceva, să vedeți: cu natura e așa, cum vă spun, de exemplu...

....

Domnule doctor, ați văzut vreodată ceva din natura dublă? Când soarele e la amiază și ți se pare că pământul ia foc, mi s-a-ntâmplat să-mi vorbească un glas înfiorător!

....

Ciupercile, domnule doctor, aici, aici e secretul. Ați văzut în ce figuri ciudate cresc ciupercile pe pământ? Cine poate să le citească?

(„La doctor")

Lear: În jos de brâu sunt centauri, deși în sus arată a femei; până la cingătoare sunt cu Domnul, din jos de ea, cu dracul. În ele-i iadul, bezna, hăul de pucioasă; foc, fierbere, duhoare, mistuire. Pfui, pfui pfui!**

Woyzeck: Tot așa, tot așa! Tot așa, tot așa! Învârtiți-vă, tăvăliți-vă! De ce nu stinge Dumnezeu soarele, ca toți, unii peste alții, să se tăvălească în dezmăț, bărbat și femeie, om și animal?! O fac în plină zi, ți-o fac pe mâini, ca muștele! – Femeia! Femeia e fierbinte, fierbinte! Tot așa, tot așa!

(„Scena din han")

Lear: Și când voi da năvală peste gineri,
Atunci, omoară, omoară, omoară, omoară!***

---

* *Regele Lear*, I, 2, ed. cit., p. 117.

** Vezi mai sus, p. 211.

*** *Regele Lear*, IV, 6, ed. cit., p. 190.

Woyzeck: O aud și aici? – O spune și vântul? – Am s-o aud mereu, mereu: înjunghie, omoară!
(„Scena din câmp")

Există ecouri directe. Lear, la vederea ingratitudinii omului, le cere elementelor „să spargă tiparul naturii"; Woyzeck se întreabă de ce nu stinge Dumnezeu soarele. Atât pe Lear, cât și pe Woyzeck sexualitatea îi dezgustă până la demență. În ochii lor, oamenii iau forma unor animale dezmățate: dihorița și iapa, în *Regele Lear*; muștele care se împerechează în plină zi, în *Woyzeck*. Simplul gând al femeii le atinge nervii ca un fier încins: ea e „hăul de pucioasă; foc, fierbere"; „femeia e fierbinte, fierbinte". Sentimentul corupției sexuale generale îi împinge pe bătrânul rege nebun și pe soldatul analfabet spre aceeași frenezie ucigașă: „omoară, omoară"; „înjunghie, omoară".

Dar cele două piese se aseamănă cel mai mult prin modul în care folosesc proza. Büchner îi este categoric îndatorat lui Shakespeare. Se știe că stilul prozei este greu de analizat, iar între germana postromantică și engleza elisabetană există o distanță mare și evidentă. Totuși, când punem pasajele alături, urechea sesizează similitudini incontestabile. Cuvintele sunt organizate în aceeași manieră abruptă, iar ritmul intern creează un mod similar de accentuare a sentimentelor. Citită cu voce tare, proza din *Woyzeck* are aceeași respirație scurtă și aceeași curgere ca și cea din *Regele Lear*. „Forma" propozițiilor este remarcabil de asemănătoare. Dacă distihurile rimate ale lui Racine au o calitate de echilibru și de rotunjime sesizabilă aproape vizual, proza din *Regele Lear* și din *Woyzeck* transmite impresia unor rânduri frânte și a unor grupuri de cuvinte cu margini colțuroase. Aici, pentru a parafraza o figură de stil din *Timon din Atena*, cuvintele „ne privesc îndurerate".

Totuși, faptele psihologice pe care le tratează Shakespeare și Büchner sunt diametral opuse. Stilul chinului lui Lear marchează o cădere dezastruoasă; cel al lui Woyzeck, o înălțare disperată. Lear se prăbușește în proză și, temându-se de o totală eclipsă a rațiunii, caută să țină la îndemâna durerii fragmentele vechii lui judecăți. Proza lui constă din asemenea fragmente, aranjate grosolan într-o aparentă ordine. Nu legătura rațională, ci ura față de lume este cea care le unește. Woyzeck, dimpotrivă, e împins de chinul său spre o nevoie de exprimare care nu-i este firească. El încearcă să rupă tăcerea, dar e mereu împiedicat, căci cuvintele de care dispune nu sunt pe măsura tensiunii și violenței sentimentelor sale. Aceasta duce la o simplitate extraordinară a exprimării. Fiecare cuvânt e folosit ca și cum atunci ar fi apărut pentru prima dată în vorbirea umană. Este nou și plin de înțelesuri neștiute. Exact așa folosesc copiii cuvintele: ținându-le la distanță, pentru că au o teamă naturală de puterea lor de a clădi sau de a distruge. Și tocmai această copilărie prezentă în Woyzeck îl apropie de Lear, căci în declinul rațiunii sale, Lear capătă inocența și ferocitatea unui copil. În ambele texte, de altfel, un procedeu retoric important e repetiția, procedeu specific vorbirii copiilor: *kill, kill, kill*; *never, never, never*; *immer zu, immer zu*!; *stich tot, tot*! – de parcă repetarea insistentă a unui lucru ar putea să-l facă să se realizeze.

Repetarea insistentă și discontinuitatea aparțin nu numai limbajului copiilor, ci și aceluia al coșmarurilor. Ceea ce vrea să realizeze Büchner este efectul de coșmar. Neliniștea lui Woyzeck se îngrămădește la suprafața vorbirii, dar acolo ceva o oprește; afară răzbat doar scântei nervoase, stridente. Tot astfel, în visurile noastre negre strigătul ni se sugrumă în gâtlej. Cuvintele care ne-ar salva sunt aproape, dar nu le putem atinge. Aceasta este tragedia lui Woyzeck, și a face din ea o dramă vorbită a fost un gând îndrăzneț. Este ca și cum cineva ar fi compus o mare operă pe tema surzeniei.

Una dintre cele mai vechi și mai obsedante tânguiri generate de condiția tragică a omului este țipătul Casandrei în curtea casei lui Atreu. În scena finală, fragmentară, din *Woyzeck* găsim implicațiile unei dureri nu mai puțin universale. Woyzeck a comis un omor și acum apare, clătinându-se, cu privirea rătăcită. El întâlnește un idiot și un copil:

Woyzeck: Copilașule, capeți un călăreț, da, da; ei hai, cumpără-i băiatului un călăreț! Hop, hop! Dii, calule!
Karl: Hop, hop! Dii, calule! Dii, calule!

În ambele cazuri, limba pare să se întoarcă la un mod de comunicare a terorii mai vechi decât vorbirea cultă. Strigătul Casandrei este ca acela al unei păsări de mare, sălbatic și fără sens. Woyzeck aruncă cuvintele ca pe niște jucării stricate: ele l-au trădat.

Büchner a realizat cea mai radicală ruptură cu convențiile lingvistice și sociale ale tragediei poetice. Dar aceste convenții își pierdeau influența în întregul teatru european. Musset n-a avut nici originalitatea, nici forța imaginativă a lui Büchner. Dar el s-a răzvrătit împotriva autocrației versului din drama franceză serioasă. Din nefericire, în revolta lui, ca și în multe alte aspecte ale vieții și artei sale, lui Musset i-a lipsit convingerea. El n-a vrut să încredințeze răspunderea emoției dramatice complete nici chiar unei proze atât de pline de resurse ca proza sa. De aici, superficialitatea deliberată și farmecul fragil prezente în *Comedii și proverbe*. Musset s-a ridicat la înălțimea talentului său numai o dată, în *Lorenzaccio*.

În multe privințe, piesa este tipică pentru melodrama istorică romantică. În personalitatea evazivă a eroului intră elemente împrumutate de la Hamlet și din autobiografia poetului. Conspiratorii republicani sunt prezentați după modelul celor din *Conjurația lui Fiesco* de Schiller, iar unele trăsături provin de la arhiromanticul Jean Paul Richter. Dar limbajul este nou. *Lorenzaccio* este scrisă într-o proză sinuoasă, plină de mișcări îndrăznețe și capabilă să exprime explicit nuanțe emoționale tipice concepției romantice despre om. Această proză este acțiune pură. Musset a preluat în dialogul său dramatic concizia și claritatea romancierilor și filozofilor veacului precedent.

Melodramele lui Victor Hugo sunt scrise de parcă nici Voltaire, nici Laclos n-ar fi folosit limba franceză. Stilul lui *Lorenzaccio*, dimpotrivă, se trage direct din proza expresivă creată în secolul al XVIII-lea. Lungul dialog din Actul III dintre Lorenzaccio și Philippe Strozzi poate rivaliza cu o pagină din Stendhal; el are aceeași economie a formei exterioare și aceeași bogăție în exprimarea vieții interioare:

> E prea târziu – m-am deprins cu meseria mea. Viciul a fost pentru mine o haină; acum mi s-a lipit de piele. Sunt într-adevăr un decăzut și, când fac glume pe socoteala celor de-o seamă cu mine, mă simt, în mijlocul veseliei mele, serios ca Moartea. Brutus s-a dat drept nebun pentru a-l ucide pe Tarquiniu, și ceea ce mă uimește la el e faptul că acest joc nu l-a făcut să-și piardă mințile. Învață din exemplul meu, Philippe, iată ce-am să-ți spun – nu lucra pentru patria ta.

Dar această piesă interesantă a exercitat o foarte slabă influență. Ea n-a eliberat tragedia romantică franceză de tirania stilului bombastic și a versului găunos. În ciuda virtuților sale, *Lorenzaccio* nu are forță. Structura ei este prea neglijentă pentru un stil atât de delicat și de rapid. Tensiunea dramatică se află mai mult în detalii decât în concepția de ansamblu. De aceea, ca și restul pieselor lui Musset, ea este mai vie pe pagina scrisă decât pe scenă. Totuși, rupând cu precedentul versului eroic, Musset a făcut un pas mare spre modernism. Pledoaria lui Stendhal pentru o dramă tragică scrisă în limba celor vii se reflectă tot atât de mult în *Lorenzaccio* ca și în *Woyzeck*.

VIII

Idealul de tragedie susținut de tradiția clasică sau shakespeariană a fost contestat nu numai de proza realistă în ascensiune, ci și de muzică. În cea de-a doua jumătate a secolului al XIX-lea, opera formulează pretenții serioase la moștenirea dramei tragice.

Această revendicare este prezentă în orice operă de tip clasic, dar ea e rareori întemeiată. Marea majoritate a operelor sunt librete puse pe note, cuvinte acompaniate sau înfrumusețate de voce și de acordurile orchestrei. Legătura dintre cuvânt și muzică reprezintă o concordanță formală, iar desfășurarea acțiunii dramatice se bazează pe convenții artificale și neplauzibile, în virtutea cărora cuvintele sunt cântate, nu rostite. Muzica înconjoară textul cu un cod menit să-l sublinieze sau să creeze atmosfera potrivită; ea nu se contopește cu limba pentru a da naștere unei forme dramatice complete. Primul care a realizat o articulare perfectă a sentimentului dramatic prin mijloace muzicale a fost Gluck, în *Orfeu*. El a fost urmat de Mozart, al cărui *Don Giovanni* joacă în istoria dramei muzicale un rol similar cu acela jucat de *Don Juan* al lui Molière în istoria teatrului vorbit. Ambii au lărgit sfera formei dramatice. Mozart a stăpânit perfect resursele dramatice ale muzicii, operele lui sugerând că numai muzica putea să dea din nou viață convențiilor mitului tragic și conduitei tragice care, după secolul al XVII-lea, dispăruseră din teatru.

Dar Mozart n-a avut succesori imediați. Genul operei a fost incapabil să se folosească de posibilitățile ce i se ofereau prin declinul tragediei. Beethoven și-a concentrat extraordinara forță dramatică în muzica de cameră și în drama orchestrală a simfoniei. *Fidelio* marchează, de fapt, o îndepărtare de idealul operei cu formă coerentă. Astfel, opera a preluat întreaga ei moștenire tragică abia spre sfârșitul perioadei romantice. Verdi și Wagner sunt principalii tragici ai epocii lor, Wagner fiind, de altfel, o figură dominantă în întreaga istorie a speciei tragice. El a avut geniul de a-și pune întrebări decisive: putea oare drama muzicală să readucă la viață acele deprinderi ale imaginației și acea sensibilitate la simbol, esențiale pentru teatrul tragic, pe care raționalismul și era prozei le goniseră din conștiința occidentală? Putea oare opera să realizeze mult căutata fuziune a dramei clasice cu drama shakespeariană, creând un gen dramatic total, *das Gesamtkunstwerk*? Wagner n-a fost singurul care a încercat să realizeze acest vis al unității. Cariera lui Berlioz reprezintă o pendulare continuă între maniera shakespeariană, pe care o găsim în *Damnațiunea lui Faust*, și concepția clasică, vergiliană, din *Troienii*. Dar Wagner a mers mult mai departe. Preluând axioma lui Shelley conform căreia sănătatea teatrului este inseparabilă de cea a societății în ansamblu, el și-a propus să creeze nu numai o nouă formă de artă, ci și un nou public. Bayreuth reprezintă mult mai mult decât realizarea tehnică a unei scene și a unui spațiu acustic de tip nou. El a urmărit să revoluționeze caracterul publicului și, implicit, caracterul societății. Modul în care naziștii s-au folosit de muzica lui Wagner a fost abject; dar nu încape îndoială că viziunea wagneriană asupra teatrului a avut implicații sociale profunde. Ea a căutat să obțină de la o societate modernă acea reacție emoțională unitară și disciplinată care a făcut posibilă dezvoltarea teatrului grec și, într-o măsură mai mică, a celui elisabetan.

Dar în geniul complex al lui Wagner a existat o notă de raționalism subtil. El era conștient de faptul că imaginea organică a lumii din tragedia sofocleană și shakespeariană nu putea fi înviată nici chiar prin hipnoză muzicală. De aceea, a hotărât să creeze o nouă mitologie. Ceea ce a rezultat din încercarea lui este o ciudată fiertură vrăjitorească, în componența căreia intră estetica victoriană, creștinismul romantismului târziu și veninul naționalismului ce se răspândise în fluxul sangvin al Europei. Extraordinara frumusețe și subtilitate a muzicii wagneriene conferă acestei mitologii o coerență monumentală. Prins în plasa tonalităților lui *Parsifal,* ascultătorul este condus spre o cunoaștere senzorială directă a credințelor mistice incarnate în legendă. Și tocmai aceasta a fost intenția lui Wagner. Muzica trebuia să reconstruiască punțile dintre intelect și credință, care fuseseră dărâmate de vehemența superficială a raționalismului postnewtonian. Mitologia wagneriană a mântuirii prin iubire trebuia să fie o școală a imaginației, iar *das Festspielhaus* – reprezentând atât un templu, cât și un loc de învățătură – era menit să ajungă din nou în centrul nervos al societății.

Sub influența lui Nietzsche, Wagner a invocat cu tărie, în sprijinul viziunii sale, precedentul teatrului antic. El a susținut, ca și Nietzsche, că tragedia s-a născut din muzică și dans. Teatrul vorbit fusese un lung ocol; întorcându-se la muzică, piesa tragică se va întoarce, de fapt, la adevărata ei natură. Mai mult, purtând pecetea scepticismului socratic și voltairian, vorbirea modernă, neajutată de muzică, nu mai putea face să țâșnească în oameni izvoarele ascunse ale conștiinței mitice.

În ciuda faptului că a susținut primatul formei muzicale totale, Wagner a fost un maestru al limbii și un iscusit autor de melodrame. În manipularea șocului dramatic, el nu se situează mai sus decât Sardou. *Tristan și Isolda* prezintă un triunghi de salon la o scară cosmică, iar în *Inelul Nibelungilor* există tot atâtea coincidențe neplauzibile și revelații uimitoare ca în orice „piesă bine făcută". Tocmai această tratare abilă, dar oarecum ieftină, a formei teatrale este cea care a trădat idealul wagnerian. Creația lui Wagner deține, incontestabil, un loc proeminent și durabil în repertoriul de operă; ea marchează însă sfârșitul dramei romantice și victoriene. Cu excepția lui Richard Strauss, opera modernă nu l-a urmat pe Wagner, ci s-a îndreptat împotriva lui. În ciuda eforturilor susținute de a da producții moderniste, Bayreuth este astăzi un loc de pelerinaj vetust. Cu rara lui acuitate, Nietzsche a sesizat, de la bun început, mirosul de descompunere. El a detectat în Wagner o anumită șarlatanie, iar la Bayreuth n-a găsit aerul proaspăt marin al spiritului tragic grec, ci atmosfera sufocantă a religiozității romantice. Pamfletele lui de mai târziu împotriva lui Wagner sunt nedrepte și au acreala admirației alterate. Dar el nu s-a înșelat când l-a caracterizat pe Wagner drept un cabotin, care se adresa mai puțin virtuților sau inteligenței contemporanilor, cât nervilor lor tociți. În drama wagneriană, există numeroase elemente care o apropie mai mult de Sardou și de Dumas-fiul decât de Sofocle sau de Shakespeare. Totuși – și acest lucru Nietzsche nu l-a sesizat –, *Tristan și Isolda* este mai aproape de tragedia completă decât oricare altă operă creată în perioada de stagnare a dramei care îl separă pe Goethe de Ibsen. Aproximativ același lucru se poate spune și despre alte două opere de la sfârșitul secolului al XIX-lea, *Boris Godunov* de Musorgski și *Otello* de Verdi.

În secolul XX, opera și-a exprimat cu și mai multă forță pretențiile la moștenirea tragică. Puține dintre creațiile teatrului în proză sau ale reînviatei drame în versuri egalează coerența și elocvența emoției tragice pe care o găsim în operele lui Janáček și Alban Berg. S-ar putea ca forțele creatoare ale imaginației moderne să se exprime mai ușor în limbajul simbolic al științei și în notațiile muzicii decât prin intermediul cuvântului. Nu o piesă, ci o operă este cea care ne oferă acum, în modul cel mai clar, speranța că tragedia poate avea un viitor.

Schönberg n-a terminat opera *Moise și Aron*. Dar în cele două acte pe care le-a compus, el a investit coexistența cuvântului și muzicii cu o logică și o putere de convingere care, cred eu, n-au fost încă depășite. Atât cuvântul, cât și sunetul muzical își păstrează autoritatea specifică, dar Schönberg stabilește între ele sau, mai degrabă, în interacțiunea lor, un teren de intensă semnificație dramatică. Cuvântul cântă și muzica vorbește. Nici romanul, nici teatrul vorbit nu ne-au dat, până acum, o viziune adecvată asupra suferințelor monstruoase îndurate de oameni în trecutul imediat, iar poezia secolului nostru a rămas, în cea mai mare parte, retrasă și tăcută. *Moise și Aron* a fost concepută în ajunul catastrofei, la începutul anilor 1930, dar ceea ce ne spune această operă despre absența necesară a lui Dumnezeu și despre nebunia voinței omenești s-a dovedit a fi de o pertinență sumbră pentru situația politică a veacului. Marile tragedii sunt întotdeauna actuale.

Odată cu dezvoltarea, în secolul al XIX-lea, a unei proze dramatice mature și a unor forme de operă capabile să prezinte acțiuni complicate și serioase, tema principală a cărții de față și-a epuizat materialul. După *Woyzeck* și *Tristan și Isolda,* vechile definiții ale speciei tragice nu mai sunt pertinente, drumul fiind acum liber pentru apariția lui Ibsen, Strindberg și Cehov. Acești dramaturgi nu s-au întrebat dacă ceea ce scriau ei erau tragedii în sens formal sau tradițional. Opera lor nu are nici o legătură cu conflictul de idealuri care, de la sfârșitul secolului al XVII-lea până în epoca lor, dominase poetica tragediei. Piesele lor nu aparțin nici tradiției clasice, nici celei shakespeariene, și nu încearcă să unească aceste tradiții în sinteza artificială a unei forme totale.

Cu Ibsen, istoria dramei începe din nou. Acest lucru e de-ajuns ca să facă din el cel mai important dramaturg de după Shakespeare și Racine. Se poate considera că teatrul modern s-a născut odată cu *Stâlpii societății* (1877). Dar, ca majoritatea marilor artiști, Ibsen a lucrat în cadrul convențiilor existente. Cele patru piese de la începutul maturității sale – *Stâlpii societății, O casă cu păpuși, Strigoii* și *Un dușman al poporului* – sunt construcții admirabile, realizate în maniera dominantă a piesei de salon de la sfârșitul secolului al XIX-lea. Articulațiile pieselor sunt tot atât de bine legate ca și în melodramele domestice ale lui Augier și Dumas. Revoluționară este însă folosirea unor procedee uzate – precum trecutul tăinuit, scrisoarea furată sau mărturisirea făcută pe patul de moarte – pentru tratarea unor probleme sociale serioase și de mare actualitate. Elementele de melodramă sunt făcute să servească unui scop clar, intelectual. Acestea sunt piesele care ni-l arată pe Ibsen așa cum a încercat să ni-l prezinte Shaw: ca fiind un pedagog și un reformator. Nici o operă dramatică n-a avut la baza ei un impuls volițional mai puternic și o filozofie socială mai explicită.

Dar aceste piese, oricât de durabile s-ar dovedi prin vigoarea lor teatrală, nu sunt tragedii. În tragedie, nu există remedii laice. E un lucru pe care nu-l putem sublinia îndeajuns. Tragedia nu ne vorbește despre dileme lumești, care pot fi rezolvate prin inovații raționale, ci despre înclinația constantă spre cruzime și distrugere existentă în mersul lumii. Piesele din perioada radicală a lui Ibsen au însă un alt mesaj. Dezastrele care se abat asupra personajelor au remedii specifice, iar scopul lui Ibsen este să ne facă să vedem aceste remedii și să le aplicăm. *O casă cu păpuși* și *Strigoii* se bazează pe convingerea că societatea poate ajunge la o concepție sănătoasă și adultă despre viața sexuală și că femeia poate și trebuie să fie ridicată la nivelul de demnitate al bărbatului. *Stâlpii societății* și *Un dușman al poporului* denunță ipocriziile și oprimarea ce se ascund sub masca rafinamentului burghez. Ele ne arată modul în care interesele financiare otrăvesc izvoarele vieții emoționale și integrității intelectuale și cer răspicat un radicalism explicit și reforme clare. După cum foarte bine a remarcat Shaw, „nu mai avem de-a face cu o tragedie scrisă pentru a stoarce lacrimi". De fapt, nu mai avem de-a face cu nici o tragedie, ci cu o retorică dramatică ce ne îndeamnă la acțiune, plecând de la convingerea că atitudinea corectă poate fi definită și că ea va elibera societatea.

Aceste obiective programatice le găsim și în perioada mijlocie de creație a lui Ibsen. Dar odată cu *Rața sălbatică* (1884), forma dramatică devine mai profundă. Limitele impuse de piesa bine făcută și deliberata aplatizare a perspectivei care o caracterizează, au început să-l incomodeze pe Ibsen. Deși a păstrat forma în proză și convențiile exterioare ale realismului, el s-a întors la tonul liric și la mijloacele alegorice din primele sale piese experimentale, *Brand* și *Peer Gynt*. Prin pădurea miniaturală și vânătorile imaginare ale bătrânului Ekdal din *Rața sălbatică*, drama revenea la acea folosire a mitului și a acțiunii simbolice care dispăruse din teatru după ultimele piese ale lui Shakespeare. În *Rosmersholm, Femeia mării* și *Hedda Gabler*, Ibsen a reușit să facă un lucru pe care toți marii dramaturgi de după sfârșitul secolului al XVII-lea au încercat să-l realizeze, dar pe care nici chiar Goethe și Wagner nu l-au realizat pe deplin: el a creat atât o nouă mitologie, cât și convențiile teatrale prin care putea s-o exprime. Aceasta e cea mai importantă realizare a geniului lui Ibsen, dar ea nu este încă suficient de bine înțeleasă.

După cum am văzut, declinul tragediei este inseparabil legat de declinul concepției organice despre lume și al contextului ei de referințe mitologice, simbolice și rituale. A fost contextul pe care s-a bazat teatrul grec și căruia elisabetanii au mai putut încă să-i dea adeziunea lor imaginativă. În epoca lui Racine, această viziune ordonată și stilizată a vieții, cu înclinația ei spre alegorie și spre acțiunea emblematică, era deja în declin. Dar prin respectarea riguroasă a convențiilor neoclasice, Racine a reușit să dea vechii mitologii, acum golită de credință, vitalitate deplină. Efortul lui a reprezentat o strălucită acțiune de ariergardă. După Racine însă, vechile deprinderi de gândire imaginativă și de reacție imediată la simbol, care îi dădeau dramei tragice cadrul ei referențial, au încetat să mai fie predominante. De aceea, Ibsen s-a văzut pus în fața unui adevărat vid. El a trebuit să creeze pentru piesele lui un context de semnificații ideologice (o mitologie efectivă) și, în același timp, să elaboreze simbolurile și convențiile teatrale cu ajutorul cărora să comunice cu un public corupt de virtuțile ușoare ale scenei realiste. El s-a aflat în situația unui scriitor care inventează o nouă limbă și apoi trebuie s-o predea cititorilor săi.

Fiind un luptător desăvârșit, Ibsen și-a transformat dezavantajele în avantaje. El și-a luat ca punct de plecare șubrezenia credințelor moderne și absența unei ordini imaginative a lumii. Omul se mișcă, gol, într-o lume lipsită de orice mit care să i-o explice sau să-l împace cu ea. Dramele lui Ibsen presupun că Dumnezeu s-a retras din această lume, retragerea Lui lăsând deschisă o poartă prin care pătrund rafale reci stârnite de un univers dușmănos, deși neînsuflețit. Dar cele mai primejdioase asalturi împotriva rațiunii și vieții nu vin din afară, așa cum se întâmplă în tragedia greacă și elisabetană, ci își au originea în labilitatea sufletului omenesc. Ibsen pleacă de la conștiința modernă a faptului că în psihicul uman există ciocniri și dezechilibre. Fantomele de care sunt torturate personajele sale nu sunt heralzii palpabili ai damnațiunii pe care îi găsim în *Hamlet* și în *Macbeth*. Ele sunt forțe de dezagregare desprinse din nucleul spiritului. Sau, mai precis, sunt cancere care se dezvoltă în suflet. În vocabularul lui Ibsen, cel mai mortal dintre aceste cancere este „idealismul", masca ipocriziei și autoînșelării cu care oamenii încearcă să se apere împotriva realităților vieții sociale și personale. Când „idealurile" pun stăpânire pe un personaj ibsenian, ele îl împing spre ruină psihică și materială, așa cum fac vrăjitoarele cu Macbeth. Odată ce masca s-a lipit de obraz, ea poate fi scoasă numai cu prețul vieții. Când Rosmer și Rebecca West sunt, în fine, în stare să privească viața în față, ei se află în pragul morții. Când masca n-o mai protejează împotriva luminii, Hedda Gabler se sinucide.

Pentru a exprima această viziune a unei lumi părăsite de Dumnezeu și a conștiinței dezbinate și vulnerabile a omului, Ibsen a elaborat o uluitoare serie de simboluri și de gesturi figurative. În plus, ca mulți alți creatori de mitologii coerente, el și-a ales de timpuriu elementele obiective ce urmau să-i întruchipeze ideile. Semnificațiile cu care a investit marea, fiordul, avalanșele și pasărea spectrală din *Brand* rămân aceleași până în ultima sa piesă, *Când noi, morții, vom învia*. Biserica nouă din *Brand* declanșează dezastrul, la fel ca și turnul cel nou din *Constructorul Solness*. Armăsarul alb al lui Peer Gynt prefigurează calul fantomatic din *Rosmersholm*. De la bun început, Ibsen folosește anumite obiecte materiale pentru a concentra în ele valori simbolice (rața sălbatică, pistoalele generalului Gabler, catargul de steag din fața casei din *Femeia mării*). Tocmai această tehnică de a asocia o imagine a vieții explicită și semnificativă cu cadrul și obiectele materiale care pot cel mai bine s-o definească și să-i dea dramatism este sursa forței lui Ibsen. Ea îi permite să organizeze acțiunea pieselor sale în forme mai bogate și mai expresive decât orice alte forme cunoscute de teatrul de după Shakespeare. Să ne gândim la tensiunea sentimentului dramatic și la complexitatea semnificațiilor transmise de tarantela dansată de Nora în *O casă cu păpuși*; de propunerea Heddei Gabler de a-l încununa pe Lövborg cu frunze de viță; sau de felul în care personajele se avântă spre locuri înalte și înguste în *Rosmersholm*, *Constructorul Solness* și *Când noi, morții, vom învia*. E vorba despre episoade coerente din piesele respective, episoade care reprezintă însă, în același timp, acte simbolice exprimând o viziune specifică a vieții. Odată ajuns la această viziune, Ibsen a elaborat mijloacele stilistice și teatrale care să-i dea viață dramatică. În aceasta constă realizarea lui de excepție.

Ultimele piese ale lui Ibsen reprezintă acel tip de orientare spre interior pe care îl găsim și în ultimele piese ale lui Shakespeare. *Cymbeline*, *Poveste de iarnă* și *Furtuna* păstrează convențiile tragicomediei din epoca lui Iacob I. Dar aceste convenții acționează ca niște indicatoare de direcție care ne conduc spre semnificații interioare. Furtunile, muzica, măștile alegorice au implicații ce aparțin mai puțin repertoriului imaginativ comun, cât unei foarte personale înțelegeri a lumii. Forma teatrală constituie un simplu eșafodaj pentru susținerea formei interioare. Este exact ce se întâmplă în *Constructorul*

Solness, *Micul Eyolf*, *John Gabriel Borkman* și *Când noi, morții, vom învia*. Aceste drame ne dau impresia că aparțin tradiției realiste și că respectă convențiile scenei cu trei pereți. Dar, de fapt, nu este așa. Decorul se subțiază până când devine de o transparență sumbră, introducându-ne într-un peisaj straniu, potrivit mitologiei lui Ibsen – o mitologie a morții și învierii.

În aceste patru piese – și ele se numără printre piscurile dramaturgiei –, Ibsen se apropie cel mai mult de tragedie. Dar este o tragedie de un gen specific, limitat. Piesele vorbesc despre oameni morți, iar cadrul lor e un purgatoriu rece. Halvard Solness e de mult mort în momentul în care urcă în turnul noii sale vile. Allmers și Rita sunt morți unul pentru celălalt, în atmosfera sufocantă a căsniciei lor. Borkman e o fantomă furioasă, care se plimbă în sus și-n jos, într-un sicriu ce are aspectul unei case. În *Când noi, morții, vom învia*, tema purgatoriului este explicită. În egotismul nebun al artei sale, Rubeck a călcat în picioare viața însăși. El a distrus-o pe Irene, refuzând s-o trateze ca pe o ființă vie. Dar într-o asemenea distrugere există întotdeauna și o parte de sinucidere: și marele sculptor – creatorul de viață – s-a ofilit, ajungând o umbră grotescă. Totuși, se mai poate încă produce un miracol: trecând printr-o primejdie de moarte, morții pot învia. Și astfel, Rubeck și Irene urcă fără oprire pe muntele biciuit de furtună.

În aceste parabole violente există uneori rezonanțe din tragedia clasică și shakespeariană. Când îl vedem pe Solness urcând în turnul său, ne cuprinde un sentiment al tragicului înrudit, cred eu, cu acela pe care-l avem când Agamemnon pășește pe covorul purpuriu. Dar punctul de vedere este total diferit. Ibsen începe acolo unde tragediile vechi se sfârșesc, intrigile lui fiind epiloguri la niște dezastre precedente. Să presupunem că Shakespeare ar fi scris o piesă în care ni i-ar fi prezentat pe Macbeth și Lady Macbeth trăindu-și viețile negre în exil, după ce i-a ajuns dreapta răzbunare a dușmanilor lor. O astfel de piesă ne-ar oferi punctul de vedere pe care-l găsim în *John Gabriel Borkman*. E vorba de drame ale vieții de apoi, în care personajele sunt umbre expresive de tipul celor ce populează regiunile inferioare ale Purgatoriului în *Divina Comedie.* Dar chiar și în aceste opere târzii, există un mesaj care depășește tragedia. Ibsen ne spune că omul nu trebuie să trăiască îngropându-se prematur. El vrea să ne învețe să dăm sens vieților noastre. Cei care trăiesc precum Allmers și Rubeck se pot trezi din starea lor de morți vii dacă stabilesc între ei relații de onestitate și de sacrificiu. Există o cale de ieșire, chiar dacă ea duce sus, la ghețari. Agamemnon, Hamlet sau Fedra n-au o astfel de cale. În întunericul ultimelor piese ale lui Ibsen, miezul speranței militante e intact.

Cum se explică faptul că această magnifică operă dramatică n-a exercitat o influență mai mare sau mai eliberatoare asupra teatrului modern? Dramaturgi precum Arthur Miller au față de Ibsen o poziție similară cu aceea a lui Dryden față de Shakespeare. Ei au luat notă de mijloacele tehnice ale piesei ibseniene și au adoptat unele dintre convențiile și gesturile ei definitorii; dar nici bogatul și complexul comentariu asupra vieții prezent în opera lui Ibsen, nici transparența decorului său realist, care lasă să treacă lumina simbolismului, nu se regăsesc în creațiile lor. Acolo unde Ibsen a exercitat o influență, ca în cazul lui Shaw, piesele care au contat au fost cele programatice, nu dramele răscolitoare ale maturității sale. De ce oare? În primul rând, pentru că Ibsen a scris prea bine. Multe dintre ipocriziile împotriva cărora a luptat și-au pierdut influența asupra spiritului uman. Multe dintre spectrele oprimării burgheze au fost alungate. Triumful reformatorului a lăsat în umbră măreția poetului. În al doilea rând, din cauza barierei limbii. Cei care cunosc norvegiana spun că proza de maturitate a lui Ibsen are în cadența și în echilibrul ei interior o coerență tot atât de mare ca aceea a poeziei de calitate. În plus, ca și în poezie, forța și direcția semnificației se sprijină adesea pe succesiunea sunetelor și pe inflexiunile lor speciale. Acestea se redau foarte greu într-o traducere. De aceea, în versiunile pieselor lui Ibsen accesibile majorității cititorilor există o platitudine prozaică în totală neconcordanță cu sensul simbolic și cu lirismul dramelor lui târzii. Pe scurt, ceea ce s-a tradus cel mai ușor din Ibsen este, poate, ceea ce e mai puțin remarcabil. Iată de ce noi nu avem încă „Teatrul Ibsen“ pentru care pleda Shaw la sfârșitul secolului trecut.

Dacă Ibsen nu poate fi încadrat în sfera tragediei clasice sau shakespeariene, același lucru este valabil, într-o măsură încă și mai mare, pentru Strindberg și Cehov.

În piesele lui Strindberg, găsim unele dintre convențiile radicale din ultimele piese ale lui Ibsen, dar fără structura care să susțină o viziune coerentă asupra vieții. Simbolismul are o strălucire sălbatică, impresionantă, însă la baza lui nu se află o mitologie călăuzitoare. Concepția despre lume implicită în piesele lui Strindberg este isterică și fragmentară. Nici un alt dramaturg n-a dat o expresie mai intimă unei forme de artă atât de publică precum e drama. Personajele lui Strindberg sunt emanații ale psihicului său chinuit și ale vieții lui zbuciumate. Treptat, ele pierd orice legătură cu un centru conducător, rămânând ca niște fragmente împrăștiate de marea explozie a unei energii secrete. În *Sonata spectrelor* și în *Un joc al visurilor*, personajele par să se ciocnească la întâmplare, într-un spațiu gol. De aici, convențiile irealității și alegoria spectrului și visului. Aceste drame aparțin unui teatru al minții, acționând în spiritul nostru ca o muzică pe care ne-o amintim. Dar ceea ce Strindberg a obținut în profunzime a pierdut în coerență teatrală. Aceste piese cu fantome sunt umbre ale dramei.

Perspectiva lui stranie, în care toate lucrurile par a fi văzute prin ceață și în linii frânte, se extinde chiar și la piesele istorice. Modul în care Strindberg tratează figura lui Carol al XII-lea reduce sfera politicii la aceea a unui teatru de păpuși plin de marionete ciudate, nervoase. Măiestria lui se manifestă cu cea mai mare forță în piesele scurte. *Domnișoara Iulia* și *Creditorii* sunt capodopere. Puternica intensitate a sentimentelor și a sensibilității nervoase pe care se bazează aceste piese poate fi impusă numai unei acțiuni unice și scurte. Ieșirea finală din scenă a Domnișoarei Iulia pune capăt terorii unui coșmar din care ne trezim buimăciți și îngroziți. Dar în piesele mai lungi și mai complicate tensiunea se frânge, Strindberg oferindu-ne acea flască obscuritate desfigurantă pe care o găsim în *Spre Damasc* și chiar și în cea mai frumoasă dintre piesele lui suprarealiste, *Dansul morții*.

Strindberg nu se situează în tradiția dominantă a teatrului tragic și nici nu-l continuă pe Ibsen. El stă alături de Kleist și de Wedekind, în acel domeniu excentric în care drama nu este în primul rând o imitație a vieții, ci mai degrabă o oglindă a trăirilor sufletești intime. Iar mijloacele de expresie ale artei lui, deși au influențat anumite mișcări experimentale din teatrul modern, aparțin nu atât teatrului, cât tehnicii deformante și halucinante a filmului.

În ultimele opere ale lui Strindberg, conflictele ideologice și cele dintre personaje, care, în mod normal, constituie punctul de plecare al dramei, sunt erodate. În locul acestora, găsim crearea unei atmosfere sau a unei dispoziții speciale, în care forma acțiunii devine fluidă și muzicală. Uneori, Strindberg folosește chiar muzica propriu-zisă pentru a stabili sau a modula tonul sentimentului.

Teatrul lui Cehov tinde întotdeauna spre condiția muzicii. O piesă cehoviană nu este orientată cu precădere spre reprezentarea unui conflict sau a unei controverse; ea caută să exteriorizeze, să facă senzorial perceptibile anumite crize ale vieții interioare. Personajele se mișcă într-o atmosferă sensibilă la cele mai ușoare schimbări de intonație. Trecând parcă printr-un câmp magnetic, fiecare cuvânt sau gest al lor provoacă o complexă dezorganizare și regrupare a forțelor psihologice. Drama de acest tip este imens de greu de jucat, deoarece mijloacele prin care e realizată au o calitate aproape muzicală. Un dialog cehovian este o partitură scrisă pentru a fi vorbită. El alternează între accelerare și încetinire. Intensitatea și timbrul sunt adesea tot atât de semnificative ca și sensul explicit. În plus, structura intrigii este polifonică. Mai multe acțiuni și niveluri de conștiință distincte se dezvoltă simultan. Reuniunile caracteristice – serata teatrală din *Pescărușul*, petrecerea din casa celor trei surori, conversația grupului din grădină din *Livada cu vișini* – sunt ansambluri în care diferitele melodii se combină sau se ciocnesc disonant. În Actul II din *Livada cu vișini*, vocile Doamnei Ranevski, a lui Lopahin, Gaiev, Trofimov și a Aniei execută un cvintet. Liniile melodice se mișcă izolat și într-o aparentă incongruență. Brusc, în aerul înserării se aude un sunet misterios, „sunetul unei coarde plesnite". El schimbă tonalitatea întregii piese. Acum, oboseala fragilă din diferitele voci crește, făcând să răsune o coardă cu sunet plin, grav. „Ei, oameni buni, să mergem", spune Doamna Ranevski, „se-ntunecă".

Dar pentru limbajul analizei critice, a caracteriza arta lui Cehov este tot atât de greu ca și a caracteriza muzica. Ce-aș vrea să subliniez aici este doar faptul că opera lui Cehov se situează în afara sferei tragediei. El însuși a susținut insistent că piesele lui sunt comedii – și așa sunt considerate în țara sa. Ele s-au întunecat pe măsură ce au înaintat spre Vest. Aceste grave prezentări lirice ale incapacității oamenilor de a-și domina condiția sau de a comunica unii cu alții nouă ne transmit o tristețe inexprimabilă. Dar poate că noi le investim cu o semnificație mult prea durabilă. Dramele lui Cehov își au rădăcinile în condiții istorice specifice și conțin un element puternic de ironie politică și de satiră socială. Aceste ființe rănite, admirabile în sărăcia lor nobilă, sunt condamnate, iar pretențiile lor sunt ridicole. Dacă vrem ca în lume să apară un nou mod de viață, în livada cu vișini trebuie să răsune lovituri de secure. Lopahin este o brută vulgară; dar vulgaritatea înseamnă sănătate, și ea va clădi case pentru cei vii, pe moșiile părăginite ale celor morți. Cehov a fost medic –, iar medicina cunoaște durerea și, în anumite cazuri, chiar disperarea, dar nu tragedia.

Sau poate că, pentru a aborda aceste piese greu de definit, ar trebui să anulăm toate tradițiile genului dramatic. La sfârșitul *Banchetului,* Socrate a impus convivilor ideea că geniul comediei este identic cu cel al tragediei. Fiind amețiți de vin, ei n-au fost în stare să-i urmărească argumentația. Unul după altul, au adormit în jurul maestrului; el singur a rămas senin și lucid până la revărsatul zorilor. Nici chiar Aristofan n-a reușit să rămână treaz pentru a afla în ce mod ar putea fi privit drept un tragic. Astfel, demonstrația socratică a unității finale a tragediei și comediei este pierdută pentru totdeauna. Dar dovada acestei unități o avem în arta lui Cehov.

IX

Ibsen și Cehov au fost revoluționari ale căror realizări ar fi trebuit să facă imposibilă o reîntoarcere la himerele trecutului. Ei arătaseră că exprimarea în proză și economia realismului – datele clare, laice, ale experienței comune – puteau crea, în teatru, convenții adecvate lumii moderne, și totuși la fel de bogate și de convingătoare ca și acelea ale tragediei în versuri. Ibsen a construit forme dramatice care țineau seama de absența unei mitologii dominante și de izolarea nervoasă a omului modern. Cehov a explorat un spațiu interior, o zonă de frământări sociale și psihologice situată la jumătatea drumului dintre vechii poli ai tragicului și comicului. Este un teren instabil, a cărui stăpânire cere finețe de spirit, dar e terenul cel mai potrivit pentru exprimarea caracterului sec și privat al suferinței moderne. Zbuciumul rațiunii nu are nevoie nici de palat, nici de piața publică; el se consumă în saloane particulare. Fantomele care chinuie gândirea laică nu se tem de lumina electrică. În afară de aceasta, ambii dramaturgi au adăugat instrumentului prozei resursele dramatice introduse de Berlioz, Wagner și Richard Strauss în muzica modernă. După *John Gabriel Borkman* și *Livada cu vișini,* drama ar fi trebuit să învie din morți.

Dar o acoperea prea multă cenușă. Când intrăm în secolul XX, în jurul nostru se îngrămădesc din nou vechi umbre și idealuri demodate. Abordările moderne ale teatrului tragic suferă de o mare lipsă de vigoare. Poeții tragici ai timpului nostru jefuiesc morminte și cheamă în ajutor stafiile trecutului strălucit. Cu Yeats, Hofmannsthal, Cocteau și T.S. Eliot, ne întoarcem la locul de unde am pornit. Suntem iar în mijlocul conflictului dintre tendințele novatoare și tradiție care l-a copleșit pe Dryden. Discuții privind natura tragediei, rivalitatea dintre vers și proză, opoziția dintre forma clasică și forma deschisă – toate teoriile prăfuite sunt din nou invocate, la mult timp după ce Ibsen și Cehov au arătat că ele sunt irelevante pentru spiritul modern. Idolii răsturnați după falimentul dramei romantice sunt din nou pe soclurile lor, în piața centrală. Avem de-a face cu o stranie și exasperantă întoarcere spre trecut. Imaginea teatrului pe care o găsim în *Electra* lui Hofmannsthal, *Mașina infernală* a lui Cocteau și *Reuniunea de familie* a lui T.S. Eliot este o nobilă fantomă. Ea îl obsedează pe poetul modern așa cum i-a obsedat pe Dryden și Goethe; dar n-ar fi trebuit să fie invocată la lumina becului electric, care o face să apară goală și stupidă. Tragediile în versuri scrise de poeții europeni și americani moderni sunt exerciții de arheologie și încercări de a aprinde focul suflând în cenușa rece. Sunt eforturi zadarnice.

Ce anume a împins teatrul înapoi, spre vechii zei morți? Dacă Ibsen și Cehov ar fi scris în limbi mai ușor accesibile altor dramaturgi, dacă ar fi lucrat mai aproape de centrele geografice ale bunului-gust – la Paris, Londra sau Viena, să zicem –, întreaga evoluție a teatrului modern ar fi putut fi diferită. Realizările lor ar fi putut atunci acționa cu forța susținătoare a exemplului. Dar cei care au venit după ei le-au privit operele prin vălul traducerii și al depărtării culturale. În cei doi maeștri, ei i-au văzut doar pe artizanii talentați ai realismului, nu pe marii creatori de mituri și de forme simbolice care au fost de fapt. Au remarcat eșafodajul convențiilor realiste și al scenelor de salon, însă au fost orbi la viața poetică dinăuntrul lui. Realismul lui Ibsen și Cehov este disciplina unei cunoașteri progresive, a cărei autoritate ne duce de la realul literei la și mai realul spiritului. Pereții salonului dintr-o piesă de Ibsen sunt transparenți, lăsând să se vadă strălucirea sau întunecimea viziunii simbolice dominante. La marginea grădinilor și vilelor lui Cehov, par să se înalțe valuri de înțelesuri adânci și pline de umbre. Realismul teatrului comercial diferă în mod grotesc de cel al lui Ibsen și Cehov. El ne oferă un simplu „reportaj", spunându-ne cum arată, a ce miroase și cum sună viața de toate zilele în cutare locuință sau de-a lungul cutărui chei. Drama realistă comercială are perspectiva ochiului orb al aparatului fotografic, aceasta apropiind-o tot mai mult, cu fiecare an ce trece, de monotonia absolută. În ea nu este loc pentru tensiunea și rezonanța interioară care îi dau artei lui Ibsen și Cehov polivalența ei minunată.

Poeții moderni au confundat însă cele două maniere. T.S. Eliot notează că Ibsen și Cehov au obținut în proză anumite efecte pe care el le considerase realizabile numai în poezie, dar tonul concesiv pe care-l folosește lasă să se înțeleagă că acestea s-ar fi datorat norocului sau unei inspirații de moment. El nu-și dă seama că la baza lor se află o revoluționară și bine închegată poetică a teatrului. Această apreciere greșită a avut largi implicații, determinându-i pe poeții-dramaturgi ai timpului nostru să întoarcă spatele prozei și viitorului teatrului viu. Yeats, Hofmannsthal și Eliot au avut perfectă dreptate să respingă realismul plat și vulgar care guvernează estetica teatrului comercial. Însă ei au respins, în același timp, bogăția imaginativă și atitudinea perfect adecvată vieții moderne a tradiției dramatice care duce de la Büchner la Strindberg. Făcând aceasta, s-au reîntors la un trecut fantomatic.

Reacția reprezentată de drama în versuri nu este însă îndreptată numai împotriva limitărilor flagrante ale „realismului social". Străduindu-se să atingă noblețea stilului tragic, poetul dramatic încearcă să răspundă și provocării romanului. În secolul XX, cel care vrea să scrie dramă serioasă se confruntă cu faptul că romanul este forma dominantă, și cea mai viguroasă, a exprimării literare. Mai mult decât oricare alt gen rival, el permite afirmarea conștiinței stilistice și, prin extraordinara lui forță vitală, conduce lupta pentru apărarea imaginației. În Renaștere și în perioada neoclasică, cel care întruchipează ideea de literatură este dramaturgul; în perioada romantică, e poetul liric. Dar de la revoluția industrială încoace, scriitorul prin definiție, omul care reprezintă de la prima privire profesiunea literelor, este romancierul.

Sfera romanului este proza, iar romancierii moderni au lărgit-o și au îmbogățit-o considerabil. Declinul tragediei și al poeziei narative – demonstrat elocvent de eșecul epopeii de după Milton – a redat limbii domenii ale retoricii și ale invenției literare odinioară rezervate doar dramaturgului și poetului. Flaubert a luat în stăpânire noul teren; el a scris o proză la fel de șlefuită, de complicată și de ceremonioasă ca poezia de stil înalt. Romanul modern a continuat această tendință acaparatoare. Limba povestirii în proză este acum cea care reușește să exprime gama cea mai largă de semnificații posibile. Joyce a fost un poet, un creator de cuvinte capabile să redea năvala și împletirea sentimentelor care ne asaltează, pătrunzând prin porțile larg deschise ale inconștientului. El a extras din limbă metale noi, unele impure și iritante, dar altele înspicate cu aur vechi. *Ulise* a îmbogățit, în aceeași măsură, atât sfera experienței posibile, cât și tezaurul limbii. Proust a instilat prozei simultaneitatea și mișcarea interioară a muzicii. Ca și fraza melodică, sintaxa proustiană se sprijină în mod egal pe amintire și pe anticipare, înconjurând faptul prezent cu structura timpului dominat. În romanele lui Hermann Broch, germana obține una dintre rarele ei victorii împotriva tentației asertiunii sistematice. În *Moartea lui Vergiliu*, această limbă atât de rigidă din cauza caracterului ei abstract, capătă o vitalitate subtilă, electrică, reușind să traverseze, ca un trasor luminos, linia întunecată a inconștientului. Acest domeniu era stăpânit, în trecut, de versul liric. Dar de la Flaubert la Broch, aventurierii cuvântului au fost romancierii.

Orice formă de artă caută să-și definească idiomul propriu, fie îmbogățind mijloacele existente, fie reacționând împotriva lor. Yeats, Claudel și succesorii lor s-au întors la tradiția versului dramatic, urmărind prin aceasta să-și delimiteze arta de proza insipidă, țipătoare, a teatrului comercial și de însuși mijlocul de exprimare în proză, care poartă pecetea romanului. Ca de obicei, T.S. Eliot a vorbit în numele multora atunci când și-a definit țelul:

> Am în fața ochilor un fel de miraj al perfecțiunii dramei în versuri: o dramă care să îmbine caracterul dramatic cu cel muzical... A merge în această direcție cât mai departe posibil, fără a pierde contactul cu viața obișnuită, de fiecare zi, cu care drama trebuie să ajungă la o înțelegere, îmi pare a fi obiectivul cel mai potrivit al poeziei dramatice.

Cuvintele nu sunt identice cu cele folosite de Dryden, dar dificultățile practice care stau în calea realizării idealului înfățișat de Eliot sunt exact cele cu care s-a confruntat Dryden și întreaga tragedie engleză de după secolul al XVII-lea. A transforma mirajul în realitate este însă acum mult mai dificil decât era atunci când Dryden a scris *Totul pentru iubire*.

Contactul dintre versul cu caracter dramatic și muzical și viața de toate zilele a devenit din ce în ce mai precar și mai rar. Acest proces nu e ușor de definit, dar el reprezintă una dintre principalele schimbări intervenite în sensibilitatea occidentală. Versul nu mai ocupă poziția centrală ca mijloc de comunicare. El nu mai este, așa cum a fost de la Homer la Milton, depozitarul firesc al cunoștințelor și al sentimentelor tradiționale. Societatea nu mai găsește în el principala cronică a măreției trecute sau cadrul firesc pentru profeție, așa cum le găsea la Vergiliu și la Dante. Versul a ajuns să aibă un caracter privat. E un limbaj special, pe care poetul îl insinuează, prin forța geniului personal, în conștiința contemporanilor săi, convingându-i să învețe, și poate chiar să transmită, felul lui propriu de a folosi cuvintele. Poezia a devenit esențialmente lirică – adică o poezie a viziunii personale, nu o poezie de interes public sau național. Epopeea conștiinței naționale ruse este *Război și pace*, nu un poem scris în stil eroic.

Cronica coborârii sufletului modern în infern nu este o *Divina comedie*, ci proza lui Dostoievski și Kafka. Limbajul firesc al enunțului, al argumentației și al înregistrării experienței se regăsește acum în proză. Aceasta nu înseamnă că poezia modernă ar fi mai puțin demnă de interes sau mai puțin importantă pentru supraviețuirea culturii și sensibilității; dar înseamnă că distanța dintre vers și realitățile vieții obișnuite de care trebuie să se ocupe drama este mai mare ca oricând.

Mărirea distanței dintre vers și scenă a avut efecte cruciale asupra istoriei teatrului. În fiecare dintre principalele literaturi moderne există un anumit moment istoric în care versul se îndepărtează de teatrul viu. În cea engleză, acest moment apare în prima parte a secolului al XVIII-lea; versul dramatic al lui Addison și Johnson are deja răceala declinului. În ciuda virtuozității lui Rostand, după Vigny nu mai regăsim în versul alexandrin autoritatea sentimentului autentic. Kleist este ultimul dintre dramaturgii germani care a făcut din forma poetică nu un ornament secundar, ci o componentă esențială a intrigii și a semnificației. De-a lungul întregului secol al XIX-lea, versul dramatic continuă să fie cultivat de poeți însemnați, precum Browning și Hebbel, dar el are o legătură din ce în ce mai slabă cu scena propriu-zisă și cu drama destinată unui public obișnuit. Și în timp ce versul se îndepărtează tot mai mult de practica teatrului, apare ceea ce Eric Bentley a numit criza dramei moderne: divorțul dintre literatură și sala de teatru.

Sofocle, Shakespeare și Racine au fost dramaturgi care au scris pentru tipul de spectacol de teatru predominant în societățile lor. *Regele Lear* era destinat Broadway-ului timpului său. Goethe și Schiller au fost preocupați îndeaproape, pe plan financiar și tehnic, de viața teatrului din Weimar. Melodramele eroice ale lui Victor Hugo și Vigny aparțin încă sferei producției comerciale. Mai târziu, prăpastia se adâncește. Sfârșitul secolului al XIX-lea și începutul secolului XX reprezintă epoca clasică a piesei de coterie, piesă scrisă pentru a fi jucată în fața unui public special și într-un teatru special. Este epoca atelierului, a studioului dramatic, a spectacolului-recital și a scenei experimentale. Yeats și-a scris dramele pentru un fel de teatru dansat japonez, ale cărui convenții privind folosirea măștilor și muzicii sunt menite să asigure cea mai mare distanță posibilă față de convențiile teatrului comercial. Strindberg, Maeterlinck și Cocteau au lucrat cu trupe de actori instruiți special pentru a obține efecte ezoterice. Chiar și când se adresează unui public mai larg, drama poetică modernă este adesea legată de un decor ceremonios și non-teatral. Eliot a scris *Omor în catedrală* pentru o serbare religioasă de la Canterbury, iar *Fiștecine* a lui Hofmannsthal a fost concepută ca un spectacol ritual care trebuia jucat în fața ușilor catedralei din Salzburg. Literatura părăsește teatrul, tot așa cum poezia se retrage din centrul activității morale și intelectuale.

Totuși, peste prăpastia care a intervenit există și punți. Anumite piese destinate inițial unui spectacol ezoteric capătă, cu timpul, acces la repertoriul viu. Shaw călărește cu ușurință maiestuoasă pe cele două lumi, a dramei serioase și a spectacolului comercial. Dar calitatea deosebită a pieselor sale, cea care, inițial, a făcut din ele piese destinate unei minorități, constă în doctrina lor radicală, nu în limba sau în convențiile lor. Considerând că versul dramatic nu mai era adecvat ideologiei și experienței moderne, Shaw a scris o proză de o superbă expresivitate. El a învins West End-ul chiar la jocul inventat de acesta, scriind piese mai spirituale și mai pline de viață decât cele ale rivalilor săi din teatrul comercial. Dar tocmai pentru că răspund atât de strălucit problemelor momentului, aceste comedii polemice sunt deja demodate. Poate că Shaw chiar asta a și dorit să se întâmple. El n-a fost preocupat de idealul urmărit de Yeats și Eliot, ideal în care a văzut un capriciu vetust și snob. El și-a numit *Dilema doctorului* o „tragedie“, fără să dea însă cuvântului implicații stilistice sau metafizice. *Sfânta Ioana* se apropie mai mult de o imagine tragică a vieții, și e o piesă magnifică. Totuși, nu putem să nu simțim în ea prezența unei mici și persistente deficiențe, care o împiedică să fie o tragedie de prim rang. Iar apărătorii dramei în versuri vor spune că tocmai această mică deficiență este cea care desparte chiar și cea mai bună proză de poezie.

Drama în versuri a traversat foarte rar granița dintre literatură și Broadway; sau a făcut-o cu prețul devalorizării și al renunțării la idealurile sale. Tragediile în costume de epocă ale lui Maxwell Anderson sunt scrise într-o limbă care n-a fost nicicând vorbită de vreo ființă omenească. Ele aparțin lumii de o strălucire artificială a șaradei victoriene. Piesele recente ale lui Eliot, care reprezintă asaltul cel mai urban al poeticului asupra comercialului, sunt parabole de salon scrise într-un vers alb flasc. Ele seamănă foarte puțin cu modelul de tragedie pe care Eliot și l-a propus când a început să scrie dramă. Distanța dintre forma poetică și teatrul comercial a ajuns să fie prea mare. Vocea poeziei a devenit prea intimă pentru a se impune în cel mai public dintre locuri – teatrul modern.

Dar faptul că poezia modernă are, în cea mai mare parte, un caracter prea privat pentru a putea fi folosită eficient pe scena comercială este numai un aspect al dilemei. S-ar putea ca în epoca noastră condiția limbii însăși să fie de așa natură, încât să facă aproape imposibilă o renaștere a versului dramatic. Subiectul e vast și complicat. Deoarece l-am tratat în altă parte, aici voi arăta doar foarte succint la ce anume mă refer.

Nu putem fi siguri că în limbă sau în formele artei ar acționa o lege a conservării energiei. Dimpotrivă, avem dovezi care ne demonstrează că rezervele de sensibilitate se pot epuiza, că anumite tipuri ale conștiinței intelectuale și psihologice pot deveni rigide sau artificiale. Arterele spiritului, ca și cele ale trupului, se sclerozează. Complexul valorilor elene și creștine pe care-l oglindește teatrul tragic, și care a dominat viața spirituală a occidentului de-a lungul ultimilor două mii de ani, cunoaște azi, după toate aparențele, un declin accentuat.

Istoria Europei moderne – deportarea, uciderea sau moartea pe câmpul de luptă a circa șaptezeci de milioane de bărbați, femei și copii între 1914 și 1947 – sugerează că reflexele prin care civilizația își schimbă deprinderile pentru a înfrunta primejdii de moarte nu mai sunt atât de rapide sau de realiste cum erau odinioară.

După părerea mea, această înțepenire a trupului poate fi observată foarte ușor în limbă. Multe dintre deprinderile de exprimare ale culturii noastre nu mai reprezintă reacții proaspete sau creatoare la datele realității, ci gesturi stilizate, pe care intelectul le mai execută încă într-un mod eficace, dar cu un aport din ce în ce mai mic de idei și sentimente noi. Cuvintele noastre par obosite și decolorate. Ele nu-și mai păstrează inocența originară sau vechea putere de revelație (gândiți-vă câtă lumină și câtă pasiune mai putea încă să toarne în suflet cuvântul *amor* chiar și în secolul al XIII-lea). Și fiindcă sunt ostenite, cuvintele nu mai par dispuse să accepte acea povară a unor noi înțelesuri și a polisemiei pe care Dante, Montaigne, Shakespeare și Luther le-au obligat s-o poarte. Ne îmbogățim vocabularul tehnologic punând laolaltă deșeuri de cuvinte, asemenea celor care strâng fier vechi. Noi nu mai topim materia brută a limbii pentru a crea noi splendori, așa cum au făcut compilatorii Bibliei regelui Iacob. Curba inventivității e îndreptată în jos. Comparați jargonul cenușiu al economistului contemporan cu stilul lui Montesquieu. Puneți proza de contabil a istoricilor moderni alături de cea a lui Gibbon, Macauley sau Michelet. Acolo unde cercetătorul modern citează dintr-un text clasic, citatul pare că-i arde și-i găurește pagina monotonă. Sociologii, experții în mass-media, cei care scriu scenarii pentru telenovele și discursuri pentru politicieni, profesorii de „scris creator" – toți sunt groparii cuvântului. Dar limbile se lasă îngropate numai atunci când, de fapt, în ele a murit ceva.

Politica inumană a timpului nostru a înjosit și a brutalizat limba cu o violență fără precedent. Cuvintele au fost puse să justifice minciuna politică, deformarea masivă a istoriei și bestialitatea statului totalitar. S-ar putea ca o parte din această minciună și din această sălbăticie să se fi strecurat în măduva lor. Deoarece au fost folosite în scopuri atât de josnice, cuvintele nu-și mai oferă întreaga bogăție de înțelesuri. Și fiindcă ne asaltează în număr atât de mare și cu atâta stridență, nu le mai ascultăm cu atenție. În fiecare zi, ne sorbim porția completă de orori – din ziare, de la televiziune sau din emisiunile radiofonice – și, astfel, devenim insensibili la noile crime comise împotriva limbii. Această amorțeală afectează în mod esențial posibilitatea renașterii stilului tragic. Asaltul emoțiilor produse de politică și de istoria curentă asupra vieții cotidiene, asalt care a început în perioada romantică, a devenit un element dominant al propriei noastre experiențe. Comparate cu realitățile războiului și ale oprimării ce ne înconjoară, tablourile cele mai grave imaginate de poeți sunt reduse la scara terorii personale sau artificiale. În *Troienele*, Euripide a avut autoritatea poetică de a-i vorbi, cu reproș, publicului atenian despre nedreapta pustiire a insulei Melos. Cruzimea nu depășise încă sfera imaginației sau capacitatea ei de reacție.

Mă întreb dacă astăzi se mai poate spune acest lucru. Ce operă literară ar putea da o expresie adecvată trecutului nostru imediat? Ultimul război mondial nu-și are nici *Iliada* sa, nici un *Război și pace* al său. Nici unul dintre cei care au scris despre el nu a egalat acea gestionare lucidă a amintirilor realizată de Robert Graves sau de Sassoon în relatările lor privind perioada 1914–1918. În fața faptelor, vocea pare că se sugrumă. Singura modalitate de a sugera autenticitatea trăirii este acea notare directă și prozaică pe care o găsim în *Jurnalul Annei Frank*.

Confruntați cu maltratarea limbii impusă de teroarea politică și de analfabetismul societății de consum, putem oare spera că vom reuși să redăm cuvintelor acel mister care se află la izvoarele poeziei tragice? Poate oare „vorbirea nouă“ din *1984* a lui George Orwell să răspundă nevoilor teatrului tragic? Cred că nu – și iată de ce T.S. Eliot are atâta dreptate când numește idealul versului dramatic modern „un miraj".

Desigur, o astfel de judecată nu poate fi decât provizorie. Este posibil ca în teatru să apară chiar mâine un maestru al tragediei în versuri. Entuziasmul cu care a fost salutată piesa *J.B.* a lui Archibald MacLeish arată că mai putem avea speranțe. De altfel, în engleză există cel puțin un grup de piese moderne în versuri care se apropie foarte mult de rezolvarea problemei stilului tragic. Încă în *Contesa Cathleen,* Yeats a făcut mai mult decât oricare alt poet de după Dryden pentru a-i reda versului alb tendoane puternice:

Îngerul: Lumina Luminilor
Nu fapta, ci pricina o privește,
Umbra Umbrelor se uită doar la faptă.
Oona: Celor ce umblă pe tărâmul păcii,
Le spune c-am să mor și-am să mă duc
La draga mea; ca mari și negri boi,
Prin lume calcă anii, iar Dumnezeu, păstorul,
Le îmboldește turma de la spate
Și eu zdrobit sunt de-ale lor picioare.

În *Purgatoriul,* mirajul perfecțiunii versului dramatic este accesibil. Nicăieri, în întreaga piesă, nu există nici un cuvânt de umplutură, nici o imprecizie. Fiecare vers e ca o coardă întinsă, forța lui rece și luminoasă fiind cea a unei limbi care a trecut prin școala marilor secole de proză:

Te uită bine la copacul acela.
Stă drept acolo, ca un suflet purificat,
Tot numai rece, dulce, sclipitoare lumină.
Fereastra, dragă mamă, s-a-ntunecat din nou,
Dar tu ești în lumină, pentru că
Eu am pus capăt tuturor consecințelor.
Pe-acel băiat l-am omorât, căci el,
De-ar fi crescut, ar fi ajuns să-i placă

Unei femei, și ar fi procreat,
Dând mai departe stricăciunea.
Eu sunt un biet bătrân murdar
Și, prin urmare, neprimejdios.

Dar *Purgatoriul* este un tur de forță susținut doar scurt timp, de-a lungul unei singure scene, cu numai două voci. Fiind o viziune a unui moment intermediar din peregrinările sufletului – momentul dintre damnațiune și încercarea și mai grea a iertării – piesa își este suficientă sieși; dar nu oferă o soluție pentru problema dramei de dimensiuni obișnuite. Observația se poate aplica chiar și celor mai bune piese ale lui Yeats. Ele sunt tăciuni încinși, iar virtuțile poeziei lor par prea fragile și instantanee pentru a susține acel edificiu de intrigă și argumentație pe care trebuie să-l prezinte teatrul normal. *Reveria oaselor* și *Purgatoriul* sunt prolegomene la o dramă viitoare. Limitele lor ne arată că o renaștere a tragediei poetice cere mai mult decât găsirea stilului potrivit.

Ea cere ca acel stil să fie pus în contact cu lumea obișnuită, de fiecare zi. Un asemenea contact nu depinde de gradul de realism sau de modernism pe care poetul este dispus să-l admită în opera sa. Opera literară poate trece peste barierele care înconjoară orice viziune personală – poate transforma oglinda poetului într-o fereastră – numai dacă există un context de credințe și convenții comune artistului și publicului său; pe scurt, numai dacă e în vigoare o mitologie. Încercarea lui Yeats de a crea o astfel de mitologie este notorie, dar neconcludentă. Miturile pe care le-a elaborat pentru poemele și piesele sale sunt pline de imagini vii. În poemele bune, mitul licărește în depărtare, anunțând parcă apropierea revelației. Deseori însă, el se interpune, asemenea unui vitraliu, între cititor și text. Când citim un poem, avem timpul și stimulentul necesar pentru a ne însuși cunoștințele ezoterice care permit înțelegerea lui; ochiul se obișnuiește cu obscuritatea și cu pâlpâirea semnificației private. În teatru, acest lucru nu e posibil; înțelegerea unei piese jucate pe scenă se bazează pe convingere instantanee.

Eșecul încercării lui Yeats de a construi o mitologie pentru timpul său se încadrează în acel eșec de proporții mai mari – dispariția implicării imaginative a publicului – care a avut loc după secolul al XVII-lea. Tragedia greacă s-a desfășurat pe fundalul unor mituri bogate și explicite. Peisajul terorii era perfect familiar publicului, acest fapt constituind atât un stimulent, cât și un factor limitativ pentru invenția personală a poetului. Era plasa menită să ferească de dezastru acrobatica fanteziei lui. Mitologia care a însuflețit drama shakespeariană era mai puțin formală, fiind alcătuită din îmbinarea strânsă, și totuși flexibilă, a viziunilor antică și creștină asupra lumii. Dar ea mai putea încă să acționeze asupra realității ca o forță modelatoare și ordonatoare. În spatele scenei elisabetane se afla un edificiu de valori religioase și laice, pe a cărui fațadă oamenii își aveau locurile lor fixe, pecum sculpturile rânduite pe un portal gotic. Rețeaua bogată a sensurilor literale și implicațiilor alegorice se întindea de la materia brută la sferele angelice. Alfabetul dramei tragice – concepte ca acelea de grație divină și damnațiune, purificare și recădere în păcat, inocență și corupție prin acțiunea forțelor demonice – își păstra un înțeles clar și actual. În jurul gândurilor și afirmațiilor personajelor din tragedia elisabetană juca lumina unor implicații mai bogate. Și, într-o măsură mai mare sau mai mică, această lumină putea fi percepută de publicul teatrelor. Nu era nevoie de o notă de subsol pentru ca spectatorul să înțeleagă natura diabolică a tentației care-l atrage în cursă pe Macbeth; iar când Hamlet cheamă în ajutor îngerii, numindu-i „mesageri ai grației"*, strigătul lui putea să-și facă efectul fără să fie necesar un comentariu teologic. Dramaturgul conta pe existența unui teren comun: între el și societate se încheiase

* Vezi și *Hamlet*, I, 4, ed. cit., p. 343: „Ne-ajute îngeri păstrători de har."

un fel de pact preliminar privind înțelegerea creației sale. Drama shakespeariană se bazează pe existența unor așteptări comune, exact așa cum muzica clasică se bazează pe acceptarea convențiilor intervalului în gama temperată.

Dar odată cu destrămarea vechii imagini ierarhice a lumii, pactul n-a mai putut fi respectat. Milton a fost ultimul poet important pentru care mitologia clasică și cea creștină au avut o relevanță totală. Refuzul său, în *Paradisul pierdut*, de a alege între concepția ptolemeică și cea copernicană privind mișcarea corpurilor cerești este un gest senin și, totodată, dureros: senin, deoarece arată că propunerile științelor naturii sunt mai puțin importante sau solide decât cele ale tradiției poetice; dureros, pentru că marchează momentul istoric în care formele cosmosului ies de sub autoritatea judecății umaniste. De acum înainte, stelele strălucesc departe, imposibil de atins. După Milton, mitologia universului viu și conștiința aproape senzorială a continuității dintre ordinea umană și cea divină – acel sentiment al relației dintre obada experienței personale și butucul marii roți a existenței – și-au pierdut influența asupra vieții intelectuale. Wallace Stevens a scris despre „zeii uciși de Boucher". Pictura rococo și baletul de curte au comis o crimă mai gravă: ele au discreditat vechile mistere și emblemele lor, reducându-le la statutul de simple banalități înflorite. O pastorală din secolul al XVIII-lea cu personaje în costume mitologice este mai mult decât o negare a mitului; e o parodie.

Miturile care s-au impus de la Descartes și Newton încoace sunt mituri ale rațiunii; poate nu mai adevărate decât cele care le-au precedat, dar mai puțin sensibile la cerințele artei. Atunci însă când nu mai este ancorată în mit, arta se îndreaptă spre anarhie. Ea devine saltul imaginației înflăcărate, dar strict personale, într-un spațiu gol de sens. Artistul este un Icar în căutarea unui teren sigur, iar singurătatea zborului său precar transmite operei sale acea undă de vertij ce caracterizează, în egală măsură, romantismul și arta abstractă modernă. Din citadela convingerilor sale, Chesterton a observat că artistul modern fie trăiește din zdrențele și resturile vechilor mitologii uzate, fie încearcă să creeze, în locul acestora, mitologii noi. Secolul al XIX-lea și secolul XX constituie perioada clasică a artistului care reînvie sau creează mituri. Goethe, în partea a doua a lui *Faust*, a încercat să contopească elemente elene, creștine și gnostice într-un sistem coerent. Tolstoi și Proust au elaborat mitologii ale timpului și ale puterii acestuia asupra omului. Zola a căzut pradă unei mistici a faptului brut, construindu-și operele așa cum fac unii sculptori moderni când sudează laolaltă deșeuri de metal. D.H. Lawrence a adorat zeii întunericului și focul sângelui. Yeats s-a străduit să acrediteze în propriii ochi și în cei ai cititorilor săi (pe care, astfel, i-a făcut părtași la îndoiala sa) o mitologie a fazelor lunii și a legăturii cu cei morți. Blake și Rilke și-au populat singurătatea cu oștiri îngerești.

Dar acolo unde artistul trebuie să fie arhitectul propriei sale mitologii, timpul lucrează împotriva lui. El nu poate trăi îndeajuns de mult pentru a impune limbii și sensibilității societății viziunea lui specială și simbolurile pe care le-a creat pentru aceasta. Mitologia creștină din opera lui Dante avea în urma ei secole de elaborare și de precedente, la care cititorul putea în chip firesc să se refere pentru a înțelege modul aparte în care a tratat-o poetul. Sistemul cabalistic invocat de Blake și magia lunii din opera lui Yeats au doar o tradiție particulară sau ocultă. În afara poemului nu există un edificiu stabil, clădit pe o autoritate sau pe convenții independente de aserțiunea poetului (geniul lui Joyce constă în aceea că, observând necesitatea unei coroborări exterioare, a legat *Ulise* de *Odiseea*). O imagine absolut personală a lumii, lipsită de un suport convențional sau public, se menține în centrul atenției numai atâta timp cât este susținută de talentul poetului. Ea nu prinde rădăcini în solul comun.

Această observație este valabilă chiar și în cazul lui Wagner, deși el s-a apropiat mai mult decât oricare altul de performanța transformării unei revelații personale într-un crez public. Prin forța uriașă a personalității sale și prin retorica sa abilă, el aproape că a reușit să infiltreze în conștiința generală mitologia pe care a inventat-o. Nota wagneriană a răsunat în întreaga viață socială și politică, și a avut ecourile ei demente în dezastrul cunoscut de Europa modernă. Dar azi ea se stinge cu repeziciune. Simbolismul wagnerian s-a retras în incinta operei și nu mai joacă un rol semnificativ în repertoriul sensibilității noastre.

Ceea ce încerc să lămuresc este un fapt simplu, dar decisiv pentru înțelegerea crizei tragediei moderne. Mitologiile în jurul cărora s-au concentrat deprinderile și practicile imaginației civilizației occidentale, cele care au organizat peisajul vieții spirituale, nu au fost produsul unor genii individuale. O mitologie cristalizează sedimente acumulate de-a lungul unor mari perioade de timp. Ea strânge într-o formă convențională amintirile primare și experiența istorică a rasei. Fiind limbajul spiritului aflat într-o stare de uimire sau de percepție, marile mituri sunt elaborate tot atât de lent ca limba însăși. Legendele evocate de Homer și Eschil aveau în urma lor peste o mie de ani de realitate. Imaginea creștină a peregrinărilor sufletului era deja străveche la data când a fost folosită de Dante și de Milton. Precum o piatră care a stat în apă vie, ea îi oferea poetului un material dens și lustruit. Când ordinea lumii clasice și creștine a intrat în declin, golul creat n-a putut fi umplut prin acte de invenție privată.

Sau, în orice caz, așa păreau să stea lucrurile până în secolul XX. Căci acum asistăm la faptul surprinzător al existenței unei mitologii care, deși creată într-o anumită perioadă de către un anumit grup, s-a impus totuși în viața a milioane de oameni. Este vorba de acel mit explicit al condiției umane și al obiectivelor istoriei pe care-l numim marxism. Marxismul este a treia mitologie importantă care a prins rădăcini în conștiința occidentală. Nu se poate ști cât de mult timp sau cât de adânc va marca evoluția experienței morale și intelectuale. Poate că are rădăcini slabe, pentru că viziunea marxistă despre lume s-a născut mai degrabă printr-un decret politic decât prin maturizarea unei emoții colective. Poate că se menține numai prin forță materială și se va dovedi incapabil de o dezvoltare interioară. Dar, în prezent, el este tot atât de bine închegat și de cuprinzător ca oricare alta dintre mitologiile inventate de omenire pentru a pune ordine în haosul complex al realității. El își are eroii săi și legendele sale sacre, propriile sale relicvarii și simboluri ale terorii, ritualurile sale de purificare și de osândire. Marxismul reprezintă una dintre cele trei configurații majore de credințe și de forme simbolice pe care le găsește poetul când caută un context public pentru arta sa.

Dar nici una dintre aceste trei mitologii nu poate susține, în chip firesc, o renaștere a teatrului tragic. Mitologia clasică duce la un trecut mort. Creștinismul și marxismul au metafizici antitragice. Aceasta este, în esență, dilema tragediei moderne.

Drama literară modernă s-a inspirat masiv din mitologia antică. Un repertoriu al teatrului tragic contemporan sună ca un abecedar al miturilor grecești: *Antigona, Medeea, Electra, Oedip și Sfinxul, Orfeu, Oedip rege, Din jale se-ntrupează Electra, Războiul troian nu va avea loc*. Deseori titlul nou nu face decât să ascundă tema străveche: *Mașina infernală* a lui Cocteau este o versiune a catastrofei oedipiene; *Reuniunea de familie* a lui Eliot și *Muștele* lui Sartre sunt variațiuni pe tema *Orestiei*. Dramaturgul modern este frecvent doar un traducător al textului grecesc: Claudel a transpus *Hoeforele* în stilul său prolix și somptuos; Yeats și Ezra Pound l-au redat pe Sofocle în idiomul lor distinct. *Medeea* lui Robinson Jeffers și *Electra* lui Hofmannsthal se situează la jumătatea drumului dintre o traducere directă și o reinvenție. Ca și Cocteau, Gide folosește legenda clasică pentru a scrie o parodie sau o critică (*Aiax*, *Filoctet*). Enumerarea ar putea continua; ea include toate figurile majore ale dramei poetice moderne, cu excepția remarcabilă a lui Brecht.

La baza acestei încercări a dramaturgilor de a se furișa sub vechile măști, se află conștiința că nici o mitologie creată în epoca empirismului rațional nu egalează mitologia antică în ceea ce privește forța tragică sau forma dramatică. Dar dramaturgul contemporan se adresează lui Orfeu, Agamemnon sau Oedip într-un mod aparte. El caută să adauge vinului vechi din sticlele furate un vin nou. Acesta e furnizat în parte de Freud și în parte de Frazer. Una dintre descoperirile remarcabile ale imaginației moderne a fost aceea că vechile legende pot fi interpretate în lumina psihanalizei și a antropologiei. Prin manipularea miturilor, pe chipul lor arhaic se pot pune în evidență umbre ale refulării psihice și ale ritualurilor sângelui. Este un joc fascinant și, fără îndoială, legitim în anumite limite ale onestității. În măsura în care își au rădăcinile în memoria primară a omului și în măsura în care consemnează, în codul fanteziei, anumite practici foarte vechi și crude, miturile grecești pot, pe bună dreptate, să susțină speculațiile psihologiei și ale *Crengii de aur.* Dacă aceste legende n-ar fi izvorât din chiar sursa existenței noastre, ele n-ar putea răspândi o vrajă atât de durabilă. Dar folosirea legendei clasice pentru exprimarea unei ideologii moderne îi cere scriitorului să aibă conștiința clară a marilor schimbări de semnificație și de intonație care au avut loc. Tocmai această conștiință este cea care lipsește atât de des din piesele moderne.

O'Neill, Giraudoux, Hofmannsthal, Cocteau și alții, de mai mică importanță, recurg adesea la stratageme iresponsabile. Ei vor să obțină un dublu efect, să îmbine rezonanța temei clasice cu savoarea noului. Invocând nume ca Medeea, Agamemnon sau Antigona, dramaturgul îi întinde imaginației o cursă. El știe că aceste umbre mărețe vor apărea în mintea noastră împreună cu o întreagă suită de asociații, făcând să vibreze coardele memoriei și stârnind ecouri maiestuoase. În plus, legenda antică este ca aurul care, ciocănit de artizanii din trecut, a devenit pur și maleabil. Jumătate din efect e obținut de poet înainte de ridicarea cortinei. Publicul cunoaște povestea, astfel că autorul nu mai e obligat să construiască o intrigă plauzibilă. El poate începe să inventeze variații sinistre sau burlești pe teme gata elaborate, a căror simplă prezență emite o notă tragică. Momentan, rezultatul ne poate impresiona; el poate calma sau stimula nervii noștri tociți. Dar nu poate să evite acea anostie care se lasă asupra oricărui bal mascat la ivirea zorilor.

Încercând să dea legendei clasice o interpretare nouă și neașteptată, piesa modernă adesea îi distruge semnificația. Destinul lui Oedip pe scena contemporană este un adevărat act de acuzare la adresa frivolității și perversiunii fanteziilor noastre. Gide face din el un omuleț irascibil, care ajunge la o concluzie extraordinară: căsătoria lui cu Iocasta a fost nefastă, pentru că l-a împins înapoi în copilărie, împiedicând astfel dezvoltarea liberă a personalității sale. (În acest talmeș-balmeș recunoaștem motivul gidean al fiului risipitor.) Hofmannsthal și Cocteau se reped ca niște harpii mioape asupra celor două episoade din legendă pe care teatrul grec a avut reticența morală și sofisticarea tehnică de a nu le trata: înfruntarea dintre Oedip și Sfinx și relația intimă cu Iocasta. Cocteau atinge culmea prostului gust. *Mașina infernală* ne introduce în camera nupțială. Întins în pat, Oedip doarme cu brațul sprijinit de leagănul copilului pierdut al Iocastei, în timp ce nobila doamnă își unge fața cu cremă, într-o încercare disperată de a părea mai tânără și mai ispititoare. Sub lovitura unor ciocane atât de grosolane, noblețea tragică a acțiunii se sfărâmă. Nu ne rămâne decât un strident *jeu d'esprit*. O'Neill se face vinovat de un vandalism ce ține de o flagrantă nepotrivire a stilului. În mlaștina limbii sale, profundele suferințe din casa lui Atreu degenerează într-un caz de adulter și crimă dintr-o văgăună provincială.

Dar sărăcia acestor stafii împăiate iese la iveală chiar și acolo unde poetul își abordează materialul cu tact și cu măiestrie stilistică. În *Reuniunea de familie*, Eliot se folosește de *Orestia* cu multă prudență. El menține în echilibru, în mintea noastră, prezența apropiată a tragediei eschiliene. Această prezență strălucește și se întunecă în spatele construcției șubrede a operei moderne. Un timp, dubla focalizare este de efect. Ni se pare, într-adevăr, că deasupra cadenței strânse a limbajului modern rafinat auzim acordurile străvechiului dezastru. Dar în momentul culminant al piesei, procedeul cunoaște un eșec drastic. Harry spune că e urmărit de Furiile răzbunătoare, „vânătorii mereu treji care nu mă lasă să dorm". Perdelele de la fereastră se dau la o parte, „lăsând să se vadă Eumenidele". Mary nu le vede, dar Harry ne asigură că „Ele sunt aici". Mai târziu, le văd și alte personaje, iar majordomul recunoaște în ele semnul îndurării viitoare. Ca și în *Orestia*, copoii iadului se vor transforma în spirite protectoare.

Ce a făcut, de fapt, Eliot? Incapabil să investească versiunea rațională, de salon, a mitului cu o atmosferă suficient de terifiantă, a dat la o parte perdelele ferestrei moderne ca să ni le arate, dincolo de ea, pe vechile fiice ale nopții. Printr-o scamatorie, el trece de la o convenție la alta, sperând să provoace, prin asociație, șocul tragic pe care nu l-a putut obține de la opera sa. Problema care se ivește aici nu ține doar de natura expedientului folosit sau de „incorectitudinea" procedeului, ci, în primul rând, de faptul că, pe scenă, șiretlicul pur și simplu dă greș. Furiile ne apar fie ca fantome de carton, fie ca realități atât de puternice, încât fac ca întregul edificiu al piesei să se prăbușească în jurul lor. Când un poet împrumută, riscă. Vecinătatea măreției, ca și a focului, te poate mistui. Eliot a fost criticul său cel mai lucid:

> Ar fi trebuit sau să mă apropii mai mult de Eschil, sau să-i fi tratat mitul cu mult mai multă libertate. O dovadă a acestui fapt este apariția acelor figuri nefaste, Furiile. În viitor, ele trebuie să fie omise din distribuție, rămânând vizibile numai pentru unele dintre personajele mele, nu și pentru public. Am încercat să le prezint

> în toate manierele posibile. Le-am pus pe scenă, și au părut niște musafiri nepoftiți, care au greșit casa venind de la un bal mascat. Le-am ascuns după un voal, și mi-au sugerat o secvență dintr-un film de Walt Disney. Le-am făcut și mai neclare, și au început să semene cu un boschet aflat lângă fereastră. S-au încercat și alte expediente: le-am văzut făcând semne de la capătul grădinii sau îngrămădindu-se pe scenă ca o echipă de fotbal; niciodată însă nu sunt firești. Nu reușesc să fie nici zeițe grecești, nici stafii moderne. Dar eșecul prezentării lor nu este decât un simptom al eșecului încercării de a îmbina anticul cu modernul.

Acest eșec este prea mare pentru a putea fi reparat cu mijloace tehnice. Ingeniozitatea teatrală, oricât de mare, nu va face Furiile să pară naturale în lumina tare și rece a lumii moderne. Anticul nu este o mănușă în care modernul să poată intra după plac. Mitologia teatrului grec a fost expresia unei imagini complete și tradiționale a vieții. Poetul putea realiza un contact imediat cu publicul său, umplându-l de teroare sau de încântare, deoarece și unul, și celălalt se raportau la același sistem de credințe. Când un asemenea sistem nu mai este actual, mitologia corespunzătoare moare sau devine falsă. Racine a mai putut folosi miturile dramei clasice deoarece simbolismul lor și semnificațiile lor convenționale mai păstrau o oarecare vitalitate. Spectatorul secolului al XVII-lea nu credea că Fedra e literalmente o descendentă a soarelui, dar implicația legendei, ideea haosului magic și demonic al sângelui ei, era încă acceptabilă. Aici a fost vorba de una dintre acele supraviețuiri miraculoase care au loc uneori în artă. Dar azi contextul este atât de mult schimbat, încât vechile mituri apar în teatrul modern fie ca imitații grotești, fie ca niște șarade de anticar. Trucul folosit de Eliot este preferabil bagatelizării prostești a mitului pe care ne-o oferă Cocteau. Însă prin nici unul dintre aceste procedee nu se poate obține o piesă vie.

Există, poate, o excepție. *Antigona* lui Anouilh îmbină, într-adevăr, anticul cu modernul, iluminându-le pe amândouă. Dar avem de-a face cu un caz special, în care contextul politic a dat legendei o actualitate gravă. Ciocnirea dintre moralitatea protestului și moralitatea ordinii era atât de direct legată de situația publicului din Franța ocupată, încât Anouilh a putut păstra intactă semnificația piesei lui Sofocle. El a făcut o traducere literală a valorilor grecești, în sensul că le-a redat în termenii suferințelor prezentului. În plus, Anouilh trebuia să-și prezinte opera în fața inamicului; și a prezentat o *Antigonă* la curtea lui Creon. Astfel, a fost pe deplin îndreptățit să folosească codul mitului; căci dacă ar fi ales un episod contemporan, piesa nu s-ar fi putut juca. Masca antică înfățișa, de fapt, chipul adevărat al epocii autorului. Dar *Antigona* rămâne o realizare aparte. La alți dramaturgi, variațiunile pe teme clasice au dat rezultate excentrice și adesea ignobile. Când zeii morți au fost chemați pe scena modernă, au adus cu ei miros de descompunere.

În epoca lui Dante, spiritul uman se mișca în lume ca într-o dramă a ființei lui Cristos. Acea ființă și miracolul incarnării ei îi dădeau realității formă și scop. Ea strălucea în tremurul frunzelor și în căderea stelelor, invitând sufletul la un pelerinaj al mântuirii. Întreaga gamă a experienței, toate faptele observate și cauzele lor presupuse erau cuprinse în „mitologia adevărată“ a bisericii și în convențiile ritualurilor și tainelor ei. Această mitologie, care acoperă viața precum arcul înalt al unei nave gotice, nu mai este singura și nici măcar principala configurație a gândirii occidentale. Pe alocuri, ea a căzut deja în ruină. Sfinții nu mai calcă pe înălțimi cu tălpile lor de foc. Ritualurile au devenit ceremonii golite de credință, iar buzele cântă pentru a masca tăcerea din inimă. Cu toate acestea, simbolismul creștin și contextul semnificațiilor creștine mai influențează încă climatul vieții occidentale. Poetul creștin modern e mai aproape de Dante decât era Racine de Euripide.

Dar problema cu care se confruntă tragedia creștină nu ține de distanța istorică sau de învechirea unei mitologii. Nici chiar în perioada de maximă intensitate a credinței n-a existat o formă specific creștină a dramei tragice. Creștinismul este o viziune antitragică asupra lumii. Acest lucru e tot atât de valabil astăzi, cât era atunci când Dante își intitula poemul o *commedia*, sau când Corneille se lupta, în *Polieuct*, cu paradoxul sfințeniei. Creștinismul îi oferă omului promisiunea unei certitudini finale și a odihnei în Dumnezeu. El conduce sufletul spre dreptate și înviere. Patimile lui Cristos reprezintă un lucru nespus de trist, dar ele sunt, de asemenea, un cifru prin care se exprimă dragostea lui Dumnezeu pentru om. În lumina sumbră a suferinței lui Cristos, păcatul originar apare ca o greșeală fericită (*felix culpa*). Prin răscumpărarea lui, omenirea va cunoaște o stare de grație mult mai înaltă decât a fost inocența lui Adam. În drama vieții creștine, săgeata zboară împotriva vântului, dar e îndreptată în sus. Reprezentând un prag spre eternitate, moartea unui erou creștin poate fi tristă, dar nu tragică. În *Samson Luptătorul* suntem pe bună dreptate mustrați: „Haideți, nu-i timp de tânguiri acum". Adevărata tragedie poate avea loc numai atunci când sufletul chinuit crede că n-a mai rămas timp pentru iertarea divină. „Și-acum e prea târziu", spune Faust al lui Marlowe, în piesa care se apropie cel mai mult de rezolvarea contradicției inerente tragediei creștine. Dar greșește. Niciodată nu e prea târziu ca să te căiești, iar melodrama romantică se situează pe poziții teologice sănătoase atunci când ne prezintă salvarea, în ultima clipă, a sufletului aflat chiar pe marginea abisului damnării.

Concepția creștină cunoaște doar tragedia parțială sau episodică. În cadrul optimismului ei esențial există momente de disperare; pe calea care urcă spre mântuire pot interveni căderi crude. Dar, așa cum spune un proverb portughez, *Deus escreve direito por linhas tortas* (Dumnezeu scrie drept cu linii strâmbe). Maestrul dramei catolice și-a ales drept motto tocmai acest proverb, căruia i-a adăugat două cuvinte din Sf. Augustin: *Etiam peccata.**

---

* *Etiam peccata*, chiar și păcatele. (Chiar și răul poate servi la atingerea binelui final, care e mântuirea omului.)

Claudel este un scriitor exasperant: e pompos, intolerant, retoric, diletant, prolix – tot ce vreți. Multe dintre piesele lui sunt fantastic de bombastice, și în toate există pasaje de o vehemență aridă. El tropăie prin teatru ca un taur înfuriat, vrând să împungă, azvârlind din copite și, în cele din urmă, năpustindu-se în zid cu un zgomot puternic de coarne rupte. Dar nu contează. După toate acestea, mai rămâne destulă grandoare, destulă putere de invenție autentică, pentru a face din Claudel unul dintre cei doi mari dramaturgi lirici ai secolului nostru. Odată cu el, în teatru se întoarce fantezia, vastitatea, vâlvătaia retoricii care stătuse adormită din timpul lui Shakespeare și al lui Calderón. Maniera lui e barocă; ea îmbină, într-un tot de o luxuriantă sălbatică, tragicul și comicul, solemnul și burlescul, sacrul și pofanul. În timp ce poetul clasic folosește un stil al privațiunii, Claudel dă stilului său, în mod intenționat, o bogăție enormă. Ca un talaz înalt care se sparge, acest stil prăvălește asupra noastră cuvinte și imagini scânteietoare. Adesea, ele se rostogolesc într-o dezordine lipsită de adâncime. Dar uneori aceste mari revărsări verbale au rezonanța persuasivă a muzicii.

În dramele lui, Claudel violentează logica timpului și spațiului. El îndoaie arcul timpului spre trecut, pentru a produce confruntări de personaje și evenimente pe care, în istorie, le-a separat o jumătate de secol. *Cumpăna amiezii* și *Pantoful de satin* se desfășoară în ambele emisfere ale globului. Imaginile favorite ale lui Claudel sunt marea nestatornică, presărată cu insule și adăpostind armade de balene, sau cerul tropicelor, cu îndepărtatele lui legiuni de stele. Ca în misterele medievale, acțiunea se petrece la scara universului. Anglia devine un porumbar înconjurat de bătaia de aripi a spumei albe de mare; Africa este o flacără roșie care arde în șalele pământului. Ajuns în golful Darién, Don Rodrigue se compară cu un bărbat călare pe doi armăsari uriași, Atlanticul și tainicul Pacific, *cette Mer séquestrée*. Umbra lui, proiectată pe Zodiac, pare să atingă ambii poli.

Totuși, în această imensitate confuză există principii de structură dramatică. Ele sunt greu de analizat, pentru că aparțin mai mult muzicii decât cuvântului rostit. Claudel a luat lecții de la Wagner. Fluxul argumentației străbate piesele, adunându-se în puncte culminante de incantație lirică: toate experimentele stilistice și tehnice sunt menite să dea dramei energia dirijată și libertatea formei muzicale. În *Cartea lui Cristofor Columb* și în *Ioana d'Arc pe rug*, Claudel folosește orchestra, filmul și mijloacele de amplificare mecanică a vocii umane pentru a depăși limitele scenei tradiționale. Pentru el, ca și pentru tragedia greacă și opera wagneriană, limba nu este decât unul dintre purtătorii semnificației. În mod ideal, toate modalitățile prezentării dramatice – discursul, gestul, muzica, imaginea de pe ecran – ar trebui să colaboreze pentru a crea un tot complet, orchestral.

Fiind un dramaturg cu înclinație spre tragic și, de asemenea, un catolic fervent, care vedea realitatea lumii în Cristos, Claudel a trebuit să înfrunte paradoxul tragediei creștine. El l-a rezolvat, conform naturii sale, într-o manieră categorică și, în același timp, naivă. Personajele lui au destine tragice deoarece ocolesc sau se abat de la meridianele voinței lui Dumnezeu. Privind înapoi, ele își dau seama că răul pe care l-au făcut a fost inutil – și sunt cuprinse de sentimentul unei irosiri tragice a vieții. Ysé și Mesa se întâlnesc în pragul morții. (Claudel a ales întotdeauna nume care îi înconjoară personajele cu o penumbră stranie, sugerând că ele sunt ființe deosebite, menite să cunoască harul suferinței excepționale.) Iubiții se unesc într-un act de căință extatică: în urma lor se află dezastrul și răul care ar fi putut fi evitate, tot așa cum s-ar fi putut evita haosul crud al istoriei umane. Dar tocmai prin proporțiile ei, vinovăția omului face ca venirea lui Cristos să fie un miracol necesar. Drama claudeliană se petrece în ora de dinaintea ivirii zorilor, când ochiul privește, în același timp, noaptea care se retrage și steaua dimineții.

Această viziune e dezvoltată admirabil în *Pantoful de satin*, una dintre puținele piese din literatura modernă care se apropie de statura unei mari tragedii. Dumnezeu folosește linii strâmbe (*linhas tortas*) pentru a scrie drept. Viețile lui Don Rodrigue și Dona Prouhèze sunt parcă prinse într-o plasă. Dar dacă soluția ar veni prematur, planul lui Dumnezeu ar fi zădărnicit, căci pe harta călătoriei sufletului nu există scurtături. Aceste două făpturi superbe, grandioase atât prin chinul, cât și prin curajul lor, își refuză împlinirea iubirii. Don Rodrigue și Dona Prouhèze pun între ei întinderea oceanelor și lama voinței. Conchistadorul și femeia exilată și pustiită stau, pentru ultima dată, față în față, încă vii. Dar ei au renunțat deja la viață, pentru ca sufletele lor, eliberate, să se poată întâlni din nou, într-o supremă și durabilă goliciune. În cadența gravă a despărțirii lor ne pare că auzim ecoul unei erezii străvechi: credința că sufletele celor binecuvântați se pot uni după moarte, într-o îmbrățișare a cărei pasiune întrece cele mai înflăcărate închipuiri ale cărnii. Dacă în paradis poate exista dorință senzuală, Don Rodrigue și Dona Prouhèze vor fi arși de focul ei. Scena ultimei lor întâlniri de pe pământ e unul dintre momentele de glorie ale dramei:

Dona Prouhèze: Ce altceva-am dorit decât sa-ți ofer bucurie! să nu păstrez nimic! să fiu în întregime suavitate! să nu mai fiu eu însămi pentru ca tu să ai totul!
Cum să cred că aș putea să nu fiu acolo unde-i cea mai mare bucurie? acolo unde-i cea mai mare bucurie, acolo se află cel mai mult din Prouhèze!
Vreau să fiu cu tine în esență! Vreau să-mbrățișez cauza ta! vreau să învăț, cu Dumnezeu, să nu păstrez nimic, să fiu acea ființă bună și dăruită care nu-și păstrează nimic și căreia i se ia totul!

Ia, Rodrigue, ia, inima mea, ia, dragostea mea, ia-l pe acest Dumnezeu de care sunt plină!
Forța cu care te iubesc nu se deosebește de cea prin care tu exiști.
Sunt unită pentru totdeauna cu ceea ce-ți dă viață veșnică!
Sângele nu este mai legat de carne decât sunt eu aproape, pentru ca Dumnezeu să mă facă să simt fiecare bătaie a inimii din pieptul tău, care-n fiecare clipă a fericitei veșnicii
Se strânge și se desface.

Viceregele: Cuvinte de dincolo de Moarte, pe care de-abia le înțeleg. Te privesc, și-aceasta îmi ajunge. O, Prouhèze, nu pleca de lângă mine, rămâi vie!

Dona Prouhèze: Trebuie să plec.

Viceregele: Dacă pleci, nu-mi mai rămâne nici o stea călăuzitoare, sunt singur!

Dona Prouhèze: Nu singur.

Viceregele: Nemaivăzând-o pe cer, o s-o uit. Cine îți dă certitudinea că nu voi putea înceta să te iubesc?

Dona Prouhèze: Atâta timp cât exist, știu că tu exiști cu mine.

Viceregele: Fă-mi doar această promisiune, și o să mi-o țin și eu pe-a mea.

Dona Prouhèze: Nu pot face promisiuni.

Viceregele: Mai sunt încă stăpânul! Dacă vreau, pot să te împiedic să pleci.

Dona Prouhèze: Crezi oare, într-adevăr, că poți să mă împiedici să plec?

Viceregele: Da, pot să te împiedic să pleci.

Dona Prouhèze: O crezi? ei bine, spune doar un cuvânt și rămân. O jur, spune doar un cuvânt, rămân. Nu e nevoie de violență.

Un cuvânt, și rămân cu tine. Un singur cuvânt, e oare atât de greu de spus? Un singur cuvânt și rămân cu tine.

(*Tăcere. Viceregele lasă capul în jos și plânge. Dona Prouhèze s-a înfășurat într-un văl din cap până-n picioare.*)[14]

Don Rodrigue nu poate spune acel singur, simplu, mic cuvânt. El ar destrăma vraja onoarei și a planului divin. Dar în întunericul acestei clipe există și o rază de lumină. Dona Prouhèze o lasă în urma ei pe tânăra sa fiică, vocea acesteia fiind cea pe care o vom auzi în ultimele momente ale piesei, anunțând triumful flotelor catolice la Lepanto.

Dar din opera produsă de geniul bizar și foarte personal al lui Claudel nu putem trage concluzia că viziunea creștină a lumii ar fi pe cale să genereze un ansamblu de drame tragice. Claudel a fost nu atât creștin, cât un tip special, și oarecum terifiant, de romano-catolic, care aparținea mai degrabă epocii gregoriene decât bisericii moderne. El părea să privească strălucirea focului iadului cu o aprobare aspră, aproape delectându-se în fața grandorii răzbunătoare a căilor Domnului. În dramele lui și în comentariile sale scripturale există

[14] Nu înțeleg pe deplin unele dintre cuvintele Donei Prouhèze, în special sfârșitul versurilor prin care i se oferă, toată, lui Rodrigue. Dar replica lui Rodrigue sugerează că nici nu putem înțelege întreaga lor semnificație. Sunt cuvinte „de dincolo de Moarte". Ca și Whitman, Claudel folosește semnele de punctuație sau absența lor pentru a dirija mișcarea strofei lui imprecise, debordante. A se observa că omiterea virgulei în ultima frază a Donei Prouhèze introduce o notă de insistență mai mare decât cea pe care o aveau aceleași cuvinte ceva mai sus.

pagini al căror conținut ne-ar putea face să credem că au fost descoperite într-o bibliotecă monahală, reprezentând opera vreunui abate tiranic, revoltat de spectacolul corupției omului. Puține dintre piesele lui Claudel au fost, de altfel, scrise pentru a fi reprezentate pe scenă. Unele nu pot fi jucate decât, cel mult, în versiuni prescurtate sau simplificate. Principalul procedeu artistic din *Pantoful de satin* este trecerea instantanee de la real, în sens vizual, normal, la imaginarul pur. Pe scenă, aceste treceri pun probleme extrem de dificile. Pe scurt, în arta lui Claudel există mai mult dramatism decât dramă. Importantă rămâne însă observația că nici opera singulară a lui Claudel, nici piese cum ar fi *Omor în catedrală* a lui Eliot nu pot modifica faptul că viziunea creștină asupra omului duce la negarea tragediei. Un actor care a jucat de multe ori rolul lui Becket a exprimat această idee foarte succint: „Știu că sunt ucis pe scenă, dar niciodată nu m-am simțit cu adevărat mort."

Prezentă în opera lui Claudel, ideea tragediei parțiale, concepția conform căreia tragedia constă mai degrabă în irosirea vieții decât în dezastrul predestinat sau inevitabil, este dominantă în arta lui Brecht. Și nici nu putea fi altfel. Viziunea marxistă asupra lumii admite, chiar mai explicit decât cea creștină, eroarea, suferința și înfrângerea temporară, dar nu și tragedia finală. Disperarea este un păcat de moarte împotriva marxismului nu mai puțin decât împotriva lui Cristos. Lunacearski, primul comisar sovietic al educației, a declarat că una dintre calitățile definitorii ale societății comuniste va fi absența teatrului tragic. Convins că forțele rațiunii pot să stăpânească lumea naturală și să dea vieții omenești o demnitate și o motivație deplină, comunistul nu mai poate recunoaște sensul tragediei. Sau va vedea în tragedie o relicvă din muzeul trecutului moral. Teatrul tragic este o expresie a fazei preraționale a istoriei; el se bazează pe credința că în natură și în psihic există forțe oculte, de nestăpânit, capabile să cufunde în nebunie sau să distrugă mintea omului. Marxistul știe că asemenea forțe nu au o existență reală; ele sunt metafore ale vechii ignoranțe sau fantasme cu care sunt speriați copiii în întuneric. El știe că *Anangké*, necesitatea oarbă care-l copleșește pe Oedip, nu există. „Necesitatea“, spun Marx și Engels, este oarbă numai în măsura în care nu e înțeleasă.“ Tragedia poate să apară doar acolo unde realitatea n-a fost supusă de rațiune și de conștiința socială. Când omul nou al societății comuniste ajunge la răscrucea a trei drumuri, el va întâlni o fabrică sau o casă de cultură, nu pe furiosul Laius în carul său.

Crezul marxist este de un imens și poate naiv optimism. Ca și vizionarul medieval care avea o încredere absolută în venirea Împărăției Domnului, comunistul e sigur că regatul dreptății va fi în curând instaurat pe pământ. Concepția marxistă despre istorie este o *commedia* laică. Omenirea se îndreaptă spre dreptatea, egalitatea și bunăstarea societății fără clase. Când se va fi pus capăt exploatării capitaliste și când statul va fi dispărut, războiul și sărăcia vor rămâne amintirea vagă a unui coșmar, iar lumea va fi din nou, pentru om, o grădină. De-a lungul acestui drum, pot avea loc catastrofe. Burghezia condamnată luptă pentru supraviețuire cu o viclenie plină de cruzime și, temporar, poate înregistra succese politice sau militare. Există răscoale premature, așa cum au fost Comuna din Paris și insurecția din 1905, în care sângele clasei muncitoare se varsă, în aparență, zadarnic. În cadrul lagărului socialist pot apărea devieri, sub forma unor erezii sau schisme. Dar nici chiar cele mai crunte eșecuri nu îndreptățesc disperarea tragică. Înaintarea societății continuă, căci ea are la bază legile inexorabile ale istoriei; victoria finală este tot atât de sigură ca și venirea zorilor.

Astfel, literatura marxistă este o veselă afirmare a vieții sau un strigăt de luptă. Stalin a fost în perfect acord cu țelurile societății comuniste când a cerut ca toate piesele și romanele să aibă un sfârșit fericit. Cenzorii sovietici au avut dreptate când au încercat să interzică *Demonii* lui Dostoievski, acea parabolă a dezastrului final al utopiei socialiste. Într-un stat comunist, tragedia nu este numai artă de proastă calitate; este o trădare menită să scadă moralul celor din linia întâi. Axioma bucuriei necesare a fost exprimată explicit în titlul unei piese jucate în 1934, *Tragedia optimistă* a lui Vișinevski. Ea prezintă eroica moarte în luptă a unei companii comuniste de infanterie marină. Toți soldații pier sub ochii noștri, dar noi nu trebuie să considerăm că sacrificiul lor este tragic, deoarece el contribuie la victoria finală a Partidului și a Uniunii Sovietice. Ca și creștinul evlavios, comunistul poate întreba: „Moarte, unde ți-e ghimpele?"

Este uluitor că o mitologie atât de stridentă și de naivă a putut fi adoptată de un dramaturg de talia lui Brecht. Dar legăturile lui Brecht cu marxismul au fost întotdeauna indirecte. Ca și Claudel, el a avut acea notă de erezie care îi permite poetului să lucreze împotriva direcției generale a unei credințe ortodoxe. În timp ce lui Claudel i-a lipsit mila, lui Brecht i-a lipsit speranța. Poetica lui a fost modelată nu de afirmarea inexorabilă a puterii sovietelor, ci de eșecul și de distrugerea mișcării comuniste germane. Acest episod dezastruos i-a influențat întreaga concepție și și-a proiectat umbra asupra strălucirii optimismului stalinist. Brecht nu s-a stabilit în Rusia, și nici nu s-a încadrat în curentul oficial al literaturii staliniste. Aproape până la sfârșitul vieții, a preferat să trăiască în exil, în Occident. Când succesul militar și politic a trecut de partea lagărului marxist, el a rămas în atmosfera înfrângerii anterioare (ultima lui piesă prezintă reprimarea Comunei din Paris). Acest refuz de a merge alături de cei victorioși i-a dat politicii lui Brecht o notă personală, anarhică, adesea ireconciliabilă cu linia „pozitivă" oficială. Cred că acest lucru se poate spune chiar și despre ultimii săi ani, petrecuți în Berlinul de Est. El și-a folosit realismul sec, înclinația satirică și inteligența rebelă împotriva ideologiei pe care a profesat-o sincer și deschis. Astfel, ca și la Corneille, în operele sale există o ciocnire deliberată între orientarea firească a spiritului său și direcția exterioară a retoricii sale. În ceea ce privește paradoxul „tragediei optimiste", acesta nu l-a preocupat prea mult pe Brecht. El a fost un virtuoz al stilurilor teatrale, folosind cu aceeași ușurință muzica și filmul, versul liric și limbajul propagandei. Pentru jocul său abil și radical, a recurs la genul tragic doar rareori, dar în unica operă mare pe care ne-a dat-o în acest gen, *Mutter Courage* (*Anna Fierling și copiii ei*), concepția lui despre tragedie nu este prea departe de cea a unui poet creștin.

Brecht a crezut în procesul dialectic al istoriei și în realizarea inevitabilă a idealului marxist, dar a privit prezentul cu un ochi rece. Era prea realist ca să nu-și dea seama că lumina de la orizont se afla imens de departe și că, pentru a ajunge la ea, omenirea va trebui să treacă prin cumplite suferințe. Nu încape îndoială că în regatul dreptății se vor înălța osanale, dar nu mâine și nici chiar poimâine. Și totuși, tocmai pentru că victoria finală e sigură, suferința care trebuie s-o preceadă are o notă de stranie și inumană inutilitate. Ea e monstruoasă deoarece e oarecum evitabilă. Personajele lui Claudel se cufundă în tragedie pentru că întorc spatele puterii mântuitoare a lui Dumnezeu. Suferința lor este reală, dar absurdă din punct de vedere metafizic. La fel se întâmplă și la Brecht. Marxistul știe că e absurd să te împotrivești legilor istoriei. Dacă clasa capitalistă ar recunoaște că e condamnată, dacă ar accepta adevărul evident al revelației socialiste, n-ar fi nevoie de alte lupte. Dacă proletariatul ar înțelege natura procesului istoric și ar vedea în avangarda comunistă pe conducătorul său firesc, întregul edificiu al războiului și al lăcomiei mercantile s-ar prăbuși. Dar oamenii sunt orbi la propria lor mântuire. Astfel, vieți nenumărate sunt distruse, și distruse în mod inutil.

Mutter Courage este o alegorie a irosirii absolute. Smintita bătrână își vede copiii murind, unul câte unul, în desfășurarea ucigașă a Războiului de treizeci de ani. Pierderea acestor vieți reprezintă destulă irosire, dar adevărata irosire e lăuntrică. Mutter Courage nu învață nimic din suferința ei. Ea refuză să înțeleagă un adevăr simplu: cei ce trăiesc din vânzarea săbiilor, de sabie vor pieri. Ea își trage căruța de cantinieră de pe un câmp de luptă pe altul, căci știe că acolo unde sunt răniți se cere rachiu și că armele de foc au nevoie de praf de pușcă. De fiecare dată când unul dintre copii îi este ucis, Mutter Courage ar putea renunța la îndeletnicirea ei. Dar în loc să facă aceasta, îi înhamă pe supraviețuitori la căruță și pleacă mai departe, ca un vultur în căutare de hoituri. În timp ce trage căruța, scena turnantă se învârtește din ce în ce mai repede. Necugetata creatură crede că avansează. De fapt, ea pășește pe loc, pe covorul rulant al dezastrului. Dar refuză să se dea bătută atâta timp cât se mai poate câștiga un ducat pe undeva, în peisajul calcinat dintre Alsacia și Praga. Își lasă morții în grija iernii și a lupilor, și pleacă, grăbită, mai departe. Nenorocirile se abat în van asupra ei: e ca și când trăsnetul ar lovi cenușa rece. Ea se îndreaptă de spate, se înhamă din nou la căruță și cântă cântece de război:

Din Ulm spre Praga și-napoi
Mutter Courage e-n drumeție!
Hrănit e omul de război,
Doar plumb și pulbere să fie.
Dar astea nu-s de-ajuns defel:
Se cer răcani – și de tot soiul!
Veniți la regiment! Altfel
Se duce dracului războiul!

Mutter Courage știe că războiul înghite oameni, dar uită că proprii ei copii au fost devorați primii. În cele din urmă, ultimul dintre ei, Kattrin cea mută, este și ea ucisă. Chiar și această grozăvie rămâne însă fără efect. Courage este acum o sperietoare cu o grotescă aparență de viață, dar mirosul războiului și al banilor o mai atrage încă: „Sper c-o să pot trage și singură căruța. Mă descurc eu. Nu mai e mare lucru în ea.“ Prin fundal trece un regiment, în sunetul tobelor și fluierelor. Ea le strigă soldaților: „Luați-mă cu voi!“ Se înhamă, și scena începe să se învârtească din nou, sub un cer gol. Marșul ce se cântă ne spune că războiul va dura o sută de ani.

Așa va fi. Iar războiul următor va dura două sute de ani. Oare nu se întrevede clipa în care se va pune capăt irosirii și omorurilor? Nu, atât timp cât femeile nu vor refuza să-și lase fiii să fie carne de tun; nu, atât timp cât bărbații nu vor înceta să făurească armele care le omoară propriii copii. La orizont, departe, există o fâșie de cer luminată de zori: în dialectica evenimentelor, va trebui să vină o zi când națiunile vor lăsa armele jos, lângă ape liniștite. Dar Mutter Courage împiedică apropierea acelei zile. Brecht ar vrea să ne facă s-o condamnăm pe bătrâna harpie pentru lăcomia ei prostească. El ar vrea să înțelegem că sacrificarea atâtor vieți nu e nici nobilă, nici tragică, ci pur și simplu oribil de inutilă. Aceasta e întreaga idee a piesei. Mutter Courage n-a învățat nimic pentru ca publicul să poată învăța ceva. Sfârșitul lecției.

Dar, bineînțeles, lucrurile nu se petrec chiar așa. Moralistul trebuie să-și împartă tribuna cu poetul. Iar poetul e dibaci. El îl lasă pe moralist să spună ce are de spus; nu neagă nici un moment că Mutter Courage poartă vina multelor ei nenorociri. Tot ce ne cere e s-o privim. Această femeie e atât de colosal de vie în fiecare dintre venele ei uscate, atât de lacomă și de invincibilă! Este sarea pământului, distrugătoare și totuși plină de savoare. Nu ne putem detașa de piesă pentru a emite judecăți reci asupra păcatelor eroinei. Și noi suntem înhămați la căruță, iar scena se învârte sub pașii noștri.

Brecht este pe deplin conștient de acest lucru, deși pretinde că orice identificare a spectatorului cu personajele îi pare a fi o absurditate romantică. În duelul dintre artist și dialectician, el îi acordă artistului un mic, dar constant avantaj, asigurându-i astfel victoria. Prin aceasta, *Mutter Courage* este o tragedie; incompletă, poate, din cauza doctrinei politice a mântuirii care o înconjoară, dar totuși reală și mistuitoare. Brecht se situează la jumătatea distanței dintre lumea lui Oedip și cea a lui Marx. El a fost de acord cu Marx că necesitatea nu e oarbă, dar, ca toți poeții adevărați, a știut că adesea ea își închide ochii. Și când i-a închis, ea stă la pândă, așteptând sosirea omului pe drumul dinspre Corint.

În eseul de față, nu m-am ocupat de grupul pieselor sumbre pe care le-a dat teatrul francez de la război încoace.

Piesele lui Sartre, *Caligula* lui Camus și fanteziile negre ale lui Samuel Beckett sunt atât de aproape de noi în timp, încât orice judecată asupra lor devine precară. Personal, consider că importanța lor se situează, în mare parte, în afara sferei și autorității dramei. *Cu ușile închise*, *Diavolul și Bunul Dumnezeu* și *Caligula* nu sunt atât piese de teatru, cât, mai degrabă, lucrări care folosesc scena. Ca și Diderot, Sartre și Camus transformă acțiunea dramatică într-o parabolă a unor teze filozofice sau politice. Forma teatrală e aproape fortuită; piesele sunt eseuri sau manifeste declamate și subliniate prin gesturi expresive. În aceste alegorii auzim voci, nu personaje.

Cazul lui Beckett este mai interesant. Legătura lui personală cu literatura irlandeză a dus la apariția, în opera sa, a unei note distincte de tristețe comică. În *Așteptându-l pe Godot* există momente care proclamă, cu o elocvență dureroasă, infirmitatea condiției noastre morale: incapacitatea limbajului sau gestului de a exprima abisul și oroarea vremurilor noastre. Dar, și aici, mă întreb dacă avem de-a face cu o dramă în adevăratul sens al cuvântului. Beckett scrie „antidramă"; el arată, cu o logică irlandeză bizară, că poți să excluzi de pe scenă toate formele de mobilitate și de comunicare firească între personaje, și totuși să produci o piesă. Dar rezultatul este, cred eu, schilod și monoton. În cel mai bun caz, ni se oferă un *guignol* metafizic, un teatru de păpuși devenit pentru o clipă fascinant sau monstruos din cauză că marionetele se încăpățânează să se comporte ca și când ar fi vii.

Nici unul dintre acești dramaturgi nu are talentul pe care l-au avut Claudel și Brecht, talent fără care teatrul nu poate dăinui: acela de a crea personaje înzestrate cu miracolul unei vieți independente. Bertolt Brecht e mort, și poate că timpul ne va elibera de coșmarul politicii sale. Dar ființele imaginate de el au căpătat o vitalitate trainică. Când numele lui Brecht va fi fost îngropat în istoria literară, Mutter Courage va continua să-și tragă căruța în noaptea de iarnă.

X

Vreau să închei acest eseu nu pe tonul argumentației critice, ci evocând câteva amintiri personale. Soluții precise pentru problemele pe care le-am abordat nu există. În asemenea cazuri, alegoria adesea aduce mai multă lumină decât orice aserțiune. De altminteri, după părerea mea, critica literară nu operează nici cu rigoare, nici cu dovezi. Când e cinstită, e pasionată, criticul căutând să-și impună viziunea proprie. Cele trei incidente pe care le voi povesti corespund celor trei presupuneri pe care le putem face în legătură cu tema noastră: că tragedia este, într-adevăr, moartă; că ea își continuă, în esență, tradiția, în ciuda schimbărilor intervenite în forma ei tehnică; sau, în sfârșit, că teatrul tragic ar putea reveni la viață.

Nu demult, călătoream cu trenul prin sudul Poloniei. La un moment dat, pe creasta unui deal am văzut scheletul unei ruine, și unul dintre polonezii din compartiment mi-a povestit cele întâmplate acolo. Fusese o mănăstire, iar germanii au folosit-o ca închisoare pentru ofițerii ruși luați prizonieri. În ultimul an al războiului, când armatele germane au început să se retragă din Est, la închisoare nu s-a mai trimis hrană. Gardienii au jefuit tot ce-au putut de prin împrejurimi, dar curând câinii lor polițiști, înfometați, au devenit primejdioși. După oarecare ezitare, germanii i-au slobozit asupra prizonierilor, iar câinii, înnebuniți de foame, i-au mâncat de vii pe mai mulți dintre ei. Când cei din garnizoană au fugit, i-au lăsat pe ruși închiși în beci. Doi dintre ei au reușit să rămână în viață ucigându-și și devorându-și tovarășii. În cele din urmă, armata sovietică, aflată în înaintare, i-a găsit. Cei doi au primit o masă bună și apoi au fost împușcați, pentru ca soldații să nu afle despre starea abjectă la care fuseseră reduși foștii lor ofițeri. După aceea, mănăstirea a fost arsă până în temelii.

Ceilalți călători din compartiment au ascultat povestirea, și apoi fiecare a relatat câte un episod similar sau chiar mai îngrozitor. O femeie a povestit chinurile îndurate de sora ei în lagărul morții de la Matthausen. Nu voi reda aici istorisirea ei, căci e vorba de lucruri ce fac cuvintele să se frângă. Am tăcut cu toții un timp; apoi un om mai în vârstă a spus că știe o parabolă medievală care ne-ar putea ajuta să înțelegem cum de s-a putut ajunge la asemenea întâmplări:

> Într-un sat uitat de lume din Polonia centrală se afla o mică sinagogă. Într-o noapte, pe când își făcea rondul, rabinul intră și-l văzu pe Dumnezeu stând într-un colț întunecos. Căzu cu fața la pământ și strigă: „Dumnezeul și stăpânul meu, ce faci aici?" Dumnezeu îi răspunse nu prin bubuit de tunet sau vâjâit de vânt, ci cu o voce stinsă: „Sunt ostenit, rabine, sunt sătul de toate."

Cred că legătura acestei parabole cu tema noastră este aceasta: Dumnezeu s-a săturat de cruzimea omului. Poate că n-a mai fost în stare s-o stăpânească, ajungând să nu-și mai recunoască imaginea în oglinda creației. El a lăsat lumea în seama practicilor ei inumane, și acum locuiește într-un alt colț al universului, atât de îndepărtat, încât mesagerii Săi nu mai pot ajunge până la noi. Aș spune că și-a întors fața de la noi în secolul al XVII-lea, secol care a fost linia de demarcație folosită constant în expunerea noastră. În secolul al XIX-lea, Laplace a proclamat că Dumnezeu e o ipoteză de care spiritul rațional nu mai are nevoie; Dumnezeu l-a crezut pe cuvânt pe marele astronom. Dar tragedia este acea formă de artă care are nevoie de povara insuportabilă a prezenței lui Dumnezeu. Ea este acum moartă pentru că umbra Lui nu mai cade asupra noastră așa cum cădea asupra lui Agamemnon, a lui Macbeth sau a Ataliei.

Sau poate că tragedia n-a murit, ci doar și-a modificat stilul și convențiile. În *Mutter Courage*, există un moment în care soldații aduc pe scenă corpul neînsuflețit al lui Schweizerkas. Ei bănuiesc că mortul e fiul lui Courage, dar nu sunt absolut siguri. Vor, de aceea, s-o forțeze să-l identifice. Am văzut-o pe Helene Weigel interpretând această scenă cu Berliner Ensemble, deși cuvântul „interpretare" este mult prea palid pentru a reda minunata incarnare a personajului pe care a realizat-o. Când corpul i-a fost pus în față, ea a clătinat doar din cap, într-o negare mută. Soldații au silit-o să mai privească o dată. Din nou, nici un semn de recunoaștere, ci doar o privire fixă, inexpresivă. În timp ce mortul era dus afară, Weigel și-a întors capul, deschizând larg gura. Expresia era cea a calului care țipă în *Guernica* lui Picasso. Strigătul care s-a auzit a fost aspru și teribil, imposibil de descris. Dar, de fapt, nu se auzea nimic. Nimic. Strigătul era tăcere absolută. Era o tăcere care țipa și țipa în întregul teatru, făcând spectatorii să-și plece capetele, ca în fața unei rafale de vânt. Și acel țipăt în tăcere mi-a părut la fel cu acela al Casandrei, când presimte mirosul sângelui în casa lui Atreu. Era același strigăt sălbatic, cel cu care imaginația a marcat pentru prima dată sentimentul tragic al existenței noastre. Aceeași sălbatică și pură tânguire generată de inumanitatea omului și de irosirea vieții lui. Curba tragediei este, poate, neîntreruptă.

În sfârșit, trebuie să luăm în considerare și posibilitatea – pe care eu o socotesc îndepărtată – ca teatrul tragic să aibă înaintea lui o nouă viață și un nou viitor. Am văzut un film documentar care prezenta activitatea unei comune agricole chineze. La un moment dat, lucrătorii au început să se scurgă de pe câmpuri, au lăsat jos săpăligile și s-au adunat într-o piață mărginită de barăci. Au format un cor mare și au început să cânte un cântec de ură împotriva dușmanilor Chinei. Apoi un șef de grupă a sărit din rânduri și a interpretat un dans violent, complicat. El prezenta, prin pantomimă, lupta împotriva banditilor imperialiști și înfrângerea lor de către armatele țărănești. Ceremonia s-a încheiat cu relatarea morții eroice a unuia dintre fondatorii organizației locale a Partidului Comunist. Fusese ucis de japonezi și era îngropat prin apropiere.

Oare, mă întreb, nu din asemenea ritualuri de sfidare a dușmanilor și de cinstire a morților s-a născut tragedia, acum trei mii de ani, pe câmpiile Argosului?

Anexă: Citate

p. 23

Tragedie is to seyn a certeyn storie,
As olde bookes maken us memorie,
Of hym that stood in greet prosperitee,
And is yfallen out of heigh degree,
Into myserie, and endeth wrecchedly.

p. 25

Base fortune, now I see, that in thy wheele
There is a point, to which when men aspire,
They tumble headlong downe: that point I touchte,
And seeing there was no place to mount up higher,
Why should I greeue at my declining fall?

p. 26

When she that rules the rolling wheele of chaunce,
Doth turne aside hir angrie frowning face,
On him, who erst she deigned to aduance,
She never leaues to gaulde him with disgrace,
To tosse and turne his state in euery place,
Till at the last she hurle him from on high
And yeld him subject unto miserie:
And as the braunche that from the roote is reft,
He never wines like leafe to that he lefte.

p. 26

Cut is the branche that might have growne full straight,
And burned is Apolloes Laurel bough
That sometime grew within this learned man.

p. 27

Creon is King, the type of Tyranny,
And Oedipus, myrrour of misery.

p. 30

Being seated in a chariot burning bright,
Drawn by the strength of yoaked dragons neckes.

p. 34

Ha Mort, ô douce mort, mort seule guerison
Des esprits oppressés d'une estrange prison,
Pourquoy souffres tu tant à tes droits faire tort?
T'avons nous fait offense, ô douce & douce mort?
Pourquoy n'approches tu, ô Parque trop tardive?
Pourquoy veux tu souffrir ceste bande captive,
Qui n'aura pas plustot le don de liberté,
Que cest esprit ne soit par ton dard écarté?

p. 34

Quel blasme me seroit-ce? hé Dieux! quelle infamie,
D'avoir esté d'Antoine et son bonh-heur amie,
Et le survivre mort, contente d'honorer
Un tombeau solitaire, et dessur luy pleurer?
Les races à venir justement pourroyent dire
Que je l'aurois aimé seulement pour l'Empire,
Pour sa seule grandeur, et qu'en adversité
Je l'aurois mechamment pour un autre quitté.
Semblable à ces oiseaux, qui d'ailes passageres
Arrivent au Printemps des terres estrangeres,
Et vivent avec nous tandis que les chaleurs
Et leur pasture y sont, puis s'envolent ailleurs.

p. 37

Caesar: Come, there was never any great thing yet
Aspired, but by violence or fraud:
And he that sticks for folly of a conscience
To reach it –
Catiline: Is a good religious fool.
Caesar: A superstitious slave, and will die beast.
Good night. You know what Crassus thinks, and I,
By this. Prepare your wings as large as sails,
To cut through air, and leave no print behind you.
A serpent, ere he comes to be a dragon,
Does eat a bat; and so must you a consul,
That watches. What you do, do quickly, Sergius.

pp. 39–40

But who is this, what thing of Sea or Land?
Female of sex it seems,
That so bedeckt, ornate, and gay,
Comes this way sailing
Like a stately Ship
Of *Tarsus*, bound for th' Isles
Of *Javan* or *Gadier*
With all her bravery on, and tackle trim,
Sails fill'd, and streamers waving,
Courted by all the winds that hold them play...

pp. 47–48

'Tis time the World
Should have a Lord, and know whom to obey.
We two have kept its homage in suspense,
And bent the Globe on whose each side we trod,
Till it was dented inwards: Let him walk
Alone upon't; I'm weary of my part.
My Torch is out; and the World stands before me
Like a black Desert, at th' approach of night.

p. 56

C'est toi, grand Cardinal, âme au-dessus de l'homme,
Rare don qu'à la France ont fait le ciel et Rome,
C'est toi, dis-je, ô héros, ô coeur vraiment romain,
Dont Rome en ma faveur vient d'emprunter la main.

p. 58

Permettez, ô grand roi, que de ce bras vainqueur
Je m'immole à ma gloire, et non pas à ma soeur.

p. 60

le droit de l'épée
Justifiant César, a condamné Pompée.

pp. 62–63

Je la porte en Afrique; et c'est là que j'espère
Que les fils de Pompée, et Caton, et mon père,
Secondés par l'effort d'un roi plus généreux,
Ainsi que la justice auront le sort pour eux.

C'est là que tu verras sur la terre et sur l'onde
Les débris de Pharsale armer un autre monde;
Et c'est là que j'irai, pour hâter tes malheurs,
Porter de rang en rang ces cendres et mes pleurs.
Je veux que de ma haine ils reçoivent des règles,
Qu'ils suivent au combat des urnes au lieu d'aigles;
Et que ce triste objet porte en leur souvenir
Les soins de le venger, et ceux de te punir.
Tu veux à ce héros rendre un devoir suprême;
L'honneur que tu lui rends rejaillit sur toi-même:
Tu m'en veux pour témoin; j'obéis au vainqueur;
Mais ne présume pas toucher par là mon coeur.
La perte que j'ai faite est trop irréparable;
La source de ma haine est trop inépuisable;
A l'égal de mes jours je la ferai durer;
Je veux vivre avec elle, avec elle expirer.
Je t'avouerai pourtant, comme vraiment Romaine,
Que pour toi mon estime est égale à ma haine;
Que l'une et l'autre est juste, et montre le pouvoir,
L'une de ta vertu, l'autre de mon devoir;
Que l'une est généreuse, et l'autre intéressée,
Et que dans mon esprit, l'une et l'autre est forcée.
Tu vois que ta vertu, qu'en vain on veut trahir,
Me force de priser ce que je dois haïr:
Juge ainsi de la haine où mon devoir me lie,
La veuve de Pompée y force Cornélie.
J'irai, n'en doute point, au sortir de ces lieux,
Soulever contre toi les hommes et les dieux,
Ces dieux qui t'ont flatté, ces dieux qui m'ont trompée,
Ces dieux qui dans Pharsale ont mal servi Pompée
Qui, la foudre à la main, l'ont put voir égorger;
Ils connaîtront leur faute et le voudront venger.
Mon zèle, à leur refus, aidé de sa mémoire,
Te saura bien sans eux arracher la victoire;
Et quand tout mon effort se trouvera rompu,
Cléopâtre fera ce que je n'aurai pu.

p. 64

L'amour entre les rois ne fait pas l'hyménée,
Et les raisons d'Etat plus fortes que ses noeuds,
Trouvent bien les moyens d'en éteindre les feux.

p. 66

Ce ne sont pas les sens que mon amour consulte:
Il hait des passions l'impétueux tumulte;
Et son feu que j'attache aux soins de ma grandeur
Dédaigne tout mélange avec leur folle ardeur.

p. 66

Je n'appelle plus Rome un enclos de murailles,
Que ses proscriptions comblent de funérailles;
Ces murs, dont le déstin fut autrefois si beau,
N'en sont que la prison, ou plutôt le tombeau:
Mais, pour revivre ailleurs dans sa première force,
Avec les faux Romains elle a fait plein divorce;
Et, comme autour de moi j'ai tous ses vrais appuis,
Rome n'est plus dans Rome, elle est toute où je suis.

p. 66

Mais la civilité n'est qu'amour en Camille,
Comme en Othon l'amour n'est que civilité.

p. 68

Adieu; servons tous trois d'exemple à l'univers
De l'amour la plus tendre et la plus malheureuse
Dont il puisse garder l'histoire douloureuse

p. 68

Grâces au juste ciel, ma gloire en sûreté
N'a plus à redouter aucune indignité.

p. 68

Votre coeur est à moi, j'y règne; c'est assez.

p. 71

Non, je ne pleure point, madame, mais je meurs.

p. 74

Déjà de traits en l'air s'élevait un nuage;
Déjà coulait le sang, prémices du carnage.

p. 77

Les dieux font sur l'autel entendre le tonnerre,
Les vents agitent l'air d'heureux frémissements,

Et la mer leur répond par ses mugissements.
....
Le soldat étonné dit que dans une nue
Jusque sur le bûcher Diane est descendue,
Et croit que, s'élevant au travers de ses feux,
Elle portait au ciel notre encens et nos voeux.

p. 79

Tout a changé de face
Depuis que sur ces bords les dieux ont envoyé
La fille de Minos et de Pasiphaé.

p. 80

Les monstres étouffés et les brigands punis,
Procruste, Cercyon, et Sciron, et Sinnis,
Et les os dispersés du géant d'Épidaure,
Et la Crète fumant du sang du Minotaure.

p. 81

Oenone: Que faites-vous, Madame? Et quel mortel ennui
Contre tout votre sang vous anime aujourd'hui?
Phèdre: Puisque Vénus le veut, de ce sang déplorable
Je péris la dernière et la plus misérable.
....
Oenone: Juste ciel! tout mon sang dans mes veines se glace.
....
Phèdre: Je reconnus Vénus et ses feux redoutables,
D'un sang qu'elle poursuit tourments inévitables.

p. 81

De victimes moi-même à toute heure entourée,
Je cherchais dans leurs flancs ma raison égarée.

p. 82

Et l'avare Achéron ne lâche point sa proie.

p. 83

Mes homicides mains, promptes à me venger
Dans le sang innocent brûlent de se plonger.
Misérable! et je vis? et je soutiens la vue

De ce sacré Soleil dont je suis descendue?
J'ai pour aïeul le père et le maître des dieux;
Le ciel, tout l'univers est plein de mes aïeux;
Où me cacher? Fuyons dans la nuit infernale.
Mais que dis-je? Mon père y tient l'urne fatale;
Le sort, dit-on, l'a mise en ses sévères mains:
Minos juge aux enfers tous les pâles humains.

p. 84
Qu'il t'eut bien mieux valu tomber dessous les ondes,
Et remplir l'estomac des Phoques vagabondes,
Lors qu'à ton grand malheur une indiscrète amour
Te fait passer la mer sans espoir de retour.

p. 84
J'ai pris, j'ai fait couler dans mes brûlantes veines
Un poison que Médée apporta dans Athènes.

p. 85
De rage et de douleur le monstre bondissant
Vient aux pieds des chevaux tomber en mugissant,
Se roule, et leur présente une gueule enflammée
Qui les couvre de feu, de sang, et de fumée.

p. 88
Dans un des parvis, aux hommes réservé
Cette femme superbe entre le front levé,
Et se préparait même à passer les limites
De l'enceinte sacrée ouverte aux seuls lévites.

p. 88
Tes yeux cherchent en vain, tu ne peux échapper,
Et Dieu de toutes parts a su t'envelopper.

p. 91
Hippolyte: Dieux! qu'est-ce que j'entends? Madame, oubliez-vous
Que Thésée est mon père, et qu'il est votre époux?
Phèdre: Et sur quoi jugez-vous que j'en perds la mémoire,
Prince? Aurais-je perdu tout le soin de ma gloire?
Hippolyte: Madame, pardonnez. J'avoue, en rougissant,

Que j'accusais à tort un discours innocent.
Ma honte ne peut plus soutenir votre vue,
Et je vais...
Phèdre: Ah, cruel! tu m'as trop entendue.
Je t'en ai dit assez pour te tirer d'erreur.

p. 101
Gar mancher kommt vom Lesen der Journale.
Man eilt zerstreut zu uns, wie zu den Maskenfesten,
Und Neugier nur beflügelt jeden Schritt.

p. 108
The world's great age begins anew,
The golden years return,
The earth doth like a snake renew
Her winter weeds outworn:
Heaven smiles, and faiths and empires gleam,
Like wrecks of a dissolving dream.
A brighter Hellas rears its mountains
From waves serener far;
A new Peneus rolls his fountains
Against the morning-star.
Where fairer Tempes bloom, there sleep
Young Cyclads on a sunnier deep.

p. 111
The self-same moment I could pray;
And from my neck so free
The Albatross fell off, and sank
Like lead into the sea.

p. 112
Thy office, thy ambition, be henceforth
To feed remorse, to welcome every sting
Of penitential anguish, yea with tears.

p. 112
I passed into the family pew,
And covering up my eyes for shame
And deep perception of unworthiness,

Upon the little hassock knelt me down,
Where I so oft had kneel'd,
A docile infant by Sir Walter's side;
And, thinking so, I wept a second flood
More poignant than the first;
But afterwards was greatly comforted.
It seem'd, the guilt of blood was passing from me
Even in the act and agony of tears,
And all my sins forgiven.

p. 112

Remorse is at the heart, in which it grows:
If that be gentle, it drops balmy dews
Of true repentance; but if proud and gloomy,
It is a poison-tree, that pierced to the inmost
Weeps only tears of poison!

p. 113

Alvar: Yet, yet thou may'st be sav'd –
Ordonio: Sav'd? sav'd?
Alvar: One pang!
Could I call up one pang of true remorse!
Ordonio: ………………..remorse! remorse!
Where gott'st thou that fool's word? Curse on remorse!
Can it give up the dead, or recompact
A mangled body? Mangled – dashed to atoms!
Not all the blessings of a host of angels
Can blow away a desolate widow's curse!
And though thou spill thy heart's blood for atonement,
It will not weigh against an orphan's tear!

p. 113

The innate tortures of the deep despair,
Which is remorse without the fear of hell.

p. 113

no future pang
Can deal that justice on the self-condemned
He deals on his own soul.

p. 114

I have not been thy dupe, nor am thy prey –
But was my own destroyer, and will be
My own hereafter.

p. 116

Hinauf – hinauf – Die Erde flieht zurück –
Kurz ist der Schmerz, und ewig ist die Freude!

pp. 116–117

Je veux montrer à mes semblables un homme dans toute la vérité de la nature; et cet homme, ce sera moi. Moi seul. Je sens mon coeur, et je connais les hommes. Je ne suis fait comme aucun de ceux que j'ai vus; j'ose croire n'être fait comme aucun de ceux qui existent.

p. 117

What a sublime discovery 't was to make the
Universe universal egotism,
That all's ideal – *all ourselves.*

p. 118

Mais moi, Narcisse aimé, je ne suis curieux
Que de me seule essence;
Tout autre n'a pour moi qu'un coeur mystérieux,
Tout autre n'est qu'absence.

p. 119

Meine Qual und meine Klagen
Hab ich in dies Buch gegossen,
Und wenn du es aufgeschlagen,
Hat sich dir mein Herz erschlossen.

pp. 119–120

Dans sa création, le poète tressaille;
Il est elle, elle est lui; quand dans l'ombre il travaille,
Il pleure, et s'arrachant les entrailles, les met
Dans son drâme, et, sculpteur, seul sur son noir sommet
Pétrit sa propre chair dans l'argile sacrée;
Il y renait sans cesse, et ce songeur qui crée
Othello d'une larme, Alceste d'un sanglot,
Avec eux pêle-mêle en ses oeuvres éclot.

Dans sa genèse immense et vraie, une et diverse,
Lui, le souffrant du mal éternel, il se verse,
Sans épuiser son flanc d'où sort une clarté.

p. 121

But Shakespeare's Magick could not copy'd be;
Within that Circle none durst walk but he.

p. 122

Shakespeare, en tombant sur moi à l'improviste, me foudroya. Son éclair, en m'ouvrant le ciel de l'art avec un fracas sublime, m'en illumina les plus lointaines profondeurs. Je reconnus la vraie grandeur, la vraie beauté, la vraie vérité dramatique... Je vis... je compris... je sentis que j'étais vivant et qu'il fallait me lever et marcher.

p. 125

Peter: A delicate song. Where did'st learn it, Fellow?
Daniel: Even there, where thou learnest thy oaths and thy politics — at our master's table. Where else should a serving man pick up his poor accomplishments?
Martin: Well spoken, Daniel. O rare Daniel! – his oaths and his politics! excellent!

pp. 125–126

So young to go
Under the obscure, cold, rotting, wormy ground!
To be nailed down into a narrow place;
To see no more sweet sunshine; hear no more
Blithe voice of living thing; muse not again
Upon familiar thoughts, sad, yet thus lost!
How feraful! To be nothing! Or to be –
What? O, where am I? Let me not go mad!
Sweet Heaven, forgive weak thoughts! If there
should be
No God, no Heaven, no earth in the void world;
The wide, grey, lampless, deep unpeopled world!

p. 126

Entrap me not with questions. Who stands here
As my accuser? Ha! Wilt thou be he,

Who art my judge? Accuser, witness, judge,
What, all in one?

p. 126

Who says so but yourself? if you be my accuser,
Pray cease to be my judge: come from the bench,
Give your evidence against me, and let these
Be moderators.

p. 127

'Stead of one fatted calf
Ten hecatombs shall bellow out their last,
Smote 'twixt the horns by the death-stunning mace
Of Mars, and all the soldiery shall feast
Nobly as Nimrod's masons, when the towers
Of Nineveh new kiss'd the parted clouds.

p. 129

Shakespeare, c'est le drame; et le drame qui fond sous un même souffle le grotesque et le sublime, le terrible et le bouffon, la tragédie et la comédie.

p. 137

Puisqu'il faut être grand pour mourir, je me lève.
Dieu qui donne le sceptre et qui te le donna
M'a fait duc de Segorbe et duc de Cardona,
Marquis de Monroy, comte Albatera, vicomte
De Gor, seigneur de lieux dont j'ignore le compte.
Je suis Jean d'Aragon, grand maître d'Avis, né
Dans l'exil, fils proscrit d'un père assassiné
Par sentence du tien, roi Carlos de Castille!

p. 138

Ruy Blas:	Cet homme, quel est-il? Mais parle donc! j'attends!
L'Homme Masqué:	C'est moi!
Ruy Blas:	Grand Dieu! – Fuyez, madame!
Don Salluste:	Il n'est plus temps. Madame de Neubourg n'est plus reine d'Espagne.

p. 143

Es fürchte die Götter
Das Menschengeschlecht!

Sie halten die Herrschaft
In ewigen Händen
Und können sie brauchen
Wie's ihnen gefällt.

Der fürchte sie doppelt
Den je sie erheben!

pp. 148–149

Marquis: Sehen Sie sich um
In seiner herrlichen Natur! Auf Freiheit
Ist sie gegründet – und wie reich ist sie
Durch Freiheit! Er, der grosse Schöpfer, wirft
In einen Tropfen Tau den Wurm und lässt
Noch in den toten Räumen der Verwesung
Die Willkür sich ergetzen – Ihre Schöpfung,
Wie eng und arm! Das Rauschen eines Blattes
Erschreckt den Herrn der Christenheit – Sie müssen
Vor jeder Tugend zittern. Er – der Freiheit
Entzückende Erscheinung nicht zu stören –
Er lässt des Übels grauenvolles Heer
In seinem Weltall lieber toben – ihn,
Den Künstler, wird man nicht gewahr, bescheiden
Verhüllt er sich in ewige Gesetze;
Die sieht der Freigeist, doch nicht ihn. „Wozu
Ein Gott?" sagt er, „die Welt ist sich genug".
Und keines Christen Andacht hat ihn mehr
Als dieses Freigeists Lästerung gepriesen.

König: Und wollet Ihr es unternehmen, dies
Erhabne Muster in der Sterblichkeit,
In meinen Staaten nachzubilden?

Marquis: Sie,
Sie können es. Wer anders? Weihen Sie
Dem Glück der Völker die Regentenkraft,
Die – ach so lang – des Thrones Grösse nur
Gewuchert hatte! – Stellen Sie der Menschheit
Verlornen Adel wieder her! Der Bürger
Sei wiederum, was er zuvor gewesen,
Der Krone Zweck! – Ihn binde keine Pflicht
Als seiner Brüder gleich ehrwürdge Rechte!
Wenn nun der Mensch, sich selbst zurückgegeben,
Zu seines Werts Gefühl erwacht – der Freiheit

Erhabne, stolze Tugenden gedeihen –
Dann, Sire, wenn Sie zum glücklichsten der Welt
Ihr eignes Königreich gemacht – dann ist
Es Ihre Pflicht, die Welt zu unterwerfen.

p. 153

Maria Stuart

Heisst jedes Unglück das mich niederschlägt!
Ist sie aus den Lebendigen vertilgt,
Frei bin ich, wie die Luft auf den Gebirgen.
Mit welchem Hohn sie auf mich niedersah,
Als sollte mich der Blick zu Boden blitzen!
Ohnmächtige! Ich führe bessre Waffen,
Sie treffen tödlich, und du bist nicht mehr!

pp. 165–166

Helena: Liebe, menschlich zu beglücken,
Nähert sie ein edles Zwei;
Doch zu göttlichem Entzücken
Bildet sie ein köstlich Drei.
Faust: Alles ist sodann gefunden:
Ich bin dein, und du bist mein,
Und so stehen wir verbunden;
Dürft es doch nicht anders sein!

p. 168

I loved her from my boyhood; she to me
Was a fair city of the heart,
Rising like water-columns from the sea,
Of joy the sojourn, and of wealth the mart;
And Otway, Radcliffe, Schiller, Shakespeare's art
Had stamp'd her image in me, and even so,
Although I found her thus, we did not part;
Perchance even dearer in her days of woe,
Than when she was a boast, a marvel, and a show.

p. 169

Doge: We *are* observed, and have been.
Bertuccio: We observed!
Let me discover – and this steel –

Doge: Put up;
Here are no human witnesses: look there –
What see you?
Bertuccio: Only a tall warrior's statue
Bestriding a proud steed, in the dim light
Of the dull moon.
Doge: That Warrior was the sire
Of my sire's fathers, and that statue was
Decreed to him by the twice rescued city:—
Think you that he looks down on us or no?
Bertuccio: My lord, these are mere fantasies; there are
No eyes in marble.
Doge: But there are in Death.

p. 171

I ask no more than a Venetian grave,
A dungeon, what they will, so it be here.

p. 171

Ah! you never yet
Were far away from Venice, never saw
Her beautiful towers in the receding distance,
While every furrow of the vessel's track
Seemed ploughing deep into my heart; you never
Saw day go down upon your native spires
So calmly with its gold and crimson glory,
And after dreaming a disturbed vision
Of them and theirs, awoke and found them not.

p. 171

Why do I love this man? My country's daughters
Love none but heroes. But I have no country!
The slave hath lost all save her bonds. I love him;
And that's the heaviest link of the long chain—
To love whom we esteem not. Be it so:
The hour is coming when he'll need all love,
And find none.

p. 173

Cain: 'Tis like another world; a liquid sun—
And those inordinate reatures sporting o'er

Its shining surface?
Lucifer: Are its inhabitants,
The past leviathans.

p. 173
Some clouds sweep on as vultures for their prey,
While others, fixed as rocks, await the word
At which their wrathful vials shall be poured.
No azure more shall robe the firmament,
Nor spangled stars be glorious: Death hath risen:
In the sun's place a pale and ghastly glare
Hath wound itself around the dying air.

p. 173
Bertha: Out, hunchback!
Arnold: I was born so, mother!
Bertha: Out,
Thou incubus! Thou nightmare! Of seven sons,
The sole abortion!
Arnold: Would that I had been so,
And never seen the light!
Bertha: I would so too!

p. 177
Ciniro: omai per sempre
perduto hai tu l'amor del padre.
Mirra: Oh dura,
ferra orribil minaccia!... Or, nel mio estremo
sospir, che già si appressa,... alle tante altre
furie mie l'odio crudo aggiungerassi
del genitor?... Da te morire io lungi?
Oh madre mia felice!... almen concesso
a lei sarà... di morire... al tuo fianco...

p. 178
Arnold: How pale! how beautiful! how lifeless!
Alive or dead, thou essence of all beauty,
I love but thee!
Caesar: Even so Achilles loved
Penthesilea: with his form it seems
You have his heart, and yet it was no soft one.

p. 180

Wenn er der Pest nicht schleunig uns entreisst,
Die uns die Hölle grausend zugeschickt,
So steigt der Leiche seines ganzen Volkes
Dies Land ein Grabeshügel aus der See!
Mit weit ausgreifenden Entsetzensschritten
Geht sie durch die erschrocknen Scharen hin
Und haucht von den geschwollnen Lippen ihnen
Des Busens Giftqualm in das Angesicht!

p. 182

Erster Feldherr: Fürwahr! Solch ein Triumph –
Zweiter Feldherr: So vieler Ruhm –
Erster Oberster: Du siehst durchdrungen uns –
Amphitryon: Alkmene!
Alkmene: Ach!

p. 183

Was it a vision, or a waking dream?
Fled is that music: – do I wake or sleep?

p. 184

Nun steht mir bei, ihr Götter: ich bin doppelt!
Ein Geist bin ich und wandele zur Nacht!

p. 184

Weh mir! Mein Geist, von Wunderlicht geblendet,
Schwankt an des Wahnsinns grausem Hang umher!

p. 186

Nun, o Unsterblichkeit, bist du ganz mein!
Du strahlst mir, durch die Binde meiner Augen,
Mit Glanz der tausendfachen Sonne zu!
Es wachsen Flügel mir an beiden Schultern,
Durch stille Ätherräume schwingt mein Geist;
Und wie ein Schiff, vom Hauch des Winds entführt,
Die muntre Hafenstadt versinken sieht,
So geht mir dämmernd alles Leben unter.

p. 188

Medea: Du hast zu Liebe mich verlockt, und fliehst mich?
Jason: Ich muss!

Medea: Du hast den Vater mir geraubt,
Und raubst mir den Gemahl?
Jason: Gezwungen nur!
Medea: Mein Bruder fiel durch dich, du nahmst mir ihn,
Und fliehst mich?
Jason: Wie er fiel, gleich unverschuldet.
Medea: Mein Vaterland verliess ich, dir zu folgen.
Jason: Dem eignen Willen folgtest du, nicht mir.
Hätts dich gereut, gern liess ich dich zurück!
Medea: Die Welt verflucht um deinetwillen mich,
Ich selber hasse mich um deinetwillen,
Und du verlässt mich?
Jason: Ich verlass dich nicht,
Ein höhrer Spruch treibt mich von dir hinweg.
Hast du dein Glück verloren, wo ist meins?
Nimm als Ersatz mein Elend für das deine!
Medea: Jason!
Jason: Was ist? Was willst du weiter?
Medea: Nichts!
Es ist vorbei!

p. 189

Où veux-tu que j'aille? Où me renvoies-tu? Gagnerai-je le Phase, la Colchide, le royaume paternel, les champs baignés du sang de mon frère? Tu me chasses. Quelles terres m'ordonnes-tu de gagner sans toi? Quelles mers libres? Les détroits du Pont où je suis passée derrière toi, trichant, mentant, volant pour toi; Lemnos où on n'a pas dû m'oublier; la Thessalie où ils m'attendent pour venger leur père, tué pour toi? Tous les chemins que je t'ai ouverts, je me les suis fermés. Je suis Médée chargée d'horreur et de crimes.

p. 191

Aber das Ungeheure auch
Lerne erwarten im irdischen Leben!
Mit gewaltsamer Hand
Löset der Mord auch das heiligste Band,
In sein stygisches Boot
Raffet der Tod
Auch der Jugend blühendes Leben!
Wenn die Wolken getürmt den Himmel schwärzen,

Wenn dumpftosend der Donner hallt,
Da, da fühlen sich alle Herzen
In des furchtbaren Schicksals Gewalt.

pp. 192–193

Ha! Jupiter, Befreier! näher tritt
Und näher meine Stund' und vom Geklüfte
Kommt schon der traute Bote meiner Nacht,
Der Abendwind zu mir, der Liebesbote.
Es wird! gereift ists! o nun schlage Herz,
Und rege deine Wellen, ist der Geist
Doch über dir, wie leuchtendes Gestirn,
Indes des Himmels heimatlos Gewölk
Das immerflüchtige, vorüberwandelt.
....
Zufrieden bin ich, suche nun nichts mehr
Denn meine Opferstätte. Wohl ist mir.
O Iris' Bogen! über stürzenden
Gewässern, wenn die Wog' in Silberwolken
Auffliegt, wie du bist, so ist meine Freude!

pp. 199–200

No, take more!
What may be sworn by, both divine and human,
Seal what I end withal! This double worship –
Where one part does disdain with cause, the other
Insult without all reason; where gentry, title, wisdom
Cannot conclude but by the yea and no
Of general ignorance – it must omit
Real necessities, and give way the while
To unstable slightness. Purpose so barr'd, it follows
Nothing is done to purpose. Therefore, beseech you—
You that will be less fearful than discreet;
That love the fundamental part of state
More than you doubt the change on't; that prefer
A noblr life before a long, and wish
To jump a body with a dangerous physic
That's sure of death without it – at once pluck out
The multitudinous tongue; let them not lick
The sweet that is their poison.

p. 205

Good morrow, masters, put your torches out.
The wolves have prey'd, and look, the gentle day,
Before the wheels of Phoebus, round about
Dapples the drowsy east with spots of grey.

pp. 206–207

Now Esperance! Percy! And set on.
Sound all the lofty instruments of war,
And by that music let us all embrace;
For, heaven to earth, some of us never shall
A second time do such a courtesy.

p. 207

Many a nobleman lies stark and stiff
Under the hoofs of vaunting enemies,
Whose deaths are yet unreveng'd. I prithee
Lend me thy sword.

p. 208

When thou dost hear I am as I have been,
Approach me, and thou shalt be as thou wast,
The tutor and the feeder of my riots.
Till then, I banish thee, on pain of death,
As I have done the rest of my misleaders,
Not to come near our person by ten mile.

p. 209

Troilus: Have with you, Prince. My courteous lord, adieu.
Farewell, revolted fair! and, Diomed,
Stand fast and wear a castle on thy head!
Ulysses: I'll bring you to the gates.
Troilus: Accept distracted thanks.
Thersites: Would I could meet that rogue Diomed! I would croak like a raven; I would bode, I would bode. Patroclus would give me anything for the intelligence of this whore. The parrot will not do more for an almond than he for a commodious drab. Lechery, lechery! still wars and lechery! Nothing else holds fashion. A burning devil take them!

p. 211

Behold yond simp'ring dame, whose face between her forks presages snow, that minces virtue, and do's shake the head to hear of pleasure's name. The fitchew nor the soiled horse goes to't with a more riotous appetite. Down from the waist they are Centaurs, though women all above; but to the girdle do the gods inherit, beneath is all the fiend's. There's hell, there's darkness, there's the sulphurous pit; burning, scalding, stench, consumption. Fie, fie, fie!

p. 213

Don Juan: Tu n'as qu'à voir si tu veux gagner un louis d'or, ou non; en voici un que je te donne, si tu jures. Tiens, il faut jurer.

Le Pauvre: Monsieur...

Don Juan: A moins de cela, tu ne l'auras pas.

Sganarelle: Va, va, jure un peu; il n'y a pas de mal.

Don Juan: Prends, le voilà, prends, te dis-je; mais jure donc.

Le Pauvre: Non monsieur, j'aime mieux mourir de faim.

Don Juan: Va, va, je te le donne pour l'amour de l'humanité.

p. 214

Sganarelle: Ah! mes gages! mes gages! Voilà, par sa mort, un chacun satisfait. Ciel offensé, lois violées, filles séduites, familles déshonorées, parents outragés, femmes mises à mal, maris poussés à bout, tout le monde est content; il n'y a que moi seul de malheureux. Mes gages, mes gages, mes gages!

pp. 217–218

Faust: Im Elend! Verzweifelnd! Erbärmlich auf der Erde lange verirrt und nun gefangen! Als Missetäterin im Kerker zu entsetzlichen Qualen eingesperrt, das holde, unselige Geschöpf! Bis dahin! dahin! – Verräterischer, nichtswürdiger Geist, und das hast du mir verheimlicht! Steh nur, steh! Wälze die teuflischen Augen ingrimmend im Kopf herum! Steh und trutze mir durch deine unerträgliche Gegenwart! – Gefangen! Im unwiederbringlichen Elend! Bösen Geistern übergeben und der richtenden, gefühllosen Menschheit! Und mich wiegst du indes in abgeschmackten Zerstreuungen, verbirgst mir ihren wachsenden Jammer und lässest sie hilflos verderben!

Mephistopheles: Sie ist die erste nicht!

Faust: Hund! abscheuliches Untier! – Wandle ihn, du unendlicher Geist! wandle den Wurm wieder in seine Hundsgestalt, wie er sich oft nächtlicherweile gefiel, vor mir herzutrotten, dem harmlosen Wandrer vor die Füsse zu kollern und sich dem niederstürzenden auf die Schultern zu hängen. Wandl' ihn wieder in seine Lieblingsbildung, dass er vor mir im Sand auf dem Bauch krieche, ich ihn mit Füssen trete, den Verworfnen! – Die erste nicht! Jammer! Jammer!

p. 219

Mephistopheles: Ich führe dich, und was ich tun kann, höre! Habe ich alle Macht im Himmel und auf Erden? Des Türners Sinne will ich umnebeln; bemächtige dich der Schlüssel und führe sie heraus mit Menschenhand! Ich wache! die Zauberpferde sind bereit, ich entführe euch. Das vermag ich.

Faust: Auf und davon!

pp. 224–225

Woyzeck: Aber mit der Natur ist's was anders, sehn Sie; mit der Natur das ist so was, wie soll ich doch sagen, zum Beispiel...

....

Herr Doktor, haben Sie schon was von der doppelten Natur gesehn? Wenn die Sonn in Mittag steht und es ist, als ging' die Welt in Feuer auf, hat schon seine fürchterliche Stimme zu mir geredt!

....

Die Schwämme, Herr Doktor, da, da steckt's. Haben Sie schon gesehn, in was für Figuren die Schwämme auf dem Boden wachsen? Wer das lesen könnt!

(„Beim Doktor")

Woyzeck: Immer zu – immer zu! Immer zu, immer zu! Dreht euch, wälzt euch! Warum bläst Gott

nicht die Sonn aus, dass alles in Unzucht sich übereinander wälzt, Mann und Weib, Mensch und Vieh?! Tut's am hellen Tag, tut's einem auf den Händen wie die Mücken! – Weib! Das Weib is heiss, heiss! Immer zu, immer zu!
(„Wirtshaus")

Lear: And when I have stol'n upon these sons-in-law,
Then kill, kill, kill, kill, kill, kill!

Woyzeck: Hör ich's da auch? – Sagt's der Wind auch?–
Hör ich's immer, immer zu: stich tot, tot!
(„Freies Feld")

p. 228

Woyzeck: Christianchen, du bekommst ein Reuter, sa, sa: da, kauf dem Bub ein Reuter! Hop, hop! Ross!

Karl: Hop, hop! Ross! Ross!

p. 229

Il est trop tard – je me suis fait à mon métier. Le vice a été pour moi un vêtement, maintenant il est collé à ma peau. Je suis vraiment un ruffian, et quand je plaisante sur mes pareils, je me sens sérieux comme la Mort au milieu de ma gaieté. Brutus a fait le fou pour tuer Tarquin, et ce qui m'étonne en lui, c'est qu'il n'y ait pas laissé sa raison. Profite de moi, Philippe, voilà ce que j'ai à te dire – ne travaille pas pour ta patrie.

p. 255

The Angel: The Light of Lights
Looks always on the motive, not the deed,
The Shadow of Shadows on the deed alone.

Oona: Tell them who walk upon the floor of peace
That I would die and go to her I love;
The years like great black oxen tread the world,
And God the herdsman goads them on behind,
And I am broken by their passing feet.

pp. 255–256

Study that tree.
It stands there like a purified soul,
All cold, sweet, glistening light.
Dear mother, the window is dark again,
But you are in the light because
I finished all that consequence.
I killed that lad because had he grown up
He would have struck a woman's fancy,
Begot, and passed pollution on.
I am a wretched foul old man
And therefore harmless.

pp. 270–272

Dona Prouhèze: Qu'ai-je voulu que te donner la joie! ne rien garder! être entièrement cette suavité! cesser d'être moi-même pour que tu aies tout!
Là où il y a le plus de joie, comment croire que je suis absente? là où il y a le plus de joie, c'est là qu'il y a le plus Prouhèze!
Je veux être avec toi dans le principe! Je veux épouser ta cause! je veux apprendre avec Dieu à ne rien réserver, à être cette chose toute bonne et toute donnée qui ne réserve rien et à qui l'on prend tout!
Prends, Rodrigue, prends, mon coeur, prends, mon amour, prends ce Dieu qui me remplit!
La force par laquelle je t'aime n'est pas différente de celle par laquelle tu existes.
Je suis unie pour toujours à cette chose qui te donne la vie éternelle!
Le sang n'est pas plus uni à la chair que Dieu ne me fait sentir chaque battement de ce coeur dans ta poitrine qui à chaque seconde de la bienheureuse éternité
S'unit et se resépare.

Le Vice-Roi: Paroles au delà de la Mort et que je comprends à peine! Je te regarde et cela me suffit! O Prouhèze, ne t'en va pas de moi, reste vivante!

Dona Prouhèze: Il me faut partir.
Le Vice-Roi: Si tu t'en vas, il n'y a plus d'étoile pour me guider, je suis seul!
Dona Prouhèze: Non pas seul.
Le Vice-Roi: A force de ne plus la voir au ciel je l'oublierai. Qui te donne cette assurance que je ne puisse cesser de t'aimer?
Dona Prouhèze: Tant que j'existe et moi je sais que tu existes avec moi.
Le Vice-Roi: Fais-moi seulement cette promesse et moi je garderai la mienne.
Dona Prouhèze: Je ne suis pas capable de promesse.
Le Vice-Roi: Je suis le maître encore! Si je veux, je peux t'empêcher de partir.
Dona Prouhèze: Est-ce que tu crois vraiment que tu peux m'empêcher de partir?
Le Vice-Roi: Oui, je peux t'empêcher de partir.
Dona Prouhèze: Tu le crois? eh bien, dis seulement un mot et je reste. Je le jure, dis seulement un mot, je reste. Il n'y a pas besoin de violence.
Un mot, et je reste avec toi. Un seul mot, est-il si difficile à dire? Un seul mot et je reste avec toi.
(*Silence. Le Vice-Roi baisse la tête et pleure. Dona Prouhèze s'est voilée de la tête aux pieds.*)

p. 277

Von Ulm nach Metz, von Metz nach Mähren!
Mutter Courage ist dabei!
Der Krieg wird seinen Mann ernähren
Er braucht nur Pulver zu und Blei.
Von Blei allein kann er nicht leben
Von Pulver nicht, er braucht auch Leut!
Müssts euch zum Regiment begeben
Sonst steht er um! So kommt noch heut!

Indice

Redactor
DIANA CONSTANTINESCU

Tehnoredactor
MANUELA MĂXINEANU

DTP
FLORINA VASILIU
CORNEL DRĂGHIA

Corector
CRISTINA JELESCU

Apărut 2008
BUCUREȘTI – ROMÂNIA

Lucrare executată la „ARTPRESS“ – Timișoara